本书为教育部人文社科项目（0902061-B）最终
浙江省哲学社会科学重点研究基地——浙江省
时尚文化研究中心课题（ZSFCRC201705ZL）成果

团队沟通对团队知识共享的作用机制研究

认知和文化嵌入双重视角

季晓芬 著

中国财经出版传媒集团
经济科学出版社
Economic Science Press

图书在版编目（CIP）数据

团队沟通对团队知识共享的作用机制研究：认知和文化嵌入双重视角/季晓芬著. —北京：经济科学出版社，2019.2
ISBN 978-7-5218-0279-5

Ⅰ.①团… Ⅱ.①季… Ⅲ.①企业管理-组织管理-关系-知识管理-研究 Ⅳ.①F272.9 ②F272.4

中国版本图书馆 CIP 数据核字（2019）第 033626 号

责任编辑：周胜婷
责任校对：郑淑艳
责任印制：邱　天

团队沟通对团队知识共享的作用机制研究：
认知和文化嵌入双重视角
季晓芬　著
经济科学出版社出版、发行　新华书店经销
社址：北京市海淀区阜成路甲 28 号　邮编：100142
总编部电话：010-88191217　发行部电话：010-88191522
网址：www.esp.com.cn
电子邮箱：esp@esp.com.cn
天猫网店：经济科学出版社旗舰店
网址：http://jjkxcbs.tmall.com
北京时捷印刷有限公司印刷
710×1000　16 开　19 印张　300000 字
2019 年 2 月第 1 版　2019 年 2 月第 1 次印刷
ISBN 978-7-5218-0279-5　定价：86.00 元
(图书出现印装问题，本社负责调换。电话：010-88191510)
(版权所有　侵权必究　打击盗版　举报热线：010-88191661
QQ：2242791300　营销中心电话：010-88191537
电子邮箱：dbts@esp.com.cn)

前　　言

随着知识经济的到来，知识已经取代土地、劳动力、资本等传统的生产要素，跃升为最主要的经济资源和占支配地位的竞争优势，推动知识管理在理论界和管理实践中蓬勃发展。在知识管理的诸多环节中，知识共享是最为重要的环节。个体层面的知识只有通过共享才能上升为组织知识，转化为组织的核心竞争力。团队是个人知识转化为组织知识的桥梁。知识共享的核心发生在团队层面，其对应的实践现象是团队在当今企业中的广泛应用。本研究正是从团队层面切入研究知识共享问题。

影响团队知识共享的因素很多，其中沟通是被学术界和实践一致认为非常重要但又被学术界较少关注的一个因素。任务/项目团队成员来自各个职能部门。他们之间的一切都是始于沟通，包括团队知识共享。所以本研究从沟通入手，以团队为研究对象，沿着"沟通—团队共享心智模型和交互记忆系统—团队知识共享"这一逻辑思路，基于文献回顾，结合中国文化背景，形成本研究的整合研究视角：团队层面的组织学习认知—社会/文化观，然后提出假设，构建理论模型；采用问卷调研的方式获取研究数据，运用 CITC 分析法、α 系数法、相关分析法、确定性因子分析法检验测量量表的信度与效度，运用独立样本 T 检验和方差分析法检验控制变量的作用效果，运用结构方程模型法检验团队共享心智模型和交互记忆系统的中介效应，以及官僚的、创新的和支持的组织文化的干扰作用，还考察了沟通风格对沟通内容的调节作用，并对研究假设和理论模型进行验证，以期探索我国文化背景下，团队沟通对团队知识共享的作用机理。本研究主要基于以下几点展开：

（1）探索在我国文化背景下团队沟通内容的维度构成。关于知识共享中的沟通研究，往往将沟通作为一个单一维度的变量进行研究。本研究结合中国社会文化特点，从沟通主体上的沟通内容角度，构建团队沟通的任务性沟通、私人性沟通和反应性沟通三个维度。经验研究显示，相应的测量量表具有良好的信度与效度，表明上述划分具有一定的科学性与合理性。本研究还发现对于团队知识共享，任务性沟通效应最大，反应性沟通次之，而后是私人性沟通。这个结果否定了西方学者的"中国人际关系重于一切要素"的观点。据此，组织实践若要促进团队知识共享，需多组织围绕任务的沟通，注重人际的互动，恰当地创造私人性沟通的机会。

（2）研究团队沟通影响团队知识共享的内在作用机理。当前研究多考察团队沟通对团队知识共享的直接效应，本研究将共享心智模型和交互记忆系统作为中介变量引入，以探索沟通影响知识共享的内在机理。结果表明，共享心智模型和交互记忆系统在任务性沟通对团队知识共享的影响中起了部分中介作用，交互记忆系统在私人性沟通对团队知识共享的影响中起了完全中介作用，共享心智模型和交互记忆系统在反应性沟通对团队知识共享的影响中起了完全中介作用。本研究拓宽了从共享心智模式和交互记忆系统来揭示团队知识共享的发生机制的研究领域，另外也将共享心智模式的研究导入了企业实际情境。

（3）探究团队沟通内容和沟通风格在共享心智模式和交互记忆系统形成中的交互作用。本研究表明，沟通内容与沟通风格在沟通内容对团队认知的关系中有交互作用。结果显示，团队的直接沟通风格对"任务性沟通—交互记忆"系统有正向调节作用，对"任务性沟通—共享心智"模型有正向调节作用，对"私人性沟通—交互记忆"系统有负向调节作用。本研究拓宽了该领域的研究，否定了西方学者关于中国人沟通风格为间接沟通风格的论断，也使得研究结果更富现实意义，而且研究结果与中国人的人格特征是一致的。所以，本研究也间接丰富了对中国文化的研究。

（4）考察官僚化、创新性和支持性组织文化对团队 KS 发生机制全过程影响的干扰机制。本研究表明，不同特点的组织文化对"团队沟通—团队认知—团队知识共享"的关系有干扰作用。结果显示：低官僚化、高创新、高支持的组织文化对"团队沟通—团队认知—团队知识共享"的关系有正向加强作用。以往的研究，都纯粹地考察组织文化要素或某类组织文化对知识共享的直接作用，本研究是从组织文化与其他变量的交互作用角度来考察知识共享的发生机制，拓宽了相关研究的新思路，也使得研究成果更贴近实践。

（5）检验团队成员的儒家文化和个人主义—集体主义价值取向以及其他个人层面和团队/组织层面因素对共享心智模式和交互记忆系统以及知识共享的控制效应。研究发现：团队成员的儒家价值文化倾向越高，越容易形成交互记忆系统、共享心智模型和发生知识转移；个人主义倾向越高的团队成员显示出更高的知识创造能力；集体主义倾向高的团队成员越容易形成交互记忆系统、共享心智模型和发生知识转移。这个结论启示我国企业在学习和实践西方管理思想时，要注意保留和宣扬我国的儒家文化；在团队建设时，既要注重团队整体利益，注重团队凝聚力，也要注意个人导向的奖赏和业绩识别，关注团队成员个人目标的实现。

上述研究相当部分内容属于探索性研究，所得结论有助于丰富、完善团队知识共享、团队沟通以及团队认知理论，并对企业管理实践具有一定的启示和指导意义，但由于作者的时间、精力以及本身知识结构的限制，使得本研究存在某些不足，有待后续研究的深入和完善。

目 录

1 导论 ……………………………………………………………（ 1 ）

    1.1 研究背景 ……………………………………………………（ 1 ）

    1.2 研究问题 ……………………………………………………（ 5 ）

    1.3 研究意义 ……………………………………………………（ 6 ）

    1.4 研究内容 ……………………………………………………（ 7 ）

    1.5 研究方法 ……………………………………………………（ 9 ）

    1.6 结构安排 ……………………………………………………（ 10 ）

    1.7 本章小结 ……………………………………………………（ 12 ）

2 理论基础 ………………………………………………………（ 14 ）

    2.1 知识共享 ……………………………………………………（ 14 ）

    2.2 团队认知结构 ………………………………………………（ 31 ）

    2.3 沟通 …………………………………………………………（ 50 ）

    2.4 本章小结 ……………………………………………………（ 73 ）

3 理论模型构建 …………………………………………………（ 76 ）

    3.1 拟解决的理论问题 …………………………………………（ 76 ）

    3.2 相关理论 ……………………………………………………（ 78 ）

3.3 理论基础的关系 …………………………………………（87）
   3.4 假设提出 …………………………………………………（92）
   3.5 概念框架模型 ……………………………………………（113）
   3.6 本章小结 …………………………………………………（116）

4 问卷设计与小样本测试 …………………………………………（117）
   4.1 问卷设计原则与过程 ……………………………………（117）
   4.2 变量测量条款 ……………………………………………（119）
   4.3 问卷小样本测试 …………………………………………（127）
   4.4 本章小结 …………………………………………………（143）

5 研究数据的收集与质量评估 ……………………………………（144）
   5.1 研究数据收集 ……………………………………………（144）
   5.2 团队层面数据加总验证 …………………………………（146）
   5.3 数据描述性统计 …………………………………………（148）
   5.4 数据质量评估 ……………………………………………（156）
   5.5 本章小结 …………………………………………………（180）

6 假设检验与结果分析 ……………………………………………（181）
   6.1 控制变量影响分析 ………………………………………（181）
   6.2 中介效应研究 ……………………………………………（190）
   6.3 结构方程模型检验 ………………………………………（196）
   6.4 调节作用检验 ……………………………………………（210）
   6.5 干扰效应检验 ……………………………………………（217）
   6.6 本章小结 …………………………………………………（233）

7 结论与展望 ………………………………………………………（235）
   7.1 研究结论 …………………………………………………（235）

7.2 理论进展与实践意义 …………………………………………（244）
7.3 研究局限与研究展望 …………………………………………（247）

附录　调查问卷 ……………………………………………………（249）
参考文献 ……………………………………………………………（257）

1 导　　论

1.1 研究背景

技术革新和需求易变造成外部环境的高度不确定性。组织间的竞争模式随之由传统规模竞争转向了必须对技术和需求变化做出快速响应的效率竞争（Barrett，2000；Hisrich & Antoncic，2004；Alvarez & Busenitz，2001；苗青，2006；冯长利，李天鹏，兰鹰，2013）。在新的竞争态势下，知识成为企业最主要的经济资源和占支配地位的竞争优势源泉（Toffler，1990；Parahalad & Hamel，1990；Drucker，1991a，1991b；Nonaka & Takeuchi，1995；Grant，1996；Carolis，2003；Hong et al.，2004；李锐，田晓明，孙建群，2014）。与此同时，一系列由此引发的知识管理问题，也成为组织管理者们必须应对的严峻挑战（Choi，2000；金肖临，田新民，李旭，2018）。

组织知识管理从需求出发，通过获取、应用、分类、储存知识，发展成为组织记忆的一部分，以典型的非结构方式把知识保留在组织中（Gupta et al.，2000）。组织知识管理的主要目标之一就是把个人知识转化为组织知识（Inkpen & Dinur，1998；Ruppel & Harrington，2001；Wang，2004）。根据德尔菲集团（Delphi Group，1997）的调查，组织知识42%存在于员工的头脑中，12%储存于电子数据库，20%保存于电子文件，26%以书面文件留存。知识驻足于个体的头脑中，尤其驻足于执行任务时，创造、识别、存档、接近、应用知识的员工中（Nonaka & Kono，1998）。因此，个体间的知识从移动开始，进而存入相应知识库，又从知识库取出进入组织的日常事务和实践中，从而完成个体知识转化为组织知识的过程。员工间的知识共享在其中发挥着关键作用（Bock, et al., 2006）。个体知识如果不能与他人分享，就无法发挥作用，无法为企业创造更高价值，也就失去其价值性（Ridding, 1998; Boynton, 1999）。

知识共享的重要性已为人们所共识。然而，组织内的知识共享并不必然发生（Bartol & Srivastava, 2002）。储藏知识并保护好自身拥有的知识是人类自然的倾向（Davenpor & Prusak, 1998）。从实践的角度看，知识共享不能被强迫，只能被鼓励和推动（Gibbert & Krause, 2002）。所以，许多组织从各个方面积极致力于促进员工间的知识共享。显性知识因为可编码化，其获得和共享也容易达致（Lawson & Lorenzi, 1999）。然而，正如波兰尼（Polanyi, 1966）的知识冰山说，显性知识只是知识冰山的一角，大部分是难以编码的隐性知识。隐性知识是难以共享和储存的，而隐性知识又恰是知识创造的关键（Nonaka, 1994; Herrgard, 2000）。面对面的互动对于隐性知识的扩散是不可或缺的（Holtshouse, 1998; Leonard & Sensiper, 1998）。在这样的背景下，我们看到近年来经济发达国家里，组织结构一个突出的变化，就是团队的使用在实践中不断增加（Kirkman & Shapiro, 1997; 2001; Kirkman et al., 2001; Nicholls et al., 1999）。团队是才能互补、有共同目标与绩效标准、共同完成工作任务的群体（Katzenbach & Snuth, 1993）。他们不分等级，共同对组织成果负责（Moravec et al., 1998）。事实上，以这种团队的方式组织工作自然会导致一个团队工作的传统好处：团队成员知识的互补（Lazear, 1998）。

尽管团队的运用带来了史无前例的好处，但与团队相关的批评和负面因素也开始出现，团队也并不总是产生所期待的绩效改进（Chaston, 1998; Gibson & Tesone, 2001）。而且，已有研究表明有些团队成员不愿意与他人共享他们的知识（Cabrera & Cabrera, 2002; Moravec et al., 1997）。如果团队成员不共享知识，那么团队的绩效就会恶化（Zárraga & Bonache, 2003）。团队的绩效与团队成员的知识共享是休戚相关的。然而，团队知识共享并非单向过程，需要反复、反馈和逐步调整（Solli-Saether, Karlsen, Van Oorschot, 2015）。知识共享的障碍有许多，从硬性问题如技术、工具等（Hlupic, Pouloudi, Rzevski, 2002）到软性问题如动机、组织氛围和沟通氛围等（Ardichvili, Page, Wentling, 2003；Bock & Kim, 2002；Hall, 2001；Hinds & Pfeffer, 2003；Inkpen & Tsang, 2005；Moffett, Mc Adam, Parkinson, 2003；Reagans & Mc Evily, 2003；Hooff & Ridder, 2004；Zárraga & García-Falcón, 2003)。从微软知识管理提供的资料来看，48%的障碍来自组织内软性问题，而技术不成熟等硬性问题仅为19%。针对控制知识管理因素的"阻力"，有学者提出了如表1.1所示的解决方法（Davenport & Prusak, 1998）。从表1.1中我们可以看到7种阻力，其中1、3、6、7实质上都是通过沟通来解决的。

表1.1　　　　　　　　　　影响知识共享的阻力

控制知识管理因素的"阻力"	解决方案
1. 缺乏信任	通过面对面的会议、聚会来建立信任和人际关系
2. 不同的文化及体制	通过教育、讨论、出版物以及工作轮调来建立共识
3. 缺少时间及聚会的地点	创造知识转移的时间和地点，如博览会、聊天室、报告会等
4. 知识拥有者的身份、地位及奖赏制度	设计知识共享导向的奖赏制度
5. 知识接收者缺少吸收和转移的知识	提供员工弹性的训练、教育，并给予员工充分的时间去学习
6. 知识对某些特定群体来说是一种特权	鼓励员工以非层次架构的方法来取得知识
7. 抵触接受错误和帮助	接受与鼓励员工发现错误，并共同研究改善方法

资料来源：Davenport T, Prusak L. Working Knowledge: How Organization Manage What They Know [M]. Boston: Harvard Business School Press, 1998.

普莱兹和安德鲁斯（Plez & Andrews, 1976）通过对来自各行各业的1311位科学科研人员和工程师的调查，总结出四点与团队绩效相关的因素，其中第一点就是"同事间的沟通"。他们研究发现，对科研实验室的博士们来说，和同事沟通越多，对该领域的贡献就越大；对于工程师来说，和同事沟通越多，他们的工作对组织越有用。有研究表明，工程师大约安排21%的时间用于获取信息，27%的时间输出信息（Topir & King, 2004），这意味着他们48%的工作职能是需要某种形式的沟通、解释。通过沟通可促进团队同事间智力激励、新思想产生、过失发现、协调活动，形成友善的竞争，提高积极性，从而提高生产率。团队实证研究发现，沟通在工程设计团队转移新技术中起到至关重要的作用（Doheny-Farina, 1990）。总之，沟通对知识共享非常重要（王彦博，金生，2010）。沟通形成团队成员间的互相支持，从而有利于攻克项目工作面临的问题和挑战。沟通是变独有为共有的过程，形成共同认知的过程（王永丽，邓静怡，任荣伟，2009；杨付和张丽华，2012；Weaver，1949），沟通也是团队成员贡献自己知识的主要动机（Vries，den Hooff，Ridder，2006），进而促进团队绩效提升的过程（Giambatista & Bhappu，2010；吴隆增等，2013）。因此，沟通是组织一切活动的根基，更是团队知识共享和创造的根基（胡桂兰，2014；李莹杰，任旭，郝生跃，2015）。

团队认知影响企业成长（陈彦亮，2012）。知识是企业成长的重要资源，是一种行为能力，包括概念化能力；认知是行为能力获得和构建的心智程序（Churchman，1971；Denning，2002）。环境作用于个体对现实的映像和对未来的构想的认知，从而影响知识的运动（Gibson，1979；Heft，2001；Clanay，1997；Bloor，1983；Brand，1979；Wilson，1998；武欣，吴志明，2006）。知识共享是创造新的/潜在的行为能力（Churchman，1971）。认知直接影响知识共享行为。由此，我们推断，对团队知识共享的研究离不开对团队认知的把握。与此同时，认知心理学和组织心理学在团队认知领域的突破性进展，为我们考察团队知识共享提供了新视角，其中最重要的是团队共享心智模型和交互记忆系统的研究。

心智模型是个体对环境及所期望行为的心理表征。按照劳斯和莫里斯（Rouse & Morris，1986）的定义：心智模型是一种心理机制，是人们用来描述系统目的和形式、解释系统当前状态以及预测系统的未来状态的心理机制。描述、解释和预测表达了心智模型的功能。共享心智模型是指团队成员共享团队相关情境的关键要素。它可以使团队成员在任务/项目执行中对问题的界定、对策略的认识、对情境采取的反应以及对未来的预期表现出协调一致性，促进团队绩效的提升（吕晓俊，2009；项凯标和叶龙，2013；李一宁和刘琦，2012）。团队交互记忆系统是团队成员对各个成员所拥有的知识的结合，以及对各自所拥有的专长知识的意识（Wegner，1986），是团队的一个集体记忆，而记忆是认知发展的基础，所以团队交互记忆系统的形成是实现团队知识共享的一个关键环节（刘勇和阳莹，2013；史丽萍，杜泽文，刘强，2013）。团队成员只有在对面临的任务/项目有一个一致的认识，以及互相对对方的特长有一个认识和信任的前提下,团队成员围绕着任务/项目的知识转移和创造,即知识共享,才可能发生。因此推断:认知揭示了知识共享发生的内在机制,团队认知是团队知识共享的核心过程机制,而其中团队共享心智模型和交互记忆系统又是团队认知中的关键。

1.2 研究问题

关于沟通的研究从20世纪30年代就开始了,然而涉及团队层面的研究还是近几年的事(Vries, Hooff, Ridder, 2006),如沟通与团队成员个体特征的关系、沟通和团队有效性的关系等(Barrick, Stewart, Neubert, Mount, 1998; Halfhill, Sundstrom, Lahner, Calderone, Nielsen, 2005)。沟通对知识共享和创造的影响研究多是关于沟通媒介或技术角度的研究(Hendriks, 1999; Kelloway, 2003),然而,许多学者已证明,技术只是知识共享和创造的基础,而不能促进知识共享(Davenpor & Prusak, 1998)。此外,以往的研究将沟通作为单维度变量考察(杨付和张丽华,2012),从多维视角考察团队沟通并不多见(束义明和郝振省,2015),而且在变量关系的相关研究中,学者们也多是从沟通对知识共享的直接作用入手。通过与所处环境有目的或随意的沟通,人们获得对环境的认知,进而形成有意义的知识活动(Nosek, 2004)。沟通影响认知,进而影响行为。但相关的实证研究较缺乏。本书拟从认知角度研究团队的知识共享行为,以丰富此领域的理论,拓宽实证研究,唤起更多学者的兴趣。尽管团队是有效实行知识共享的一种组织结构,具有非常重要的实践意义,但从团队层面研究知识共享的发生机理和作用机制的文献非常少。

综上所述,本书将从团队认知视角探讨团队沟通对团队知识共享的作用机理。此外,团队知识共享的平台可以分为虚拟平台和实体平台(富立友,2004)。虚拟平台主要是指基于组织自行建立的局域网的虚拟平台,许多学者称之为"网络社群"(Wellman & Gulia, 1999; Mele, 1999)。实体平台是相对于网络虚拟平台而言的,是个体间可以面对面沟通的真实生活、工作场景。面对面的沟通信息含量较多,因为沟通者可以综合运用语言、表情、肢体等来传递信息，而网络环境下，只能以文字、符号进行沟通，所含信息量相对较少（Daft & Lengel, 1984）。因此，本书将基于实体平台，即"团队"研究知识共享问题。本书拟在这个主题下，具体地关注以下五个问题：

研究问题1：中国文化背景下，探悉团队成员沟通的维度结构。团队成员间沟通什么？如何沟通？

研究问题2：团队共享心智模型和交互记忆系统是在沟通对知识共享的影响中起中介传导作用吗？各变量间的作用强度如何？

研究问题3：沟通内容与沟通风格在团队沟通和团队共享心智模型和交互记忆系统的关系中有没有交互作用？

研究问题4：不同的组织文化，在团队沟通、团队认知对团队知识共享的作用中会有干扰吗？

研究问题5：儒家文化和个人主义—集体主义价值取向的强度不同，团队认知和知识共享呈现出怎样的差异？

上述五个研究问题是本书研究的基本议题，它们的基本关系如图1.1所示。

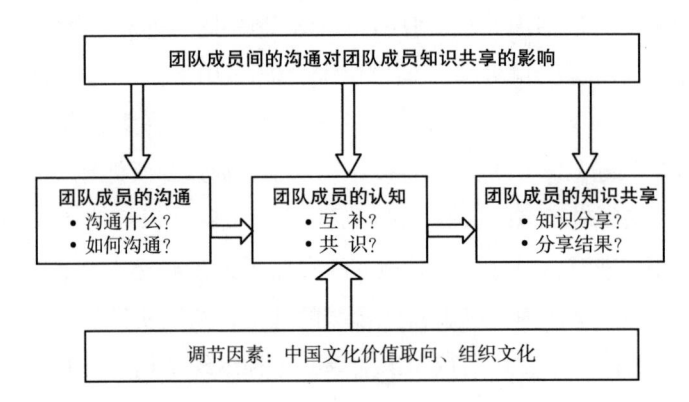

图1.1　本书研究的基本理论问题

1.3　研究意义

创新，实质上是新知识的获取和创造（Kogut & Zander, 1992; Nonaka,

1994)。企业要形成自己的创新能力，必须学会如何管理和收割知识（Gupta et al., 2000）。企业内员工间的知识共享不仅有利于不同岗位、不同部门间的知识和经验的流动，将个体知识转化为组织知识，更为重要的是有利于促进企业内的知识创新和技术创新（Nonaka, 1994; Nahapiet & Ghoshal, 1998; Von Hippel, 1994）。"一个单位与其他单位分享知识，不仅其他单位的信息获得线性增长，而且通过分享过程中的问题反馈、修正和丰富，为知识供给方的知识增添了新的价值，从而导致知识总量的指数式增长"[①]。因此，企业知识共享研究，对于企业的自主知识创新来说，具有重要的实践意义。

目前，在理论层面，从团队认知角度揭示团队知识共享发生机制的研究，和以沟通为出发点研究团队知识共享的还比较匮乏。开展本研究一方面希望能丰富此领域的理论，拓宽实证研究领域；另一方面希望本研究能唤起更多学者对这一领域的兴趣，完善这一领域的知识体系。另外，本书在研究沟通的作用时，考察的是沟通内容和沟通风格的交互作用，并且在整体模型研究中引入民族文化控制变量和组织文化调节变量，这种研究框架与实际情境更加吻合，结论对管理实践更具指导意义，这样的设计也没有在以往文献中发现，所以也希望能给后续的研究提供借鉴。

1.4 研究内容

团队知识共享是一个组织学习过程。组织知识的共享和学习核心发生在团队层面。根据社会网络理论，团队既是一个信息网络，也是一个情感网络。所以团队知识共享既是一个信息加工的过程，又是人际间社会互动的结果，并受所在环境的文化影响。团队层面学习机理类似于个体层面，认知调节了外部的影响，是学习过程中的内在加工过程。团队认知是团队的共同知识结构，以共享心智模型和交互记忆系统为表征，决定了团队的知识共享行为。

[①] Quinn J, Brain J & Anderson P. Ieveraging intellect [J]. Academy of Management Executive, 1996, 10 (3): 8.

由此，本书整合组织学习理论、认知理论和社会网络理论，从团队层面，分析这些理论在本研究中的相互关系，形成本研究全新的理论视角，开拓了团队知识共享研究的新视角，客观、全面地揭示了团队知识共享的特有属性和发生规律，充实了团队知识共享的相关理论。具体研究内容涉及以下几个方面：

（1）研究不同类型的团队沟通对团队知识共享的作用机理。与知识共享相关的沟通研究，往往将沟通作为一个单一维度的变量进行研究。例如，计算机介入的沟通技术（Paul，1999；Hooff & Ridder，2004），沟通和冲突的解决（Tsai & Chang，2005），等等。这些变量，一方面很片面，另一方面缺乏跨文化的移植性和比较。而沟通是一个多层面、多角度的变量，并且与文化密切相关（Hall，1959）。所以，本研究结合中国社会"强关系"导向的文化特点，从沟通内容角度，构建了团队沟通的任务性沟通、私人性沟通和反应性沟通三个维度，并验证了他们对团队知识共享的作用。

（2）将团队共享心智模型和交互记忆系统引入"团队沟通—团队知识共享"模型中，构建并验证了"团队沟通—团队认知—团队知识共享"的研究框架。团队共享心智模型和交互记忆系统对于团队知识共享是非常重要的，由此解释始于沟通的团队知识共享发生机制。本研究从团队层面的认知—团队共享心智模型和交互记忆系统，来揭示团队知识的共享发生机制。与以往团队共享心智模型的研究大部分在实验室里进行不同，本研究将这个概念导入企业实际情境，扩大了团队共享心智模型研究的外部效用，拓展了这个概念研究的思路，丰富了这一领域的研究成果。

（3）探讨团队沟通内容和沟通风格在团队共享心智模型和交互记忆系统形成中的交互作用。本研究推断，沟通内容与沟通风格在沟通内容对团队认知的关系中有交互作用。尽管言语行为理论强调了对相同沟通内容的不同表达，沟通的效果是完全不同的，而且我们在实践中也能看到，人们在不同场合、面对不同人、针对不同话题，会采用不同的沟通风格，并影响沟通效果，影响人们的认知，但是迄今没有发现相似的研究。此外，国人的自我组织中具有两面性，即"公我"和"私我"。国人在不同情境下，呈现了不同的"自我"。所以，本研究也间接丰富了对中国文化的研究。

（4）探讨官僚化、创新性和支持性组织文化对团队知识共享发生机制全过程的干扰机制。本研究探讨组织文化对"团队沟通—团队认知—团队知识共享"之间关系的干扰作用。以往的研究，都纯粹地考察组织文化要素或某类组织文化对知识共享的直接作用，本研究是从组织文化与前因和中介变量的交互作用角度来考察知识共享的发生机制。组织文化对于组织成员来说如同空气，渗透到各个环节、各个层面，而不是简单地对某一种行为产生直接的影响，所以，本研究考察在团队知识共享中，团队沟通、团队认知与团队所处的组织文化的交互作用，一方面拓宽了相关研究，开辟了相关研究的新思路，另一方面，使得研究成果更科学合理，也更贴近实践。

1.5 研究方法

为了实现研究目标和完成研究内容，并保证研究的科学性与合理性，在整个研究中，遵循简单清楚、逻辑自洽、证伪证实科学合理的原则，采用规范与实证相结合、定性与定量相结合的研究方法，遵循"文献阅读与访谈—提出命题—形成假设—调查数据—实证分析（证实或者证伪假设）—形成结论"的研究思路，对相关议题进行研究。

（1）文献研究。利用丰富的文献资料和数据库系统（如 Ebsco 数据库、Proqest ABL 数据库、SDOS 数据库、IEL 数据库以及维普和 CNKI 数据库系统等），以及相关搜索引擎（如 Baidu 和 Google），查阅知识共享、团队认知、沟通及文化相关领域大量国内外文献的基础上，梳理、归纳、总结、提炼现有的研究范畴、研究方法、已有的研究成果和目前的研究进展，并据此确定了基于团体的整体视角，沿着"沟通—团队认知—团队知识共享"逻辑思路，构建了团队知识共享的理论模型，并提出了相应的研究假设。在文献归纳总结的基础上，形成本书研究概念的界定。结合中国本土文化特点，进行沟通维度和量表的设计。在相关测量的量表设计中，遵循两个基本原则：一是吸纳和援引前人已有的、特别是应用广泛的经典量表（如关于"沟通风格"的量表）；二是根据研究问题和实际环境的需要，对相关测量项目，进行必要的、有选择性的修订。

（2）问卷调查。设计相关变量的调查问卷，以企业中具体的项目团队为样本，对团队成员进行态度调查。态度量表在企业研究中有三个作用：测量；借着澄清操作性定义来帮助变量的界定；隐藏研究目的，以免受测者产生偏差。量表是企业研究的测量工具，其自身的可信度和有效性直接决定了结果的科学性和有效性，所以需要严谨对待，以科学的程序来开发、检查。为了能在早期发现研究设计及测量工具的缺点并做修正，以免这些问题发生在大规模的、正式的调查中而浪费时间和精力，需要先做预调查。通过小样本调查数据对问卷的测量项目进行净化和因子分析，再对问卷进行修订，形成问卷的最终版本。之后，采集一定规模数量的样本，进行大规模的调查。

（3）数据分析。通过大样本调查数据对构建的中介传导模型和相关假设进行检验，数据处理过程主要包括以下内容。一是测算反映团队内个体成员评分一致性程度的指标 $r_{wg(J)}$ 值，考察将个体成员对各个变量的评价值整合加总得到团队层面数据的合理性。二是利用加总得到的团队层面的数据对变量的测量量表进行 CITC 检验、确定性因子分析、收敛效度和区分效度检验，考察量表的可信度和有效性。三是通过结构方程建模技术，分析判定中介作用的四个条件，比较理论假设的完全中介模型与部分中介模型的拟合程度，确定最佳匹配模型，并对模型所涉及的相关假设进行检验。四是对调节变量和干扰变量进行分析，并验证对应的假设。本研究考虑到沟通内容和沟通风格在实际沟通情境中有交互作用，所以，将沟通风格作为调节变量来处理；而组织文化对组织里所有的行为、观念和认知都会产生影响，所以，在模型检验时，考察其干扰作用。最后将研究结果与假说预期、前人已达成的研究结论进行对比分析与讨论。

1.6　结构安排

本书围绕研究问题和研究内容，设计了逻辑思路和内容安排，如图 1.2 所示。

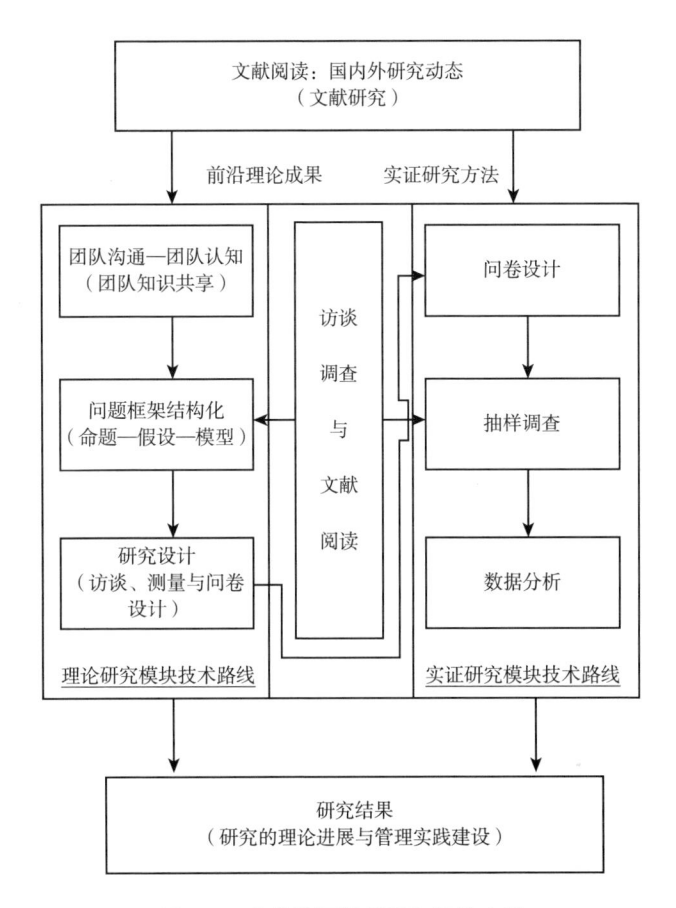

```
         ┌─────────────────────────┐
         │   文献阅读：国内外研究动态   │
         │       （文献研究）         │
         └─────────────────────────┘
           │ 前沿理论成果  实证研究方法 │
    ┌──────┴──────┐         ┌──────┴──────┐
    │ 团队沟通—团队认知 │  访  │   问卷设计    │
    │ （团队知识共享）  │  谈  │             │
    └──────┬──────┘  调  └──────┬──────┘
           │          查         │
    ┌──────┴──────┐  与  ┌──────┴──────┐
    │ 问题框架结构化  │  文  │   抽样调查    │
    │（命题—假设—模型）│ 献  │             │
    └──────┬──────┘  阅  └──────┬──────┘
           │          读         │
    ┌──────┴──────┐       ┌──────┴──────┐
    │   研究设计    │       │   数据分析    │
    │（访谈、测量与问卷│       │             │
    │    设计）     │       │             │
    └──────┬──────┘       └──────┬──────┘
   理论研究模块技术路线         实证研究模块技术路线
           └──────────┬──────────┘
              ┌───────┴────────┐
              │    研究结果      │
              │（研究的理论进展与 │
              │  管理实践建设）   │
              └────────────────┘
```

图 1.2　全书的逻辑思路和结构安排

第 1 章导论。本章重点在于叙述研究背景、明确研究问题、研究目的以及意义，在对关键概念进行界定后，给出了论文的研究方法、技术路线和论文的框架。

第 2 章理论基础。本章主要关注三个方面的文献——知识共享理论文献、团队认知（团队共享心智模型和交互记忆系统）理论文献以及沟通理论研究的文献，为全文的研究奠定一个文献基础。

第 3 章理论模型构建。首先，对以往研究取得的进展、存在的不足以及未来研究趋势、本研究拟解决的理论问题进行总结；接着，对研究中几个重要的概念进行界定；然后，构建本研究的理论视角和理论逻辑；最后，对模型中变量之间的关系提出假设。假设分为两类。第一类为验证性假设。这类假设已有学者做过分析，并通过经验研究加以证实。第二类为开拓性假设。这类假设其他学者还没有研究过，或者虽有相关理论分析，但未有经验研究加以证实。

第4章问卷设计与小样本测试。本章设计了变量的测量问卷。一是说明问卷的设计过程，包括测量条款产生的来源、产生的过程；二是通过小样本调查检验问卷初稿有效性和可靠性，剔除相关度较低的测量条款，并对问卷的措辞、排列顺序进行修订，得到问卷的最终版本。

第5章研究数据的收集与质量评估。包括大规模调查样本的选取、抽样方法、数据的初步整理与统计、样本数据的信度和效度评价。

第6章假设检验与结果分析。利用 SPSS11.5 for Windows 和 Amos5.0 软件，采用方差分析、相关分析、回归分析和结构方程模型，用数据实证检验研究模型与研究假设。

第7章结论与展望。对研究结论进行总结，并与已有的相关研究进行比较，给出相关结论的含义与实践意义，指出研究中的不足和需要改进的地方。

1.7　本章小结

本章首先对全书的研究背景进行了阐述。总体来说，在知识经济大背景下，企业知识管理和员工知识共享对于企业管理实践的重要性日益突出，为本书提供了现实背景。在此基础上，本章提出了本书基本的研究问题：团队成员沟通的维度结构探索。团队成员间沟通什么？中国文化背景下团队成员的沟通风格特点是什么？团队成员的沟通对团队知识共享是产生直接作用还是间接作用？沟通内容与沟通风格在其中如何起作用？团队成员沟通对团队共享心智模型和交互记忆系统及其在团队知识共享中的作用是中介传导吗？各变量间的作用强度如何？中国传统文化价值取向的强度不同，团队认知和知识共享呈现出怎样的变化？在团队成员的沟通中，不同的组织文化对团队知识共享的作用会有干扰吗？本书试图将这些问题在一个统一的模型中进行整合和研究。本章对全书的研究目的与意义，以及相关概念进行了描述与分析。最后，为了保证研究问题的科学性，本章还介绍了本书采用的研究方法和技术路线，并给出了全书的总体框架安排。

2 理论基础

本章主要评述与本书相关的理论与文献。全章共分为四个部分：第一部分是评述知识共享研究的相关理论与文献；第二部分是评述团队认知（团队共享心智模型和交互记忆系统）研究的相关理论与文献；第三部分为沟通研究文献评述；第四部分为本章小结。

2.1 知识共享

2.1.1 知识的定义

知识是一个难以定义和测量的概念。从实践到概念，从狭义到广义，其定义范围非常广泛（Beckman，1999）。但对知识的一个正确、清晰的认识对知识管理来说是至关重要的（张钢，倪旭东，2005）。不能清晰界定知识是知识管理所有弊病的源头（Prusak & Fahey，1998）。所以，笔者先对"知识"进行界定。

知识是什么？东西方无数先人都曾探索过这个问题。早在春秋时期，《论语》中涉及"知"字共计有116处，其含义大致可以分为三层：①作为名词，是"知识"的意思；②作为动词，是"知之""知道"的意思；③作为借代词，是"智"，有聪明、智慧的意思（杨伯峻，1980，转引自姜进章，2004）。在西方，自柏拉图（Plato）和亚里士多德（Aristotle）以来，无数的哲学家对这个问题进行了探讨，但柏拉图的知识定义——有充分根据的信仰（justified true beliefs）——在西方哲学史上，一直占据统治地位（Nonaka & Takeuchi，1995）。

《辞海》对"知识"有两种解释：①人们在社会实践中积累起来的经验；从本质上来说，知识属于认识的范畴，人的知识是在后天的实践中形成的；②相知、相识，指熟识的人。《牛津高级现代英语字典》对知识（knowledge）的解释是"在实践中接触到的信息，了解和懂得的事物"。

在知识管理领域里，对知识也有各种各样的定义，几种具有典型性的知识定义列举见表2.1。

表2.1　知识的定义

文献	定义
野中（Nonaka, 1994）	知识是"有充分根据的信仰"，一种被确认的信念，通过个体的信念和约束模式来创造、组织和传递，在传递知识的同时也传递着一整套文化和相关的背景系统
伦纳德和森西派（Leonard & Sensiper, 1998）	知识是与行动相关的信息，而且至少部分是建立在个人的经验之上的；知识是信息的一个子集，它是主观的，和有意识的行为有关，拥有经验中的隐性成分
达文波特和普鲁萨克（Davenport & Prusak, 1998）	（知识）是框架化的经验、价值观、情景化信息和专业洞察力的流动混合体，它为评估和融合新的经验和信息提供了框架，它源于人脑而用于人脑
贝克曼（Beckman, 1997）	知识是关于信息和数据的推理，能积极促进绩效、问题解决、决策制定、学习和教导
朗和费伊（Long & Fahey, 2000）	知识是人们的思考和精神的一种产品，根植于某个人或某个集体，或嵌入某个过程中的资源；它是情景化的，它嵌入在语言、故事、概念、规则和工具之中
奎因（Quinn, 1996）	知识是一种专业智力
巴加特等（Bhagat et al., 2002）	知识是从不相关的和相关的信息中变化、重构、创造而来的，但比信息、数据更广、更深、更丰富

资料来源：作者根据相关文献整理。

从这些各种各样知识的定义中，我们可以看到其中包含的最根本的内涵：

（1）知识的主体是人。无论中国的儒学，还是康德的理性主义，还是黑格尔的经验主义，还是现代的知识管理，在给知识定义时都是基于这样一个基本假设：知识是根植于人的。离开了人，也就无所谓知识。

（2）知识是人类对世界探索的产物。追求知识是人类一种自然的倾向，为了生存，人类需要了解世界，知识就是在这个探索过程中形成的，并反过来影响人们去探索、认识世界。

(3) 知识的基础是信息或数据。知识是个体根据从外界获得的数据和信息，通过大脑加工后形成的，所以外界的信息（数据）是组成知识的基本元素。

因为知识的这样三个根本内涵，所以笔者认为知识总是和人的认知活动相联系的，或者说知识是人的认知实践的产物。知识是"有充分根据的信仰"，其中的"充分根据"就是来自个体所处的世界，是为个体所感知到的外界，而"信仰"是个体对所感知到的外界的理解。笔者的这个理解也是与波兰尼（1965）等西方学者以及国内浙江大学张钢（2005）等学者的认识相一致的：认知是知识的核心层。所以本书对知识分类的理解也是认同于波兰尼的隐性知识和显性知识的划分方法。

尽管如野中（Nonaka, 1994）所言，知识是一个多层次含义、多定义的概念，但笔者还是通过对前辈真知灼见的理解，提出本书对"知识"的理解：**知识是个体认知实践的产物，是以一定规则组织起来的信息或者数据，它根植于认知个体和认知情境中。**

本书的研究就是基于对知识的这个视角的理解。

2.1.2　知识共享的定义

虽然学者对知识管理的模型和框架、测量工具等做过很多研究，但研究者们对"知识共享"的概念还没有形成统一的、权威的定义。学术界对知识共享的定义给出了不同的表述，表达了不同的观点。笔者根据相关文献列表如表 2.2 所示。

表 2.2　　　　　　　　　　知识共享的定义、观点

观点	文献	定义
社会观	圣吉（Senge, 1997）	与对方互动，成功地将知识转移至对方，协助对方形成有效的行动能力
	南茜（Nancy, 2000）	将自己的知识分享给他人，就如同将知识分送出去，与他人共同拥有该知识，进而使整个组织均知晓此知识
	康奈利和克罗伊（Connelly & Kelloway, 2003）	交换信息或帮助他人的系列行为
	宋建元和张钢（2004）	指组织成员能够互相交流彼此的知识，使知识由个体的经验扩散到团队及组织层面

续表

观点	文献	定义
学习观	野中和竹内（Nonaka & Takeuchi, 1995, 1997）	个体间隐性知识和显性知识互动的过程，其模式分为外化、内化、结合、共同化，知识创新即为互动的结果
	苏兰斯基（Szulanski, 1996）	知识携带者或者知识转移的节点，通过持续地沟通和交互作用获得完全的理解
	吉尔伯特和科德伊－海（Gilbert & Cordey-Hayes, 1996）	不是静态的发生，通过不断地动态学习，才能达成目标。将过程划分为获取、沟通、消化、接受和应用五个阶段。知识消化过程实质上也是知识的创造过程，它意味着个体、团队和组织在认知、态度和行为上的转变
	亨德里克（Hendriks, 1999）	一种沟通的过程，接收者向他人学习知识时（也就是接受他人所共享的知识时），必须具备知识去获得他人知识，并进行知识重建（reconstruction）
	里德（Ridder, 2004）	个体间相互交换知识并联合创造新知识的过程
	伊佩（Ipe, 2003）	个体的知识转化为可以被他人理解、吸收和使用的过程
	胡夫和里德（Hooff & Ridder, 2004）	知识共享是组织成员相互交换他们的知识（隐性和显性知识）并共同创造新知识的过程
认知观	埃里克森和迪克森（Eriksson & Dickson, 2000）	包括认知上与行为上两方面的内容，知识被双方共享和使用时，新的知识也被创造出来
	张钢和倪旭东（2005）	知识本质上是一个动态的、根植于认知者及其与认知环境互动的认知实践之中的过程，知识是一个行动着的概念，所以知识共享是认知结果和认知情境的分享
交易观	达文博和普鲁萨克（Davenport & Prusak, 1998）	将知识共享过程看作是企业内部的知识参与知识市场交易的过程，正如其他商品与服务市场一样，知识市场也有买方、卖方，市场的参与者通过市场交易获得互惠、声誉等形式的收益。知识共享＝传送＋吸收
	博斯特罗姆（Bostrom, 1989）；胡贝尔（Huber, 1991）	知识是一种团体间综合效率的产物。这种综合效率被定义为人与人之间的互相了解（understanding）与尊重，也可以被看作是一种交易
	应力和钱省三（2001）	知识交易是形成知识共享的基础。交易的客体（知识）主要有两类，即关于技术的知识（包括隐性知识、经验、技能等）和关于属性的知识

注：笔者根据相关资料整理。

学者们由于学科背景不同，研究的出发点和问题不同，仁者见仁，智者见智，故所提出的概念各有所侧重，他们所持观点可以概括为四类：

（1）社会的观点。这种观点将知识共享看作是知识从知识持有者向知识接收者甚至整个组织扩散的过程，在知识拥有者的社会互动中实现知识共享。在分析扩散过程机理的基础上，给出如何有效转移、扩散的解决方案，主要代表人物有：圣吉（Senge）、南茜（Nancy）等。

（2）学习的观点。这种观点以动态的、发展的、学习的角度看待知识共享，认为知识共享不仅仅是知识在个体间的转移，在团队、组织内的扩散，更是通过接收者吸收、整合原有知识并在实践中使用，从而创造出新知识、发展出新方法、形成新能力，并且这个过程是持续的。持这种观点的人物有：吉尔伯特（Gilbert）、科德伊–海（Cordey-Hayes）、亨德里克（Hendriks），等。

（3）认知的观点。这种观点认为知识总是与认知者及其认知实践联系在一起。在认知实践中，认知者在应用已有知识时，不仅创造了个人知识，还创造了集体知识，同时也成为其认知环境的积极创造者。所以知识共享不仅是对认知结果的分享，更是对认知情境和互动过程的分享。持这种观点的人物有：埃里克森和迪克森（Eriksson & Dickson，2000）、张钢和倪旭东（2005）等。

（4）交易的观点。持这种观点的学者将知识看作是一种经济资源，这种资源的有用性和稀缺性使得知识的拥有者可以用来交易，这种交易是在组织内部的知识市场中进行的，持这种观点的学者有达文博（Davenpor）、普鲁萨克（Prusak）、博斯特罗姆（Bostrom）、应力和钱省三等。

总结以上学者们从不同的角度对知识共享进行的概括：知识扩散是指知识共享的过程；知识演进是知识共享的结果和目的；知识交易则在一定程度上概括了知识共享活动的经济本质。

2.1.3 知识共享的内涵

尽管学者们从不同角度给出了知识共享的定义，但他们都包含了一些共同的内涵：

（1）知识共享涉及两个主体：知识提供者和知识需求者。在知识共享的过程中，知识拥有者将自身的知识外化，如通过著作、言语、行为等方式，让知识需求者能够接收。知识需求者将接收的知识内化为自身的知识。

（2）知识共享是个过程。包括知识提供者的外化和知识需求者的内化两个过程，是知识转移、扩散、转化的连续的过程，而非一个可以切割的简单的行动。

（3）知识共享的主体是人。无论是扩散观，还是交易观，还是演进观，无不将人看成是知识共享的主体，知识为人所拥有、所收集、所接受、所创造。

（4）追求知识效用的最大化。无论是扩散、交易还是演进，知识的提供者都不需要放弃知识的所有权，而是强调参与者对知识的共同拥有，是为了获得知识的加乘效应，追求知识的效用最大化。

因而，知识共享是发生在个体之间的知识转移和转化，通过知识提供者的外化、接收者的内化，使得知识在个体间、团队间、整个组织内扩散，实现个体知识转化为组织知识，并在整合和应用中得以创新，从而使知识能够物化为新产品，为组织获取竞争优势。

组织里的知识系统包含几种不同层级的知识，由个人、团体、部门到公司的层级（Roos & Krogh，1992）。个体层面知识升华为组织层面的知识，才能便于组织管理，实现其经济价值和竞争价值（Hendriks，1999）。而个体层面知识要转化组织层面知识必须通过团队（Nonaka，1994），并且组织创造知识是源于隐性知识的共享，其核心发生在团队层次（Nonaka & Takeuchi，1995）。所以作者选择组织里的团队为本书知识共享研究对象。

本书对知识共享的理解是对知识共享学习观和认知观的整合，主要参照胡夫和里德（Hooff & Ridder，2004）的定义而给出：**知识共享是团队成员相互交换他们的知识（隐性和显性知识）并共同创造新知识的过程。**

2.1.4 知识共享的前因

知识共享是构建组织竞争优势核心中独一无二、无价的重要资源（Nonaka & Takeuchi，1995；Prahalad & Hamel，1990；Paul Hong et al.，2004）。企业越来越依赖于建立和创造一个知识共享的平台，作为一个重要的资源能力（Huber，1999，1996；Nonaka，1994）。然而，知识共享绝非易事（Hendriks，1999），并且，从实践的角度来看，知识共享不能被强迫，只能被鼓励和推动

（Gibbert & Krause，2002）。所以，学者们对知识共享的前因进行了广泛的研究。

（1）知识特性。波兰尼（1966）把人类的知识分为两大类：显性知识和隐性知识。显性知识是可以编码化的知识，它能以正式的、系统化的语言传递；隐性知识深深地根植于个体的行为、承诺以及涉及的特定情境中。用波兰尼的话说就是"存在于一个广泛的人类精神和身体的认知中"。同时，波兰尼指出显性知识只是知识冰山的一角。波兰尼对人类知识的论述引起学术界广泛的共鸣和兴趣，许多学者从知识特性角度研究知识共享。伯杰和拉克曼（Berger & Luckman，1966）提出了知识共享的三阶段模型：外部化、标准化、内部化。海斯曼（Huysman）等人在此基础上做了进一步的扩展。日本学者野中等进一步提出了 SECI 模型，将知识共享分为潜移默化、外部明示、汇总组合、内部升华四个阶段。他认为知识创造是一个由隐性知识之间的传递，到显性知识转变，再到显性知识之间的传递，最后由显性知识升华为隐性知识的螺旋上升的过程（魏江和王艳，2004）。这些学者的研究明晰了隐性知识共享是知识共享的难点，也是知识创新的关键，所以，后续的知识共享研究主要是针对隐性知识进行的。

华盛顿大学教授狄克逊（Dixon）指出，外部知识（如有关消费者和竞争对手的知识）并不总能为组织赢得竞争优势，真正能为组织赢得持续竞争优势的是那些基于经验的独特的知识，如技术诀窍等。该学者进一步指出影响知识转移成功的三个要素——预期的知识接受者、工作特性（工作的常规性和频率如何）、所传递的知识的类型，并根据这些要素提出知识转移的五种类型——连续性转移、相似性转移、差别性转移、策略性转移和专家式转移（Dixon，2000）。

美国学者赫德伦基于对知识性质的分析，从知识载体的维度（个人—群体—组织—组织间）对知识共享进行二维分析，使得对隐性知识的研究超出了个人层面（Hedlund，1994）。部分学者从隐性知识的情境依赖性角度研究知识共享。野中（1994）提出从建立一个交互作用的场开始，促进员工间共享经验和思维模式；伦纳德和森西伯（Leonard & Sensiper，1998）指出面对面的互动对于隐性知识的共享是不可或缺的；奥吉尔等（Augier et al.，2001）

通过Apollo13案例研究，指出复杂而非结构化问题中的隐性知识共享需要相似情境的产生和持续；温格（Wenger，1998）提出实践社区（community of practice）的概念，指出在实践社区中，雇员的隐性知识能够得以共享，问题能得以解决，创新能得以产生；亚历山大等（Alexander et al.，2003）研究了多国公司虚拟实践社区情境下雇员知识共享的动机和障碍，发现雇员对于知识的公共属性的认可度的不同，影响着雇员在虚拟社区中员工间的知识共享。

知识还具有路径依赖性。因此，有效的知识共享不仅有赖于知识提供方的共享意愿，还取决于知识接受方的共享能力（Nonaka，1994；Grant，1996），知识接受者的知识结构、工作经验以及新任务的解决路径都直接影响知识共享的成功与否。韦斯（Weiss，1999）研究指出，专家服务公司要有效利用知识，就必须理解理性知识和嵌入知识在收集和联结程序上是不同的。保罗等（Paul et al.，2004）通过对新产品开发经理的实证研究，发现新产品开发程序中知识共享是一个关键的驱动器，而客户知识的共享、供应商知识的共享和内部能力的知识共享有赖于新产品开发过程的正确和有效履行。

（2）信息和沟通技术。知识经济的快速发展是建立在信息技术的高速发展的基础上，所以部分学者强调了信息和沟通技术的介入对知识共享的作用（Newell，1982；Musen，1992；Gates，1998；Newell et al.，1999；Hamsen，1999），提出了一个知识共享创造模式（shared knowledge creation model）（Eriksson & Dickson，2000），如图2.1所示。在这一模式中提出四个影响知识共享与创造的因素，其中之一就为IT基础设施，包括用来支持信息流通与整合、团队问题解决的工具，如内联网（intranet）、外联网（extranet）、视频会议等。

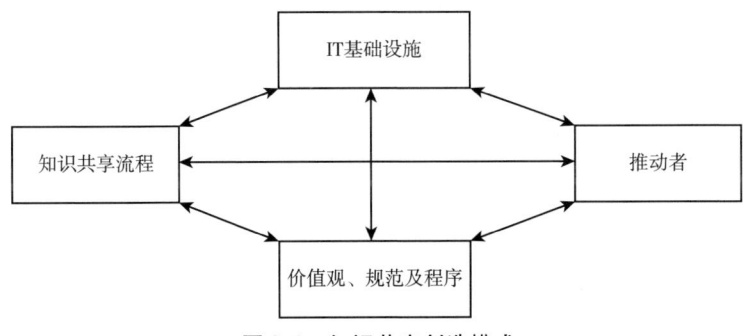

图2.1　知识共享创造模式

网络为组织成员提供了一个互动的虚拟平台。随着沟通时间的增加，便形成一个通过计算机网络分享信息，而且彼此间也有情感支持的"网络社群"，打破传统的地域、时间概念（Wellman & Gulia, 1999）。信息和沟通技术（ICT）能减少知识员工沟通的时空限制，便利员工信息交流，从而促进知识共享（Hendriks, 1999）；组织内可获得的知识共享技术的存在，对员工感知知识共享文化有正向作用（Connelly & Kelloway, 2003）。学者们通过经验研究，揭示了计算机介入的沟通技术（CMC）通过组织承诺对知识共享产生间接作用（Hooff & Ridder, 2004）。

但是，随着知识共享研究的深入，越来越多的学者认为，信息技术对显性知识的共享有促进作用，但并非是隐性知识共享的有效方式（Koulopoulos & Frappaolo, 1999, 2001）；信息沟通技术只能支持知识共享活动，无法替代这种活动（Huysman & Wit, 2004）；信息系统是知识共享的必要条件，而非充分条件（Zárraga & Bonache, 2003）。影响知识共享的因素很多，但其成功的关键有80%是与"人"有关，仅有20%是与"技术"有关（Roberts, 2000）。

（3）个体特性。知识共享的主体是人，所以，必然受个体特性的影响。保罗（1999）指出，个体的偏好对知识共享文化的影响应被明确地认识到。林秀芬和李国光（Lin & Lee, 2004）对台湾大型企业高级经理人的经验研究发现，高级经理人对知识共享的态度、主管准则在对其促进知识共享意图的产生的中介作用下，对其知识共享行为产生正向显著作用；康奈利和克罗伊（Connelly & Kelloway, 2003）研究表明，女性比男性对社会交往文化更为敏感，从而感知到一个正向的社会交往文化以对个体感知到知识共享文化有正向影响；博克等（Bock et al., 2005）通过对来自韩国的27个组织的154位管理者的经验研究，发现与知识共享有关的态度逼近和主观规范会影响个体知识共享意愿，而主观规范又受自我价值影响。丁志坤和吴凤费（Zhikun & Fungfai, 2009）研究了中国建筑业团队知识共享问题，发现知识共享态度比主观规范更能促进建筑师共享知识意愿。

（4）组织制度。更多的研究是从组织层面展开的。组织战略对组织内的知识共享有显著影响。保罗等（2004）通过对新产品开发经理的经验研究发现，如果新产品上市时间和提供给客户的价值是战略性的规则，那么新产品开发程序中知识共享是一个关键的驱动器；泰勒等（Taylor et al.，2004）通过对英国保健服务部门问卷调查和访谈，发现一个变化的远景对有效的知识共享有很强的正向作用，同时他们指出，这对企业组织一样适合；巴尔托尔等（Bartol et al.，2002）认为，美德薪资计划、利润分享计划、分享收获计划对跨团队、跨工作单元的个体知识共享有正向作用，建立专家和竞争感觉对组织内实践社区的知识共享行为最有影响。一个组织有无指向知识共享的战略，组织内的知识共享氛围是不同的。组织在知识管理的战略指导下，会着力营造社会互动情境来促进员工间的知识共享（Long & Fahey，2000）；组织间亦是如此，在一个交互作用的复杂网络里，技术和公司关联性不断提高，旨在推进技术管理和产业内的合作演进的战略，能促进产业内企业的知识共享，建立技术可持续创新的社区和产业（Chen，1997）。

组织制度对员工间的知识共享也会产生深刻影响：分配公平、程序公平通过组织忠诚对隐性知识共享产生间接作用，分配公平性、工具性连接和表达性连接通过信任对隐性知识共享产生间接作用（Lin & Chieh-Peng，2007）；绩效导向的管理对成功的知识共享有显著的正向预测作用，改变管理和对绩效敏感的指标对知识共享的程序影响很大（Taylor et al.，2004）；招聘和甄选程序会加强职能亚文化，进而影响新员工的知识共享意愿和行为（Currie & Kerrin，2003）；雇员知识共享的意愿不仅与雇员拥有的权利（满意的工作条件）相关，还与组织的决策结构相关，要促进雇员知识共享的意愿，不仅要改善雇员的工作条件，还要增加雇员在决策制定中的参与度（Jones，2002）；联系知识共享的奖赏越多，则个体共享给资料库知识的程度越高（Bartol et al.，2002）。但对于奖赏制度，也有不同的发现，有研究表明，与知识共享联系的奖赏制度与知识共享无关（Zárraga & Bonache，2003）；有研究更是提出了外部的奖赏对个体的知识共享态度有负面影响的观点（Bock et al.，2005）。

（5）领导因素。领导行为和风格对知识共享的影响也是显著的。组织中开放的领导氛围对知识共享产生显著的正向影响（Taylor et al.，2004）；员工倾向于与管理层的方向保持一致，雇员感知管理层对知识共享的支持会对其感知的知识共享文化产生正向的显著影响（Connelly & Kelloway，2003）；领导的集权水平对组织内的知识共享有负面影响（Tsai, 2002）；公司的知识共享行为主要由高层管理者的鼓励意愿决定，高层管理者的态度、个人规范和感知的行为控制对鼓励知识共享的意愿有正向影响（Lin, 2004）；团队领导通过成熟的信任和帮助通道对团队成员的知识共享产生间接作用（Zárraga & Bonache, 2003）；团队主管通过移交责任（包括学习和发展）给团队成员，能促进团队内的知识共享；团队主管的介入，能引起个体和集体的隐性知识在团队内的共享（MacNeil, 2004）。

（6）组织文化。组织文化与知识共享的关系极密切。如果没有一个积极鼓励分享、奖励分享的文化，则知识转移不可能那么容易发生（Zielinski, 2000）。一个具有知识共享文化的组织，员工间分享想法和灵感就会被视为理所当然的事，这样组织的创造力与学习能力就很自然地产生了（Schein, 1996；Senge, 1997；Greengard, 1998；Marilyn, 1998；Jeffrey & Robert, 1999；King, 1999；Stauffer, 1999；De Long & Fahey, 2000；Heisig & Spellerberg, 2001；Kaser et al. 2001；Tsai, 2002；Graeme & Maire, 2003；Zárraga & Bonache, 2003；Yang, 2004；Taylor et al., 2004；Gee-Woo et al., 2005）。沟通，尤其是面对面的沟通是知识共享组织文化中重要特征（Abrams et al., 2003；Yang, 2004；Kaser et al., 2001；Hendriks, 1999）；开放的沟通方式使组织成员间容易产生知识共享行为（Jeffrey & Robert, 1999）；丰富而频繁的沟通、合作性沟通能促进信任的建立（Abrams et al., 2003）；组织内建设性的沟通氛围对知识贡献和收集有显著的正面影响（Hooff & Ridder, 2004）。信任是另一个被广为关注的文化特征，许多学者研究表明信任是员工间合作的前提（Axelord, 1984；Mayer et al., 1995；Bartol et al., 2002）。信任决定了个体间的知识共享模式（Andrews et al., 2000；Ipe, 2003）；不同的信任程度引发不同程度的知识共享（Tasi, 2002；Kaser et al., 2001；Abrams et al., 2003；Yang, 2004）；认知信任和情感信任都会对知识共享产生显著影响（Chowdhury, 2005）。也有部分学者揭示了组织忠诚对知识共享的影响（Hooff & Ridder, 2004）。通过对荷兰六家企业的经验研究表明，员工的情感忠诚对知识贡献产生显著影响，但对知识收集影响不明显；员工的部门忠诚对部门内的知识贡献和收集有正向作用，组织忠诚对部门间的知识收集有正向作用，部门忠诚促进组织忠诚的形成，部门内的知识贡献能促进部门间的知识贡献。越来越多的学者开始聚焦于组织氛围和知识共享间的关系。知识共享氛围被分为三个维度——积极的同理心、判断的宽厚、成熟的信任和帮助通道，对知识转移和知识创造都有正向作用，但成熟的信任和帮助通道对知识转移的作用最强，积极的同理心和判断的宽厚对知识创造作用最强；知识共享氛围三个维度对知识转移和知识创造的解释度分别只有24%、13%，说明还存在其他因素（Zárraga & Bonache，2003）。

（7）团队因素。团队工作方式的使用也往往被看作是积极的知识共享组织文化的特点。许多学者专门从团队角度研究知识共享的影响因素。团队的性别结构和团队任务的性别倾向对知识共享反馈的寻求行为有重大影响（Miller et al.，2005）；团队成员间的沟通冲突解决和团队知识共享惯例是一种互惠关系，组织内这种互惠关系建设得越好，越有助于提升客户服务质量；当工作群体的结构多样性越丰富，群体与外部知识共享比群体内部知识共享对群体绩效的作用更强（Cummings，2004）；团队主管移交责任（包括学习和发展）给团队成员，能促进团队内的知识共享；团队主管的介入，能引起个体和集体的隐性知识在团队内的共享（Neil，2004）。团队的知识共享氛围对团队成员间的知识转移和创造有积极的作用（Zárraga & Bonache，2003）。

（8）民族文化因素。组织内的知识共享也受组织所处的环境影响。C. W. 乔等（Chow et al.，2000）通过对来自美国和中国的管理者的比较研究发现，美国文化相对于中国文化有更高的个人主义倾向。当个体利益和集体利益不冲突时，美国人和中国人在知识共享上的开放程度是一样的；当个体利益和集体利益冲突时，中国人比美国人在知识共享上更开放；当个体利益和集体利益冲突时，如果共享方是圈内人，中国人比美国人共享更多知识，而当共享方是圈外人时，中国人比美国人共享更少知识。米夏洛娃和赫斯特德（Michailova & Husted，2003）的研究表明，俄罗斯的文化中权力距离比较大，组织成员倾向于将知识和地位密切联系，因此俄罗斯经理很难接受下级的知识，而下级也不能表现出比上级拥有更多的知识。哈钦斯等（Hutchings et al.，2004）通过对西方跨国公司在俄罗斯和中国的子公司里的知识共享研究发现，在俄罗斯和中国，个人的网络关系和群体关系对雇员间的知识共享影响很大，雇员对"圈内人""自己人"的知识共享倾向远远强于对"圈外人"和"外人"。

综上所述，可以把学术界迄今为止研究的知识共享前因归纳为知识特性、个体特性、组织特性和环境特性（徐碧祥，2007）。其中知识特性又包括隐性和显性、情境依赖性和路径依赖性；组织特性可划分为组织文化、管理制度、领导风格、组织战略及信息和沟通技术等。前因间的关系以图的形式表达如图 2.2 所示。

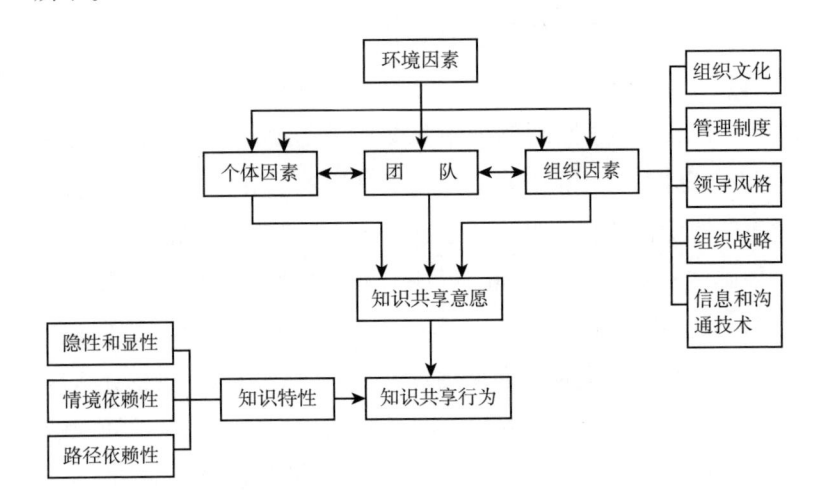

图 2.2　本书知识共享影响因素分析

资料来源：笔者根据分析而得。

2.1.5　知识共享构思测量、作用模式与经验研究

知识共享的构思研究在实证研究中存在较大差异，测量技术和方法也不尽相同，归纳起来主要有两种主要方法：一种是在案例研究或实验方法研究中，一般通过直接提问测量知识共享行为、意愿；另一种是利用问卷进行态度测量，一般将问卷发放到企业或公共组织，测量知识共享的行为、意愿或者倾向、程度以及文化/氛围。

（1）案例研究或实验法。对知识共享以实验方法设计相应情境或案例研究时，使用单个问题直接评价的研究主要有以下学者。

米勒等（Miller et al.，2005）选取 286 名大学生，分成 4 人组团队，进行实验研究，分析团队成员的性别结构、团队任务的性别倾向对团队成员知识共享的影响。实验中每个成员回答是否想要来自团队成员关于他们任务执行的反馈的一个双选择问题，作为对知识共享意愿的测量。

C. W. 乔等（2000）在研究中美文化对雇员知识共享的影响时，选取了 180 个 MBA 学生，采用实验方法，设计特定的情境，对知识共享意愿的测量采用单个问题直接测量。

W. 蔡（Tsai，2002）在研究美国一家多事业部的大公司的 24 个事业部间的知识共享时，对知识共享的行为也是直接评价的。

（2）问卷测量法。用问卷进行态度测量的学者们从不同角度对知识共享进行测量，并开发了相应的量表。

有的学者根据知识的特性或者种类对知识共享进行了测量。乔杜里（Chowdhury，2005）开发的复杂知识共享测量量表包括 7 个测量条款，信度系数达到了 0.92。汉森等（Hansen et al.，2001）在研究管理咨询公司里的 164 个销售团队知识共享对团队工作效率、工作质量和传递给客户的竞争力的影响时，将知识分为编码化的知识（电子文件）和私人知识，分别从程序成本和内容两个维度测量两类知识共享。电子文件共享的程序成本分寻找的成本和转移的成本，内容包括质量和相关性；私人知识共享的程序成本分反应时间和自发性，内容指专家水平。每个方面都以一个问题测量，7 点量表测量。博克等（2005）通过对来自韩国 27 个组织的 154 位管理者问卷调查，研究组织内激励因素、社会心理力量、组织氛围对员工间的知识共享的影响，测量的是知识共享的意向。博克等（2005）在康斯坦特等（1994）、丹尼斯（Dennis，1996）、费尔德曼和马奇（Feldman & March，1981）、菲什拜因和阿杰恩（Fishbein & Ajzen，1981）等人的研究基础上，发展了知识共享意图量表，分隐性知识共享意图（2 个条款）和显性知识共享意图（3 个条款）两个维度，信度分别达到了 0.9237 和 0.9184。

有的学者根据共享的对象对知识共享进行测量。保罗等（2004）在新产品开发领域，开发了一种测量知识共享程度的可靠工具，根据知识共享的对象，将知识共享分为三个维度：与客户知识共享（4 个测量条款，$\alpha = 0.86$）；与供应商知识共享（5个测量条款，α=0.82）；团队内部能力知识共享（4个测量条款，α=0.85）。卡明斯（Cummings，2004）在研究来自《财富500》的电子通信企业的182个工作群体的知识共享对群体工作绩效的影响时，开发了组内和组外的两个维度知识共享，分别从总体印象、细节需求、分析技术、过程报告和项目结果五个方面测量知识共享的频率，信度分别达到了0.84和0.97。

有的学者根据知识共享的过程对知识共享进行测量。萨拉加和博纳切（Zárraga & Bonache，2003）在考察团队知识共享氛围对团队共享程度影响时，将知识共享分为知识转移（3个测量条款）和知识创造（2个测量条款）两个维度，但信度系数不高，分别为0.7和0.6。胡夫等（2004）在研究忠诚和沟通技术对知识共享的影响时，根据知识的流向将知识共享划分为知识贡献和知识收集两个维度，每个维度都包含4个条款，信度系数分别达到了0.83、0.90。

有的学者考察的是知识共享的行为。林秀芬和李国光（2004）在研究组织内高层管理者的态度、个人规范和感知的行为控制以及鼓励知识共享的意愿对组织知识共享行为的影响时，用4个条款组成的一个维度来测量知识共享行为，信度系数达到0.84。泰勒等（2004）在研究公共服务部门有效知识共享的影响因素时，是以单个问题直接测量知识共享行为的。

有的学者考察的是知识共享文化。康奈利和克罗伊（2003）在研究感知到知识共享的管理支持、感知到一个正向的社会交往文化以及知识共享技术的存在对个体感知到知识共享文化的作用时，以单维度、5个测量条款来测量知识共享文化，信度系数达到0.85。

根据以上分析，知识共享的测量总结如表2.3所示。

表2.3 知识共享测量总结

研究方法	测量角度	维度划分依据	举例	信度
实验	共享意愿	单个问题直接测量	（Miller et al.，2005）；（Chow et al.，2000）	
案例	共享行为		（Tsai，2002）	
问卷调查	共享行为	共享行为	一维：（Lin et al.，2004）	0.84
	共享行为		一维：（Taylor et al.，2004）	

续表

研究方法	测量角度	维度划分依据	举例	信度
问卷调查	共享行为	知识种类	一维：复杂知识共享（Chowdhury，2005）	0.92
	共享行为		二维：编码化知识和私人知识共享（Hansen et al.，2001）	
	共享意向		二维：隐性知识和显性知识共享（Bock et al.，2005）	0.9237，0.9184
	共享程度	共享对象	三维：与客户知识共享、与供应商知识共享、团队内部能力知识共享（Hong et al.，2004）	0.86，0.82，0.85
	共享频率		二维：组内知识共享和组外知识共享（Cummings，2004）	0.84，0.97
	共享行为	共享过程	二维：知识转移和知识创造（Zárraga & Bonache，2003）	0.7，0.6
	共享行为		二维：知识贡献和知识收集（Hooff et al.，2004）	0.83，0.90
	共享文化	感知共享文化	一维：（Catherine，Connelly & Kelloway，2003）	0.85

资料来源：根据相关文献整理。

2.1.6 知识共享理论评述

通过梳理知识共享的提出背景、定义、影响前因、构思测量和作用模式，可以发现知识共享已成为组织和社会知识管理领域的一个重要研究方向。知识共享是组织学习、组织创新的必备基础，是组织竞争优势的重要源泉。已有的经验研究成果为本书研究提供了四方面的启示：第一，知识包括隐性知识和显性知识。随着信息技术的发展和在各个领域的渗透，显性知识的共享实践发展得比较顺利，而隐性知识的共享依然很困难。隐性知识的共享往往在特定的情境下、在雇员面对面的沟通和合作中发生。第二，知识共享的影响因素有"软的"，也有"硬的"，尽管"硬的"因素为知识共享提供了基础平台，但主要还是"软的"因素。知识共享需要依靠人与人之间的互动来实现。组织若是缺乏知识共享的文化与环境，个体若是缺乏分享与合作的意愿，知识共享难以在组织内发生。组织文化的组成要素，如价值观、行为规范、员工间的关系导向等，是知识共享成功与否的决定性因素。第三，知识管理的发展随着不同领域的知识交叉融汇，从而撞击出新的知识，促进新产品、新服务的产生，所以具有不同知识、经验的个体间的知识共享尤为有价值。第四，知识共享与文化之间有着非常密切的关系。知识共享在不同的组织文化、不同的民族文化背景下会有不同的发生机理。

从20世纪90年代初知识管理概念的提出到现在，知识共享的研究已经取得了很大进展，但仍在以下方面存在不足：

（1）知识共享前因及其作用机理的探索。对知识共享的前因研究始于从知识特性角度，但理论研究比较多，实证研究以及对作用机理的研究有待深入。随着知识共享对组织竞争优势的重要性日益凸显，许多学者从组织特性角度开展了知识共享前因的研究，尽管成果不少，但还存在一些有待进一步研究之处。例如，许多文献都提到沟通对员工间知识共享作用很大，但止于理论推演，缺乏实证研究支持，而且到底是沟通内容还是沟通风格在影响员工知识共享，尚待考证；雇员间的信任以及雇员对组织的忠诚，是影响员工间的知识共享的重要因素，但他们是直接作用还是通过其他变量起作用，他们在对知识共享的作用中是怎样的关系等问题都尚待考证；关于奖励机制、信息技术对知识的作用研究结论存在不一致，有待进一步论证。关于个体特性对组织知识共享的作用挖掘得较少，虽然其作用强度可能没有组织特性大，但与组织相关的一些个体特性对组织知识共享还是会产生较大影响的，如基于组织的自尊。环境特性目前研究主要针对社会文化对知识共享的影响，并且多从个人主义/集体主义角度考察，其他文化维度以及其他环境要素的作用也有待验证。

（2）知识共享的跨文化研究。许多学者都认为知识共享和文化联系极其密切。在不同文化背景下的组织知识共享发生机理必然是不同的。已有的研究成果多是在西方（尤其是美国）文化背景下开展，而文化迥异的中国文化背景下的研究，特别是实证研究还非常疲乏，跨文化比较研究就更稀少了。相信，在不同的文化背景下，知识共享也会折射出差异性。

2.2 团队认知结构

2.2.1 从个体认知到团队认知

知识总是与认知者及其认知实践联系在一起。在认知实践中，认知者在应用已有知识的同时，不仅创造了个人知识，还创造了其不自觉的集体知识（张钢和倪旭东，2005）。菲茨杰拉德（Fitzgerald，1992）认为知识是可以被创造的，并且从本质上来说是一个主观的过程。内生的观点认为知识是一种动态的、可变的概念，它依赖于认知者的认知、知觉和情感，植根于认知者头脑中与真理相符的各种可能的版本（Nosek，2004）。知识共享不是简单的给予或获得。知识共享也是一种新的行为能力的创造，而认知正是这种行为能力的创造活动得以体现的一个过程（Senge，1997；Churchman，1971；Nosek，2004）。张钢和倪旭东（2005）提出知识与认知实践的过程与结果均密切相关，作为认知者认知实践过程的知识会以流量资源的形态被创造、转化、激活、丰富和发展；而作为认知者认知实践结果的知识则以存量资源的形态被获得、测量、存储、传播和应用，为企业创造价值、赢得竞争优势。马林（Marlin）也肯定了"认知观点"在管理研究中的应用前景，因为人们思维、言语和行动都受到认知过程的影响（苗青，2005）。

在一个特定的智力水平上（获得知识和应用知识的能力），认知是掌握与构建行为能力的心理过程，会影响人们的态度与行为举止（Nosek，2004；Raza，Kausar & Paul，2006）。科特勒（2006）将个体认知定义为：个人选择、组织并解释信息输入，以创造一个关于这个世界的有意义的图像的过程。一些学者认为个体认知形成了个体在群体中生活的行为（Stark，1958；Berland，1982；Loasby，1999；Radding，1985；Gregg，1974）。

近年来，在个体认知的基础上，对于认知的观点已经逐渐从个体认知转向以群体认知为主的研究。研究者普遍认为认知具有社会性，是由团体中的角色所构建的（Winograd & Flores，1987；Nosek，2004）。康诺格拉德和弗洛雷斯（Winograd & Flores，1987）强调了语言和社会对人们思想和观念的影响。在最基本的层面上，个体运用语言与人交流来思考事务。许多学者均强调了语言会直接而强烈地影响人的思想，而语言本身是社会构建的，通过群体中角色的互动来实现（Nosek，2004）。洛斯克（Nosek，2004）指出群体认知意味着从个体特殊的、主观的心智模型，转化为行为者之间相似的行为能力；从心智模型的创造和组合，转化为选择标准化和信息结构分享。

此外，一些研究者证实了认知在许多团队工作中也起到了很关键的作用（Cannon-Bowers et al.，1990；Cannon-Bowers & Salaa，1997）。研究者们（e.g.，Carley，1997；Espinosa et al.，2001；Langan-Fox，Anglim & Wilson，2004；McLennan et al.，2006；McNeese，2003；Cooke et al.，2000）发现，组织往往依赖于团队来处理一系列复杂而有难度的任务，例如：决策制定、情境评估以及工作设计等任务。团队不同于群体，它需要团队成员间高度的协作性，成员间相互影响，担任各自特定的角色或发挥各自的作用（Cooke et al.，2000）。萨拉斯和菲里奥（Salas & Fiore，2004）认为当团队成员相互依赖，为了共有的、有价值的目标而工作时，团队工作便能更好地达成。麦克尼斯（McNeese，2003）认为团队认知是指在团队内或团队间所进行的分布式的和紧急的活动中使用各种各样的资源而构建的认知。团队认知在经历了20多年的发展历程中，由一些较为集中的研究观点发展为与适合的认知（Greeno & Moore，1993；Lave & Wenger，1991）、社会共有的认知（Resnick & Behrend，1991）以及外部世界的认知（Hutchins，1995）较为相似的观点。在知识管理领域，团队是组织中知识管理与知识创新的最基本单元，而且随着组织结构扁平化的趋势，团队在组织中发挥着日益重要的作用，而对知识管理的研究又恰恰离不开对人的认知活动本质和规律的把握（武欣和吴志明，2006）。洛斯克（2004）也以认知作为基础来研究知识的创造与共享，并肯定了"认知视角"在知识管理中的重要作用（Raza & Paul，2006）。

研究表明，对于团队中的认知的研究可以由各种认知观点的角度来展开，包括团队情景意识（Endsley，1993，1995，1995b；Wellens，1993）、共有认知（Rentsch & Hal，1994）、集体认知（Gibson，2001）、通过客观化的心理意象所产生的团队协调（Petre，2004）、团队意义感知（Nosek & McNeese，

1997)、社会分享（Tindale & Kameda，2000）以及交互记忆（Moreland & Myaskovsky，2000）等。这些观点的一个基本前提是存在在团队成员中的一般认知结构与团队的有效性息息相关（Rentsch & Woehr，2004），而对这些认知结构的理解能够对团队绩效起到关键作用（Cooke et al.，2003）。近年来，团队层面上的认知研究亦逐渐引起了众多学者的兴趣，他们认为团队成员战略上的共识对团队绩效起到了积极的作用（Floyd & Wooldridge，1992；Wooldridge & Floyd，1989；Michael & Craig，2001）。

然而，通过涵盖所有这些详细的观点的方法来研究团队认知远远超出了现有的研究和大量评论的能力范围（Cannon-Bowers & Salas，2001；Cooke et al.，2000；Cooke et al.，2004；Kirshner & Whitson，1997；Salas & Fiore，2004；Sapsed et al.，2002）。在团队认知的研究过程中，以往的研究奠定了坚实的理论基础（Mohammed & Dumville，2001；Mohammed，Klimoski，Rentsch，2000），但局限了对团队心智模型的构建以及团队心智模型与团队绩效的关系的研究，而团队心智模型正体现了当今对团队认知研究的重要视角。从认知的角度去理解知识共享的作用机理，也为团队知识管理的研究提供了新视角。许多研究者将共享心智模型作为评估团队绩效的有效途径（Converse，Cannon-Bowers，Salas，1991；Cooke et al.，2000），诸如团队/共享心智模型、共享的框架、交互记忆、社会认知等变量已经被广泛用于解释团队的发展、绩效、策略性的问题定义和决策制定的变化（Klimoski & Muhammed，1994）。

武欣和吴志明（2006）亦提出，20 世纪 90 年代认知心理学和组织心理学在团队认知领域的突破性进展为我们思考团队知识管理提供了新视角，其中最重要的是有关共享心智模型的研究。彼得·圣吉（1998）在《第五项修炼》一书中就转述了嘉得诺在其认知科学研究领域的最新成果《心灵的新科学》（The Mud's New Science），嘉得诺认为，认知科学最主要的成就是清楚地展示人类行为各个不同构面的心智表现层次。共享心智模型是将心智模型的概念从个体扩展到团队水平，强调的是团队层面的成员间所共有的心智模型，有别于一般的个体认知，对团队有效性、协调性和团队绩效有促进作用，有助于信息和知识的共享（Mathieu et al.，2000；沈其泰等，2004；武欣和吴志明，2006）。而交互记忆系统也是一种认知记忆系统，与共享心智模型都是群体水平的认知概念，是一种来自不同领域的信息知识的合作性分工系统（Hollingshead，2001；Wegner，1986；Liang，Morelan，Argote，1995）。交互记忆是指两个个体各自所拥有的知识的结合以及关于对方知道哪些知识的意识，其概念的重要性在于它明确指出了群体认知的一个最关键的不同于个体认知的内容，就是关于群体中"谁知道什么"的知识，这是团队知识中一种特殊形态的知识（Wegner，1986；武欣和吴志明，2006）。

2.2.2 共享心智模型

近年来，团队层面上的共享认知的研究逐渐引起了众多学者的兴趣，他们认为团队成员战略上的共识对团队绩效起到了积极的作用（Floyd & Wooldridge，1992，Wooldridge & Floyd，1989，Michael & Craig，2001）。新近研究亦表明，有效的团队活动依赖于共享心智模型的出现，共享心智模型会影响团队过程和团队绩效，这已得到了国内外学者的广泛认同（Cannon-Bowers，Salas & Converse，1993；Marks et al.，2002；Mohammed & Dumville，2001；白新文，2006；王学东，2011）。以下笔者从共享心智模型的提出背景、定义、分类、影响前因、构思测量和作用模式等方面进行梳理。

2.2.2.1 共享心智模型的提出背景

共享心智模型是在心智模型这个概念的基础上提出来的。研究发现，新的想法无法付诸实施，通常是因为它和人们心中深植的对于周遭世界如何运作的看法和行为相抵触（转引自：彼得·圣吉，1998）。而心智模型理论的提出则源于研究者对于在管理过程中，决策层的构想无法付诸实施、运作和拓展的根源探究。

一般认为，心智模型的概念最早是由心理学家肯尼思·克雷克（Kenneth Craik）在1943年提出（Johnson-Laird，1983；Senge，1990），是指人们在日常理解事物和推理过程时，在短期记忆或工作记忆中所建立起来的对问题情境或外在事物的一种暂时性表征，也可以是人们储存在长期记忆中的对外在世界的稳定表征或印象。人们使用各自的心智模式来对事件进行预测、归因以及做出解释，从而影响行为。而这一概念在特定的学科领域中，以特定的视角出发，其内涵也会有特定的诠释。在认知科学中，心智模式是人们长期的生活经历中留下的关于认知世界的一种固定模式。

按照劳斯和莫里斯的定义，心智模型指的是一种心理机制。人们利用这个心理机制可以描述系统目的和形式、解释系统的功能和当前状态以及预测系统的未来状态（武欣，2006）。心智模型让人们快速、有效地应对日常生活事件，操控个人行为。在团队中，个体成员的这种心智模型表现了他们对于团队目标和团队特征的认知和理解，关系到他们与团队行为的联系，以及个体成员不同的角色和行为模式，以影响成员成功地完成团队任务（Marks et al.，2002）。

根据组织行为理论，组织是由人及其相互之间的关系构成的。学习型组织的特点之一，就是组织成员摒弃个人利益和部门利益，为实现组织的共同构想一起工作。随着科学技术的不断进步，越来越多的任务变得复杂，个体单独完成任务的难度也随之逐渐增强。由此，近年来，团队就被认为是更适合来完成复杂任务的集合体，企业也越来越多地采用团队层面的工作结构，因为在团队中，成员们可以互相分担工作负荷，监督其他成员的工作行为，与其他成员分享与交流知识，最大化地利用更为先进的技术，以利于团队成员在各自的子任务上发挥更好的技能（Mathieu et al.，2000）。在一些有效运作的团队中，常常可以观察到一种心照不宣的默契，团队能够在复杂、动态的情境中有效运作，一个很重要的原因是团队成员对于怎样应对这样的情境有一种共同的理解（武欣，2006）。当成员对于所处团队、工作关系、任务、设备和现状具有足够的共有认识，且这种知识结构具有较高的相似性时，就能促使团队成员更好地参与行动，满足其他成员的信息需求，并在工作过程中对问题的界定、对情境采取的反应以及对未来的预期表现出协调一致性，团队活动的有效性也将会有所改进（Duncan et al.，1996；Mohammed & Dumville，2001；Blickensderfer et al.，1997；Cannon-Bowers et al.，1993；Kleinman & Serfaty，1989；Orasanu，1990；Rouse et al.，1992；Smith-Jentsch et al.，1998；Smith-Jentsch et al.，2000；武欣，2006）。

2.2.2.2 共享心智模型的定义

在团队的情境下,强调的是彼此间的互助合作与协调沟通,因此不能局限于使用心智模型来描述团队的运作方式,而必须采用共享心智模型来说明(沈其泰等,2004)。

共享心智模型(shared mental mode,SMM)的观念最早是由坎农-鲍尔斯和萨拉斯(Cannon-Bowers & Salas)在1990年提出的(Mohammed & Dumville,2001),他们将心智模型的概念从个体扩展到了团队水平,并使用共同心智模型来解释经常在有效团队中所观察到的不固定的、隐性的协调,以及更好地理解团队是如何在复杂、动态、模糊的情境中运作。随后,在1993年,他们将共同心智模型定义为:团队成员所共有的知识结构,使得他们能对团队作业形成正确的解释和预期,从而协调自己的行为以适应于团队作业和其他团队成员的需求(Levesque et al.,2001)。团队必须尽快适应不断变化的作业需求,以获得共享的或是共同的心智模型。也就是说,为了有效地适应,团队成员必须能够预测他们的队友将要做什么,以及为了达成任务的目标而需要什么(Cannon-Bowers et al.,1993)。

克里莫思基和穆罕默德(Klimoski & Mohammed)在1994年提出,共享心智模型是指对于团队相关环境中的关键因素的知识,团队成员所共同拥有的有组织的理解和心理表征(Klimoski & Mohammed,1994；Mohammed & Dumville,2001)。这一定义也被此后的众多关于共享心智模型的研究所采用。马蒂厄等(Mathieu et al.,2000)认为共享心智模型的功能是使得团队成员以各自结构良好的知识为基础,来选择与其他团队成员相一致、相协调的行为。当团队成员与团队内的相关事务具有类似的或是相容的知识结构时,即可称为团队成员具有共享的心智模型(Mathieu et al.,2000；Levesque et al.,2001；Klimoski & Mohammed,1994)或彼此的心智模型相似(Mohammed & Dumville,2001；Rentsch & Klimoski,2001)。

2.2.2.3 共享心智模型的类型

在特定时期里,团队成员们的多种心智模型很有可能是同时存在的(Klimoski & Mohammed, 1994)。任务的复杂多变和团队协同要求成员具有多个层次的心智模型（Mathieu et al., 2000；白新文，2004）。

马蒂厄等（2000）以坎农－鲍尔斯等人（1993）的分类为基础，对共享心智模型的多重构面进行了详细的阐述：

（1）技术/设备：团队成员必须掌握相关联的设备和技术。而技术的动力学和控制，以及其如何与其他成员的输入相互作用，对于团队的技能显得尤为重要。

（2）工作/任务：团队成员必须拥有共同的工作或者任务模型。这种模型描述和组织了有关被完成任务的流程的知识。

（3）团队交互作用：团队成员必须对团队是如何相互作用的具有共有的观念。这包括了团队成员的角色和责任、交互模式、信息流、沟通渠道、角色相关性以及信息来源。

（4）队友：团队成员必须对其他成员拥有共享模型。这种模型包括了解成员们掌握的知识、技能、态度、喜好、优势、弱点、意向等。

这些知识对于提高团队的效率非常重要，因为这些知识可以让成员们根据他们对其他成员的期望来修正自己的行为（Cannon-Bowers & Salas，1993）。团队成员对彼此的认识越多，信息越准确，任务的完成将更有效，流程将变得更自动化。表2.4即坎农－鲍尔斯和萨拉斯提出的共享心智模型的四种类型及其内容，备注部分是马蒂厄等（2000）所作出的补充说明。

表2.4　　　　　　　　　　共享心智模型的类型

类型	相关知识	稳定性	备注
技术/设备	设备功能 操作程序 系统要求 潜在故障	高	就内容而言可能是最稳定的模式。对于团队成员间的SMM要求较少
工作/任务	任务步骤 可能的紧急情况 可能的方案 任务战略 环境限制 任务元素间的关系	中	在高程序化的任务中，成员们会有共同任务模式。当任务不可预测时，共同任务知识的价值将变得更重要

续表

类型	相关知识	稳定性	备注
团队交互作用	角色/责任 信息来源 相互作用模式 沟通渠道 角色间关系 信息流	中	关于团队相互作用的共同知识驱使团队成员采取适当的行为。能够更好地理解并能预测团队相互作用的本质的团队是有适应性的
队员	成员的知识 成员的技能 成员的态度 成员的喜好 成员的意向	低	团队成员对于本团队的知识有助于成员更好地衡量自己的行为和他们期望其他成员表现的行为

资料来源：Cannon-Bowers J A, Salas E. Shared mental models in expert team decision making. In: Castellan N J Jr. (Ed.). Individual and Group Decision Making: Current Issues, Hillsdale, NJ: Erlbaum, 1993: 221-246; Mathieu J E, Hefner T S, Goodwin G F, et al., The influence of shared mental models on team process and performance [J]. Journal of Applied Psychology, 2000, 85: 273-283.

在以上四个构面中，技术/设备模式受跨情境因素的影响少（Cannon-Bowers et al., 1993），在特定的组织或企业里也相对稳定，因此共享的需求也较小。

2.2.2.4 共享心智模型的相似性和精确度

众多的研究者通过共享心智模型的相似性（或者说共享程度）和精确度两方面来操作化共享心智模型（Edwards et al., 2006; Lim & Klein, 2006; Smith-Jentsch et al., 2001; Mathieu et al., 2005）。共享心智模型的相似性通常是指团队成员心智模型的相似或重叠的程度，而精确性是指团队成员的心智模型能够充分体现特定领域知识或技能的程度（Edwards et al., 2006）。尽管一些研究者提出同时考察共享心智模型的相似性和精确度（Cannon-Bowers & Salas, 2001; Cooke et al., 2000），但是，大部分研究（Converse, Cannon-Bowers, Salas, 1991; Mathieu et al., 2000; Rentsch & Hall, 1994）都将研究重点集中于共享心智模型的相似性（Edwards et al., 2006）。

研究者对这种研究倾向的解释大致有以下两点：

（1）相似的心智模型的形成是达成有效沟通和协调，进而提升整体团队绩效的一个重要过程（Mathieu et al.，2000），因此，先前的研究都更关注于团队过程变量。

（2）对共享心智模型的精确度的评价要求将一个团队模型与"事实真相"做比较（Edwards et al.，2006），需要一个比较标准化的专家模型。共享心智模型的研究大部分是通过实验室方法来考察的，在实验室中，团队相对规模较小，所要完成的任务也是短期的、独立的，且相对简单而定义良好（Lim & Klein，2006）。而在企业中，团队所完成的任务往往是长期的，复杂多样的，具有较高的不确定性，一个部门的任务很有可能与其他部门紧密相关，因此对于给定的任务往往存在多个正确模型，很难用一个唯一且稳定的专家模型来作为完成任务的最好方法。

2.2.2.5 共享心智模型的前因

共享心智模型是心智模型理论在团队层面上的一种扩展，它有别于一般的个体认知，而是由团队成员的认知层面展开的，强调的是团队成员彼此间的沟通、协调、互动等关键因素（Madhavan & Grover，1998；Marks et al.，2002；Klimoski & Mohammed，1994）。学者们分别从不同的视角对共享心智模型的前因进行了探索。例如，坎农和埃德蒙森（Cannon & Edmondson，2001）研究了关于失败的共享信念的影响因素，主要包括领导者的指导、清晰的方向和支持性的组织环境。克里莫思基和穆罕默德（1994）通过对以往研究的总结，归纳出共享心智模型的前因有：团队的发展阶段、培训、沟通以及其他社会影响因素。下面笔者将对共享心智模型影响因素进行总结：

（1）团队成员的特点。近年来，越来越多的研究者开始关注到团队成员的特性的影响效果（沈其泰等人，2004）。如果组成团队的成员具有比较相似的生活经历、教育水平、价值观以及较为一致的工作方式，就容易产生较为一致的心智模型（Klimoski & Mohammed，1994；Rentsch & Klimoski，2001；武欣，2006）。伦奇和克里莫斯基（Rentsch & Klimoski，2001）通过对41个团队的315个成员进行研究发现，团队成员的教育水平、层次以及团队经验与团队的心智模式的一致性显著相关($p<0.05$)。史密斯－詹奇等（Smith-Jentsch et al., 2001）通过对176名来自海军潜艇委员会的职员以及43名政府职员的研究，发现团队成员的经验、年龄和在团队中的级别，都与团队成员的共享心智模型显著相关（$p<0.01$）。

（2）团队的发展阶段及特点。一般认为，在团队的初步形成阶段比较难形成共享的心智模型，只有到团队走向正规化和成熟阶段才会存在共享心智模型，而团队的正规化程度也是影响团队共享心智模型形成的因素（Klimoski & Mohammed, 1994）。爱德华兹等（Edwards et al., 2006）对1266名大学生组成的83个团队的研究发现，团队的正规化程度，以及团队的能力构成，都对共享心智模型的准确性和相似性有显著的影响效果。伦奇和克里莫斯基（2001）也通过实证研究，证实了团队规模对团队成员的一致性观念形成的影响作用，当团队规模过大时，不利于一致性观念的形成。

（3）信任。组织成员间信任程度的高低，已经成为高效团队的一个重要特征，且会对成员的认知与行为产生显著影响，进而促进团队绩效的改善（Dirks, 1999；Madhavan & Grover, 1998）。信任会影响团队成员间的相互作用，而在团队中，缺乏信任的氛围会导致信息被隐瞒，尤其是在功能较为复杂的团队中，成员间的不信任会不利于知识积累、内在化和反映的过程（Hedlund & Nonaka, 1993；Mathieu et al., 2000）。而在伦奇和克里莫斯基（2001）的研究中指出，团队成员的心智模式的一致性对一些前因变量和团队有效性之间起到了中介作用，而信任也是重要的前因变量之一。马德哈万和格罗弗（Madhavan & Grover, 1998）通过对5个不同公司的5个团队的研究表明，团队层面的信任水平会显著地增进内嵌式知识向具体化知识转变的效率和有效性，而团队成员间的共享心智模型也与这种转变有密切的关系。

（4）培训活动。在大多数的组织环境中，心智模型的产生和提炼都发生在培训中，培训关注于概念的理解或因果关系，都有助于产生心智模型（Klimoski & Mohammed, 1994）。研究表明，团队的训练有助于培养相似的心智模型，这种心智模型包括团队的工作结构、团队结构以及两者的相互作用（Baker, Salas, Cannon-Bowers & Spector, 1992；Volpe et al., 1996）。马克斯等（Marks et al., 2002）认为有效的培训活动可以提高团队共享心智模型的相似性，是由于培训能向成员提供其他团队成员的角色信息、团队的目标和任务、工作习惯和方式，以及如何整合团队成员的责任来完成集体的任务。此外，亦有研究者采用情景实验的方法研究发现，任务执行过程中团队成员相互给予反馈更加有助于共享心智模型的建立（Rasker et al., 2000；武欣，2006）。

（5）沟通。团队中的沟通有利于提供反馈、促进信息的交流、团队讨论以及计划和策略的产生，从而促进共享心智模型的发展（Madhavan & Grover, 1998；Mohammed & Dumville, 2001）。由于组织成员间的交互活动可以引导出对组织事件、工作方式、团队目标、相关工作相似的观念，以及更为一致的、整合的团队理解（Schein, 1992；Schnedier & Reichers, 1983；Forgas, 1981；Levesque et al., 2001），团队成员间沟通得越多，就越有可能形成共有的认知框架，进而形成成员间的共享心智模型（Klimoski & Mohammed, 1994）。居尔特内等（Gurtner et al., 2007）通过实证研究，证实了关于任务策略的沟通，可以通过团队成员间的共享心智模型，显著地影响团队绩效（$p<0.05$）。通过以工作为导向的沟通可以为成员提供一种支持性的环境，以增进共享心智模型的发展，使团队成员以一种协调的方式行动（Serfaty et al. 1998；Madhavan & Grover, 1998；Rasker et al., 2000）。

团队成员间的沟通可以让彼此知晓团队工作的进展，能够提供有用的反馈。亦有研究者采用情景实验的方法研究发现，任务执行过程中团队成员相互给予反馈更加有助于共享心智模型的建立（Rasker et al., 2000；武欣，2006）。有学者通过对以往文献的整理，认为将沟通作为共享心智模型的前因变量进行研究，将有助于共享心智模型理论的发展（Mohammed & Dumville, 2001）。

（6）忠诚。先前对感知支持性的组织环境的研究表明，成员间共有的理解与一些雇佣关系变量息息相关，如情感承诺以及员工对于愿意留在组织中的持续承诺（Deluga, 1998；Eisenberger et al., 2001；Engle & Lord, 1997；Maslyn & Uhl-Bien, 2001；Wayne et al., 1997；Dabos & Rousseau, 2004），而这种对组织的承诺，正是员工对组织的忠诚。乔恩等（Jonh et al., 2006）通过对代理团队的研究认为，共享心智模型关注于对团队的强烈的感知承诺，这种承诺有助于维持特定的、共享的团队认知。例如，当某个成员完成任务的某一步，就会互相告知，以利于进行到下一步。正是由于成员对组织的忠诚，促使团队成员进行必要的互动，分享个体的信息，从而促进了针对团队任务过程的共享心智。普鲁士等（Prussia et al.，2003）通过对一家美国钢铁公司的研究提出，团队成员经过长时间的共同工作，对组织和组织目标具有义务感和承诺，倾向于展现出团队成员对于团队任务、系统功能、行为以及偶然事件的心智模型的较小差异性和分歧。

2.2.2.6 共享心智模型构思测量、作用模式与研究经验

研究者们已经意识到共享心智模型可以有效地反映与预测团队的效能（Converse et al.，1991；Coury & Terranova，1991；Orasanu & Salas，1992；Rouse et al.，1992；Cannon-Bowers et al.，1993；Klimoski & Mohammed，1994；Salas et al.，1992；Stout & Salas，1993；Cannon-Bowers & Salas，1998；Rasker et al.，2000）。一些研究者从构思测量到作用模式上（Eby et al.，1998；Heffner et al.，1998），研究了团队共享心智模型的测量及对结果变量的影响效应（Langan-Fox et al.，2001）。

马克斯、扎卡罗和马西（Marks，Zaccaro & Mathie）在2000年以237名学生组成的79个3人团队为研究对象，使用赋值的方法求取共享心智模型的指标。具体做法是在某个节点上，任意2个队员的概念相同，则赋值1分，3个队员都相同，则在这个节点上得3分，取总分作为共享心智模型的指标。他们的研究表明领导者的介绍和团队训练会影响共享心智模型的发展，进而影响团队的效能。马克斯等在2002年以135名学生组成的45个3人团队为研究对象，采用概念映射法进行了一项实验室研究。概念映射法是一种获取团队成员心智模型的重叠的测量方法（Marks et al.，2000；Minionis，1994）。被试者从50个与团队相互作用息息相关的概念中选择12个认为重要的概念，与预定的完成任务的最优结构相匹配，以3个队员概念图的重叠百分比作为共享心智模型的指标，变化范围为0~100%，分数越高，表明团队成员的共有概念越多。他们的研究表明团队的交叉训练显著

影响共享心智模型的发展（p<0.01），共享心智模型则显著地提高了团队的协调性和绩效（p<0.05）。

居尔特内等（2007）对49个由147名学生组成的团队进行了研究，通过让受试者对25个与达到较高效能的概念的重要性进行评分来测量成员的心智模型。评估采用9点李克特量表，从最不重要的（1）到最重要的（9），再使用路径法来测量共享心智模型的相似性。结果表明，共享心智模型对策略上的沟通和团队绩效之间的关系，起到了显著的中介作用（p<0.05）。

克鲁斯卡和威什（Kruskal & Wish，1978）指出多维标度法用于分析逐对比较数据，以识别潜在的维度（Rentsch & Klimoski，2001）。伦奇和克里莫斯基（2001）使用多维标度法，对来自美国国防部的41个团队的315个成员进行了研究。通过前期访谈，研究者归纳出15个陈述，每个陈述将与另一个陈述成对出现（例如，"个人的偏好应该服从和满足团队的目标""团队成员应专注于为个人的利益而工作"）。被试者将评估每对陈述的相似性。评估采用11点量表，从很不相似（-5）到很相似。结果表明，人口统计变量、团队经历、人员纳新和团队规模都与团队成员的心智模式的一致性显著相关，而这种一致性显著地影响团队的有效性。

莱维斯克等（Levesque et al.，2001）根据以往对影响软件开发团队有效性的关键因素的观察，编制了22个条款，对62个软件开发团队的成员的共享心智模型进行测量。条款包括了对沟通流程的评估，如"我们团队的大部分沟通都是有关技术问题"，还包括了对氛围的评估，如"在我们的团队中，发表不同的观点是有风险的"，以及对于团队结构的观点，如"团队的权利系统是清晰的"等，这些条款均采用李克特5点量表来测量。除此之外，研究者还使用大量的问题来考察团队成员对团队过程的具体评估，如"你感觉你们的项目已经完成了百分之几？"组内一致性指标Rwg为0.48~0.92。研究的结果显示，团队成员之间的心智模型的相似性并不会随着时间而增强，而团队中角色分化的增强会导致相互作用显著减弱，从而降低了成员心智模型的相似性（p<0.05）。

沈其泰等人（2004）以知识密集型的研发团队和新产品开发团队为研究

对象，参考了 E8E14 的问卷，编制了量表，量表包括技术专长和任务熟悉两方面，信度系数 Cronbach α 为 0.92。量表要求受测者同时针对自己与团队其他成员来回答。成员共享心智模型的计算方法，是以每一对偶资料中自评资料减去他评资料的绝对差之和，即，针对知识传递者的自评资料减去知识接受者的他评资料绝对差之和，用以代表两互动成员对于知识传递者个人的技术专长和任务熟悉看法的相似程度，当数值越小时，表示成员间的共享心智模式越高。研究结果显示，团队成员间的共享心智模型对知识分享具有正向的影响效果（$p<0.01$），成员的性格特质对于共享心智模型与知识分享之间的关系具有调节效果。

总结团队成员共享心智模型的相关经验研究，可以发现：

（1）在研究方法上，有采用实验室情景的研究，也有少数采用企业团队的问卷调研。在研究对象上，以往有关团队共享心智模型的研究大多偏向于军事单位的探讨（Smith-Jentsch et al., 2001; Rentsch & Klimoski, 2001），或是来自学生样本的实验室样本（Mathieu et al., 2000）。实验室情景下，工作任务较为简单，外部因素较为稳定，所采用的方法主要有：概念映射法（concept mapping）（Marks et al., 2000）；相似性评定法，包括路径发现法（pathfinder）（Lim & Klein, 2006）和多维标度法（multidimensional scaling）（Rentsch & Klimoski, 2001）；卡片分类法（card sorting）（Smith-Jentsch et al., 2001）。近年来，也有一些学者以企业团队作为研究对象，但相对较少，所采用的方法为问卷法（沈其泰等，2004；Levesque et al., 2001），通过企业实地调研，能够较为真实地反映企业团队的工作过程。

（2）在团队成员的共享心智模型的作用模式下，大部分研究者认为，共享心智模型对团队有效性、协调性和团队绩效有促进作用，有助于信息和知识的共享，而这种影响是直接的（Rasker et al., 2000; Connon & Edmondson, 2001; Lim & Klein, 2006; Marks et al., 2005; Rentsch & Klimoski, 2001; 沈其泰等人，2004）。也有一些学者认为，共享心智模型通过一些团队过程变量，来对团队结果或绩效产生间接影响（Mathieu et al., 2005; Stout et al., 1999）。此外共享心智模型对团队绩效的调节作用也被一些研究者所关注（Edwards et al., 2006）。

2.2.2.7 共享心智模型理论小结

通过对团队共享心智模型理论的提出背景、定义、分类、影响前因、构思测量和作用模式等相关研究的整理，可以发现团队共享心智模型已成为影响团队行为、绩效以及团队协调性的重要因素之一，而从团队成员认知层面来探讨团队成员彼此间的知识共享也逐渐成为一个新兴的研究方向。共享心智模型的精髓在于，通过团队成员彼此间相似的心智模型产生对于团队现象和行为的相近知识结构，较好地预测其他成员的下一步行动，或是需求，进而采取协调的行为（Mathieu et al.，2000），以应对高度竞争和科技不断进步的环境。先前的研究成果为本书研究提供了三方面的启示：

（1）共享心智模型将心智模型的概念从个体扩展到团队水平，强调的是团队层面的成员间所共有的心智模型，有别于一般的个体认知。而以往研究较多地关注于共享心智模型的相似性的研究。

（2）共享心智模型并不是单一构面的，在特定时期里，团队成员们的多种心智模型很有可能是同时存在的，其中一些普遍认为跨情境变动较少的构面，因共享需求较小，往往被研究者所简化。

（3）共享心智模型研究由团队成员的认知层面展开，起源于认知心理学，受团队成员共同参与的团队层面的互动活动影响，如沟通与互相信任。而根据关系营销学的理论，沟通、信任和承诺之间有密切的关系，沟通影响信任，再通过信任影响承诺（Morgan & Hunt，1994）。此外，共享心智模型对团队有效性、协调性和团队绩效有促进作用，有助于信息和知识的共享。这一观点得到了众多研究者的赞同。

从1990年共享心智模型概念被提出以来，共享心智模型理论研究已经取得了很大的进展，但仍存在以下不足：

（1）国内外现有的共享心智模型研究大多在实验室情境下进行，工作任务较为简单，外部因素较为稳定，可能无法较好地反映共享心智模型对企业团队绩效和知识型团队知识共享的影响。近年来，也有一些学者开始以企业团队作为研究对象，但相对较少，量表的开发也有待完善。

（2）不少现有的研究指出了团队过程变量，如互动、沟通等，与共享心智模型的关系密切，但多数仅仅从理论上进行验证，实证研究仍有待拓宽。

2.2.3 交互记忆系统

大范围、跨领域的知识需求，迫切需要团队中成员间的合作，由来自不同背景下的、拥有各自的专长和经验的成员共同研究、规划及执行，其优势在于它能灵活充分地利用成员的知识技能，从而更好地解决组织中的复杂任务（Denison，Hart & Kahn，1996；Sethi，Smith & Park，2001）。团队任务的有效开展依赖于团队成员间的合作，当成员们相互合作时，就有可能创造出与团队的结构和过程相关的内隐知识，使得团队合作、知识分享的优势得以体现（Moreland，1999；Lewis et al.，2005）。交互记忆系统（transactive memory systems，TMS）就是在这种背景下提出来的。

交互记忆（transactive memory）的概念是韦格纳（Wegner，1987）首先提出的，是一种互相获取、存储信息的机制。基于对团队各个成员专长的理解，群体便可能形成一种交互记忆系统（Wegner，1987），它更加具体地解释了在团队中，成员如何在一个知识网络中互相依赖、合作（Moreland，1999；Hollingshead，2001；Wegner，1987）。交互记忆系统也是一种认知记忆系统，是指团队成员之间形成的一种彼此依赖的，用以解释、获得、储存以及交流来自不同领域的信息知识的合作性分工系统（Hollingshead，2001；Wegner，1986；Liang，Morelan & Argote，1995）。通过团队成员们的沟通，观察其他成员的行为，团队成员间彼此熟悉、互相了解，更有助于团队的学习和知识的共享，其绩效也比由陌生人组成的团队要好得多（Lewis et al.，2005；Faraj & Sproull，2000；Storck，2000；Kotlarsky & Oshri，2005）。诸多对于交互记忆系统的实验室研究解释道，交互记忆系统对于团队绩效的这种影响是由于长期合作的团队成员之间形成了交互记忆系统，成员会共同地记住团队中的其他成员的专长所在，并将大量的这些团队关键知识应用到任务中去，有效地协调成员间的相互作用，从而提高团队的执行水平（詹一虹，熊峰，丁冬，

2011；Moreland，1999；Moreland et al.，1996；Moreland & Myaskovsky，2000；Lewis et al.，2005）。法拉吉和斯普劳尔（Faraj & Sproull，2000）指出，除了对于其他成员的专长的了解，更应该关注于理解那些为解决团队任务所需要的专业知识（Kotlarsky & Oshri，2005）。

以往研究分析的交互记忆系统形成的影响因素主要包括：

（1）沟通。交互过程往往是通过成员间针对团队任务的沟通来起作用的，而交互过程会影响交互记忆系统的组成（Lewis et al.，2005）。霍林希德（Hollingshead，1998）的研究发现，非语言的和语言上的沟通都可以对交互记忆系统中知识的获取起重要作用。沟通可以让团队成员获得比其他成员的信息更为准确的理解，有效的沟通对团队学习以及交互记忆系统的形成都具有积极的形象效果（Lewis，2003；Hollingshead，1998）。莫兰和迈亚斯科夫斯基（Moreland & Myaskovsky，2000）的研究也证明了，为团队成员提供沟通的机会，可以形成有效的交互记忆系统。

（2）信任。成员间的信任，可以让他们更易于了解其他成员的专长和知识缺陷（Borgatti & Cross，2003），当一个人信任他人，才会依赖对方的专长，团队成员之间互相的信任，是培养交互记忆系统所必需的，也是整合任务执行过程中的成员交互记忆的关键因素（Lewis，2003；Moreland & Myaskovsky，2000；Kanawattanachai & Yoo，2002）。阿克金等（Akgun et al.，2005）研究发现，团队成员间的信任对交互记忆系统的发展有显著正向的促进作用，信任包含情感信任和认知信任两种类型。如果在团队中，一个成员不信任其他成员，那就很难形成专业的、互补的技能和知识，也就减少了用以完成任务的专业知识总量，降低了团队协调地执行任务的能力（Akgun et al.，2005；Mohammed & Dumville，2001）。

（3）团队稳定性。阿克金和林恩（Akgun & Lynn，2002）指出，团队的稳定性对团队学习具有正向的影响作用，也促进了交互记忆系统的形成，因为当一个成员离开团队，也就意味着团队损失了宝贵的知识和信息资源。团队的不稳定性会中断和破坏交互记忆系统的形成（Moreland & Myaskovsky，2000）。班格特（Bangerter，2002）也认为交互记忆系统的形成对员工的流动性非常敏感。

(4) 成员熟悉程度。团队成员间的熟悉程度是另一个影响交互记忆系统的因素，这指的是成员间先前互动的程度（DeChurch & Marks, 2001; Harrison & Mohammed, 2003）。由于较为熟悉的团队成员，可以降低个体的不确定性和焦虑情绪，促进互相间的交流和协调，就更易于获得其他成员的技术和知识，加速知识的协调和整合，有助于团队交互记忆系统的发展（Akgun et al., 2005）。

近年来，学者们逐渐意识到交互记忆系统的研究为探讨工作团队的成员互动过程、提高团队绩效以及促进知识共享提供了新的途径（Moreland & Myaskovsky, 2000; Lewis et al., 2005; Akgun et al., 2005; Lewis, 2004）。

刘易斯（Lewis, 2004）对261名参与者组成的64个MBA咨询团队进行了实证研究。采用由刘易斯（2003）开发的15个条款的量表，用李克特5点量表进行测量。测量分两个阶段：计划阶段和项目完成阶段，Cronbach α 分别为0.88和0.91。结构表明，团队成员先前的专长和较高的熟悉更易产生交互记忆系统，成员间面对面的沟通同样也对交互记忆系统的形成产生显著的作用。交互记忆系统对团队有效性和绩效也有正向的影响效果。发展交互记忆系统对知识型团队的有效性显得尤为重要。

刘易斯等（2005）提出团队交互记忆系统可以帮助团队将先前的学习应用到新的任务中，形成对问题的概要理解，以趋向稳定的绩效。研究者们试图将交互记忆系统作为一种学习系统，来考察其对团队学习和知识转移的影响。通过实验法，研究发现团队交互记忆系统有助于成员对工作任务形成一个概括性的理解，是知识转移的重要因素。此后，刘易斯等（2007）再次通过实验室方法，发现当指示团队中资格较老的成员将自己以往积累的集体知识引入任务的执行过程中，交互记忆系统的过程就会变得更为高效。

阿克金等（2005）以69个产品开发团队为研究对象，分析团队交互记忆系统的前因变量和结果变量，以及任务复杂性的调节作用。采用刘易斯（2003）的量表，量表包含专长、可信和协调三个维度，共10个测量条款，Cronbach α 分别为0.77、0.60、0.78。研究发现，团队的稳定性、熟悉程度和成员间的信任对交互记忆系统的发展有显著正向的促进作用,信任包含情感信任和认知信任两种类型。而交互记忆系统对团队学习和新产品的开发的影响受到任务复杂性的一定调节。

在测量技术上,早期对于交互记忆系统的研究大多是基于二元关系的研究和实验室情境下的实证研究(Austin,2003),研究者大多采用三种测量方法:回忆法、行为观察法和自我报告法,而大多数的研究者(Hollingshead,1998;Hollingshead,2001;Wegner,1987)都采用了回忆法(Lewis,2003)。莫兰(1999)就在其对团队层面的交互记忆系统的研究中使用了回忆法,同时,他们也采用了直接测量交互记忆系统的三个重要维度(Liang et al.,1995;Moreland & Myaskovsky,2000)。这些研究者建议交互记忆系统可以被分为三个方面来考量:专长(specialization),成员知识的区分结构;可信(credibility),成员对于其他队友知识的可靠性的信念;协调(coordination),有效的、有组织的知识过程(Lewis,2003)。

刘易斯(2003)总结了先前研究者对于交互记忆系统测量技术的开发,遵循严格的量表开发程序,以124个团队为研究对象,发展出交互记忆系统量表,量表包含专长、可信和协调三个维度,每个维度各由五个题目来测量,共15个测量条款,并证明该量表具有较好的信度和效度,专长、可信和协调的信度系数分别为0.81、0.85、0.85(个体)和0.76、0.79、0.82(团队层面)。

此量表由于更适用于实地调研。在企业情景中,任务往往多变而复杂,以往实验室的方法可能并不能准确地反映交互记忆系统的状况,所以,近年来,不少研究者采用了刘易斯(2003)的量表作为测量工具(Akgun et al.,2005;张志学等,2006)。

总结团队中交互记忆系统的相关经验研究成果可以发现:

(1)团队成员彼此间的沟通、信任、互动等因素,是影响交互记忆系统的形成和发展的重要因素(Lewis et al.,2005;Hollingshead,1998;Lewis,2004;Akgun et al.,2005;张志学等人,2006)。霍林希德(1998)的研究发现,非语言的和语言上的沟通都可以对交互记忆系统有显著正向作用。阿克金等(2005)采用刘易斯(2003)的量表,发现成员间的信任对交互记忆系统的发展有显著正向的促进作用。而交互记忆系统对团队学习和新产品的开发的影响受到任务复杂性的一定调节。此外，部分研究者也关注了一些团队特征变量，如团队的稳定性以及成员间的熟悉程度，对交互记忆系统也有一定的影响（Akgun et al.，2005）。压力也对交互记忆系统的形成有显著的负效应（Ellis，2006）。

（2）在测量方法上，实验室情景下的研究大多是针对某个单一的任务，大部分都使用回忆测验法来测量团队成员的交互记忆系统。对于实地调研，较多的研究者使用了问卷法，采用的量表以刘易斯（2003）开发的量表为主，分为专长、可信和协调三个维度，信度系数分别为 0.76、0.79、0.82。

（3）交互记忆系统对团队绩效的促进作用也被广大研究者们所认同。刘易斯（2004）研究发现交互记忆系统对团队有效性和绩效显著的正向的影响效果，发展交互记忆系统对知识型团队的有效性显得尤为重要。刘易斯等（2005）研究亦发现，团队交互记忆系统有助于成员对工作任务形成一个概括性的理解，是知识转移的重要因素。

2.3 沟通

沟通是任何形式组织的基础（DeSanctis & Monge，1999）。一个组织可以看作是以沟通关系联系起来的个体的集合（Weenig，1999）。有效沟通一直以来被组织理论家、沟通研究者以及管理实践者公认为是达致组织高层次绩效的重要因素（Barnard & Chester，1938；Bavelas，Alex & Barrett，1951；Dorsey & Jr，1957；Katz，Daniel，Kahn，1966；Likert & Rensis，1967；Greenbaum，1974）。美国著名的未来学家约翰·奈斯比特甚至说，未来竞争将是管理的竞争，竞争的焦点在于组织内部成员之间及其与外部组织的有效沟通。

学者们关于沟通展开了大量的研究。以下笔者将从沟通的定义、影响前因、构思测量和作用模式等方面来进行梳理。根据言语行为理论，言语的不同表达使得言语传递的结果完全不同（Searle，1975），所以本书在作文献回顾时，将对沟通风格的研究进行专门的梳理。

2.3.1 沟通理论的主要内容

2.3.1.1 沟通的定义

关于沟通的研究由来已久，研究范畴涉及心理学、管理学、社会学、传播学等各个领域，内容和成果非常丰富。1972年当斯和拉森（Dance & Larson）在对沟通定义的调查中发现有126种不同解释；1999年斯坦普（Stamp）分析了过去25年里，发表在 Human Communication Research 上的288篇人际沟通的论文，通过对比分类，将这些研究分为17个门类：认知（cognition）、非言语沟通（non-verbal communication）、折中获取（compliance-gaining）、消息分类（message type）、个体特性（personality）、个体间影响（interpersonal effects）、交谈（conversation）、亲密关系（close relationship）、感觉（perception）、伪装（deception）、初始交往（initial interaction）、文化（culture）、关系发展（relationship development）、理解（apprehension）、自我暴露（self-disclosure）、竞争（competence）、冲突（conflict）。由此可见沟通本身的复杂性和研究视角的多样性。各国学者对沟通给出了不同的定义，根据其研究侧重点的不同，可以总结为四种观点，如表2.5所示。

表2.5　沟通的定义

观点	研究的侧重点	定义	代表人物（年代）/著作
共享说	强调信息发送者与接受者对信息的共享	包括一个人的意识影响另一个人的所有过程，是一种社会行为，用以分享态度、观点、信心、知识和意见的方法	香农（Shannon, 1949）
		为了建立彼此之间的共同性而信息传递的双方需要进行的一种程序，是人们分享信息、思想和情感的任何过程，不仅包含口头语言和书面语言，也包含形体语言、个人的习气和方式、物质环境等，即赋予信息含义的任何东西	麦格雷戈（McGregor, 1967）
交流说	强调有来有往的双向活动，其着眼点在过程而非结果	用任何方法，彼此交换信息	J. 霍尔；《大英百科全书》
		就是人们所谓的信息交流	魏江（2001）

续表

观点	研究的侧重点	定义	代表人物（年代）/著作
影响（劝服）说	强调信息发送者欲对接受者通过劝服施加影响的行为	沟通是一个循环的相互影响过程，这个过程包括信息发出者、接收者和信息本身	菲利普·R. 哈里斯（1979）
		可理解的信息或思想在两个或两个以上人中传递和交换过程，旨在影响他人的思想或行为	赵涛，齐二石（2004）
符号（信息）说	强调沟通是符号或信息的流动	通过大众传播和人际传播媒介所进行的符号的传送	B. 贝雷尔森
		信息传递、信息解释及个人的思维参照系共同发挥作用的过程	孙敏健（2004）

资料来源：根据相关文献整理而得。

2.3.1.2 组织沟通的定义

在组织日常工作活动中，员工之间的沟通必不可少，它是员工为处理组织日常工作而形成的一种人际互动。具体而言，组织沟通包括：人际沟通、小群体沟通、信息系统、大众沟通、非言语沟通等（Greenbaum, 1974）。但是，组织沟通又区别于一般沟通。查里斯（Charles, 1994）认为组织沟通与一般意义上的沟通的区别在于背景和人的要素差异，组织沟通特定的情境是在组织内部，其对象既是人际关系的一般对象，同时又是组织内进行正式沟通的对象，具有双重性。

格林鲍姆（Greenbaum, 1974）认为组织沟通由各种信息传递和接受氛围组成，影响正式的社会单元中的个体朝着组织共同目标去工作。科纳尔（Conard, 1974）认为组织沟通是发生在组织内的沟通。组织沟通包括组织内部沟通、组织外部沟通两个方面。组织内部沟通主要是指上下级之间的沟通、同事之间的沟通以及员工与组织之间的沟通；组织外部沟通主要指与顾客、客户和其他组织之间的沟通。

简而言之，组织沟通顾名思义就是存在于组织中的沟通行为。纵观文献，管理领域里的沟通基本上都是作为组织的一个变量进行研究，即学者们针对沟通研究的着眼点是组织沟通。

本书借鉴《大英百科全书》的沟通定义，结合本书研究的范畴和情境，给出沟通的定义：**组织内的项目团队成员间用任何方法，彼此交换信息。**

2.3.1.3　沟通风格

风格最初是指人的风度和品格，后来泛指个人行为的一种普遍品质，具有明显的个人色彩。沟通风格是信息的一部分，它伴随着信息的传递同时发生，同时起作用，是一种无声的信息。对于沟通风格的定义，沟通风格的研究者往往结合自身的研究问题，从不同的视角为沟通风格进行定义。

从社会学角度看，沟通风格又称交际风格，是指人们连贯地表达思想时基于词句选择、表达方法、说理方式、思维模式等所呈现出的总体特点。从管理学角度看，沟通风格是组织成员在信息沟通活动中表现出的个性风格，体现了组织成员人际关系的基本结构与面貌。通过对人类的研究，学者贝特森（Bateson，1972）和苏丹（Sudnow，1978）发现沟通风格可以给内容赋予某种形式和色彩，从而影响到沟通的效果，并从这个方面给沟通风格下了一个定义：一个人以言语的、非言语的，以及副言语的相互作用的方式，表明字面的含义该如何吸收、解释、过滤和理解（Norton，1978），即人们说话时的言语、非言语、副言语三个方面相互影响，使同样的话语具有不同的含义。

诺顿（Norton）给予沟通风格的定义得到了广大研究学者的普遍认可，并且作为一个标准定义被沿用至今。从中我们可以看出沟通风格的两大特性：其一，信息的字面含义，其二，沟通过程中所传递的情感色彩，目前关于沟通风格的研究较侧重于后者。

本书借鉴诺顿（1978）的沟通风格定义，结合本书研究的范畴和情境，给出沟通风格的定义：**组织内的项目团队成员以言语的、非言语的，以及副言语的相互作用的方式，表明字面的含义该如何吸收、解释、过滤和理解。**

2.3.2　沟通及沟通风格的维度与测量

2.3.2.1　沟通的维度与测量

沟通是一个过程，而非稳定的组织变量，所以很难测量。通过文献回顾可以发现，关于组织沟通比较系统的维度分析和测量方法并不多见，目前，罗伯茨和奥赖利（Roberts & O'Reilly，1974）开发的组织沟通问卷受到广泛认可（Muchinsky，1977），后续研究者直接采用此问卷或者根据自己研究内容在此问卷上稍做修改而成。

罗伯茨和奥赖利（1974）组织沟通问卷由16个维度包括35项条款构成，具体如下：

（1）员工对上级的信任，3个条款。
（2）上级对员工的影响，3个条款。
（3）员工流动性，2个条款（Likert，1967；Read，1962）。
（4）沟通欲望，3个条款。
（5）沟通准确性，3个条款。
（6）信息汇总，3个条款。
（7）信息把关，3个条款。
（8）信息过量，1个条款。

以下三个维度分别要求被测者说明参与指定的沟通的活动的次数：

（9）向上沟通。
（10）向下沟通。
（11）水平沟通。

还有四个维度是单独条款的量表，要求被测者说明沟通方式的使用频率：

（12）书面沟通。
（13）面对面沟通。
（14）电话沟通。
（15）其他。

最后一个维度为一个单独条款的量表，即：

（16）说明在组织中的沟通满意度。

利用此问卷，罗伯茨和奥赖利（1974）对来自医院、企业、金融机构等各行业的七种样本，共计1218位被测者进行研究，发现组织间变异大于组织内部变异，因此可以通过这些沟通指标区别不同的组织。

张瑛（2006）从沟通内容、频率、方向三个维度出发，通过对营销领域各行业的 248 名员工进行调查研究，发现营销主管与营销人员之间的沟通频率、沟通内容和沟通的双向性对营销人员的工作业绩及工作满意度均产生正面影响。经常性的沟通、富有启发性和激发性并能给员工带来重要信息的沟通，以及双向性的沟通，能提高营销人员在面临激烈的市场竞争压力下的工作满意度和工作绩效。

有关组织沟通较早的文献，沟通常常从信息传递的方向性（directionality）和形式性（formality）两个维度进行测量（Penley & Hawkins，1985；Marett，Hage & Aiken，1975；Roberts & O'Reilly，1974）。此外，关于沟通的研究，学者们从单一的维度对沟通进行测量的文献比较多见。伦格尔和达夫特（Lengel & Daft，1985）以沟通方式为着眼点从语言沟通、非语言沟通（面部表情、肢体语言等）两个方面测量；根据沟通渠道的不同有正式沟通与非正式沟通；根据沟通媒介，有面对面沟通、书面沟通、电话沟通、电子沟通等；根据沟通方向有上行沟通、下行沟通、平行沟通以及交叉沟通；根据沟通反馈有单项沟通、双向沟通之别（Mohr & Nevin，1990）。以上研究维度均可认为隶属探讨如何沟通（how we communicate）的问题。

罗伯茨和奥赖利 1974 年开发组织沟通测量工具时发现，有关沟通内容部分的问卷比较难以作答，于是舍弃了与沟通内容有关的条款。之后，大量研究针对沟通的结构和沟通的结果态度，很少有研究者着眼于沟通内容或者组织中员工的沟通行为（Penley & Hawkins，1985）。马金斯基（Muchinsky）研究罗伯茨和奥赖利（1974）的组织沟通问卷时，察觉到研究沟通的内容和目的十分有必要（Muchinsky，1977）。针对沟通的目的或者内容的研究使沟通在组织中的作用日益明朗起来（Alexander & Penley，1981；Hawkins, Penley & Peterson，1981）。其实，早在 20 世纪六七十年代，学者们已经发现研究沟通不仅需要研究如何沟通，更要研究沟通什么（Carson，1966；Wiener & Mahrabian，1968；Watzlawick, Beavin & Jackson，1967；Roberts & O'Reilly，1974）。我们抽象为沟通风格研究和沟通内容研究两方面，本书就是基于这两个维度——沟通风格和沟通内容着重分析。

2.3.2.2 沟通风格的维度与测量

目前，沟通风格有许多测量方法和维度的选择，其中有代表性的是古迪昆斯特（Gudykunst，1996）的沟通风格量表和诺顿（1977）的沟通风格问卷。此外，国内张建卫等从管理者的角度对沟通风格的维度及测量进行了探索。

（1）二维的沟通风格。霍尔（Hall，1976）最早提出情景方言一词，并根据不同的情景场合对沟通效果的影响，把沟通风格分为高情境沟通和低情境沟通两类。低情境沟通是指信息在传递过程中明显而直接，沟通风格具有精确性和开放性；而高情境沟通则恰好相反，相当一部分信息隐藏于情景之中（Hall，1976；Grice，1975）。高低情境沟通风格的选择受文化背景影响：高情景文化背景下，高情境沟通风格占主导位置；反之，低情境沟通占主导位置。

高、低情境沟通往往与直接、间接沟通相关联。根据沟通者是否使用明确的语言表达自己的目的和意图，可以把沟通风格分为直接沟通和间接沟通两个维度（Gudykunst & Ting-Toomey，1988）。直接沟通是指沟通者用语言直接说出他的本意，明确地表达个人的感觉、打算和需求；而间接沟通则隐瞒了沟通者的真实目的（Gudykunst & Ting-Toomey，1988）。直接沟通往往出现在低情境文化背景中，间接沟通则出现在高情景文化背景中。直接沟通的信息传递快速准确，能够直面了解对方的态度，但容易发生冲突和矛盾。间接沟通比较迂回、婉转，避免了正面冲突，但信息容易失真，传播范围容易扩大。

以往关于情境沟通的研究大部分集中在典型的东西方文化的对比上，东方主要以中国、日本、韩国等为例，而西方主要以美国、欧洲等国家为例。科恩（Cohen，1987，1990）借助霍尔（1976）的沟通模型揭示直接、间接沟通风格：他认为阿拉伯语言是一种高情景文化——"语言的潜在含义甚至比字面意思更重要"，阿拉伯人的沟通风格是间接的。相反，英语语言反应的则是一种低情景文化——"所说即所想"，相应的，英语语言国家的人们普遍使用直接沟通风格。在权力平衡的情况下，会采取间接沟通，因为双方的权力是平衡的，通过信息交换，双方能够做出相应的决策。相反，当权力不平衡时，权力较强的一方就更容易采取直接沟通，权力较强的一方会非常明确地说明权力较弱的一方应该采取的行为（王小萍，2005）。

(2) 四维的沟通风格。

第一，利里（Leary）的沟通风格四分法。

利里（1957）建立了人际之间互动行为模型。在他的模型中，人的行为有两个维度：一个维度是爱与恨，另一个维度是支配与顺从。根据这两个维度，他把沟通风格分为支配型风格、顺从型风格、亲和型风格和敌对型风格四种。

支配型风格的人，被认为是有力的、言辞坚决的、自信的；顺从型风格的人，被认为是弱的、不主动的、缺乏自信的；亲和型风格的人，是友好的、助人的、开朗的；敌对型风格的人，被认为是疏远的、不联系的、反抗的、不友好的。

第二，基于乔哈瑞理论的沟通风格四分法。

美国心理学家卢夫和英格姆（Lufhe & Ingam，1969）从自我概念的角度出发对人际沟通进行了深入的研究，"并根据自己知道—自己不知道""他人知道—他人不知道"这两个维度，将人际沟通划为四个区：开放区、盲目区、隐秘区和封闭区，这就是所谓的乔哈瑞理论。

在人际沟通中，个人的日常爱好、态度及脾性等通常是自己与他人共知的区域，即"开放区"；个体的某些方面，如兴奋或痛苦状态时的情绪表现，自己的某些可能伤害他人的行为习惯等，往往是自身不甚了解而他人却很清楚的区域，即"盲目区"；个人的价值观、隐私等内容，常常只有当事者清楚而他人则无从知晓，即"隐秘区"；个体与他人都尚未认识或了解的信息为"封闭区"。基于有效沟通的良好愿望，人们通常使用自我披露和反馈两种策略或技术。自我披露是个体主动与他人分享某种信息、观点乃至个人情感的过程，用以减少隐秘区；反馈则是个体对他人的态度和行为做出种种反应的过程，来自他人的反馈信息有可能缩小盲目区；反馈与自我披露的交互使用则有助于减少封闭区。

基于乔哈瑞理论，许多西方应用心理学家又对沟通风格进行了大量研究，如霍尔（1973）提出了"人际风格与管理影响"学说，莱夫顿（Lefton，1977）提出了"管理者行为评价模型"。人们在总结乔哈瑞理论和霍尔等人研究成果的基础上将管理者的沟通活动分为四种典型风格：封闭型、隐秘型、盲目型、开放型，大多数人都兼有两种以上的沟通风格。

封闭型管理者的典型特征是既很少进行自我披露，也很少运用反馈，焦虑和不安全感是他们的典型心理；隐秘型管理者的沟通特征具有单一性和防御性，即一味追求他人的反馈信息，却很少披露自我；盲目型管理者更多地进行自我披露，而忽视了反馈的运用，其管理行为具有"独断"色彩，过分自信是他们的典型心理；开放型管理者既重视自我披露，又注意运用反馈，能在团体中营造出宽容互信的开放气氛。

（3）多维的沟通风格。

第一，诺顿和彼得格林（Norton & Pettergrew）的沟通风格问卷。

诺顿和彼得格林（1977）认为沟通风格是一种多角度、多层次的变量，他们编制的沟通风格测量问卷总共包括11个维度（51条问项）：支配型风格、戏剧型风格、辩论型风格、生动型风格、印象深刻型风格、精确型风格、放松型风格、关注型风格、开放型风格、友好型风格，以及一种整体的维度——沟通形象，从"非常不同意"到"非常同意"应用7级量表进行测量。

诺顿（1983）认为，放松型风格、关注型风格、开放型风格、友好型风格、戏剧型风格和生动型风格属于正向的沟通风格，对于人际关系有促进作用；而支配型风格、辩论型风格则是负向的沟通风格。沟通形象可以由其他风格预测得到，支配型风格、印象深刻型风格、放松型风格、开放型风格、友好型风格、关注型风格可以解释沟通形象53%的变异，其中支配型风格的预测力最强，可以解释30%的变异。

此问卷被大多数学者最为认同，在后续的研究中很多学者都采用此问卷。

第二，古迪昆斯特等的沟通风格量表。

霍尔（1976）把沟通风格分为高情境沟通和低情境沟通两大类。古迪昆斯特（1996）在此基础上，借鉴前人大量的研究成果得出影响沟通风格的八项因素，进而把沟通风格分为8个维度（包括158个款项）：推断能力、间接沟通能力、敏感性、精确性、对沉默的积极认可性、感觉指引性、开放性及生动性。各项指标信度系数均在0.7以上。

在交谈中，对沉默的运用也随着国家的不同而不同。在英国，如果在交谈时，中间有超过四秒沉默不语的时间，则被认为非常不舒服；而在许多国家,这些不说话的时间即使再长一点也无所谓。

多维度沟通风格测量维度归纳如表 2.6 所示。

表 2.6　　　　　　　　多维度沟通风格测量维度归纳

从信息发送者角度	从信息接收者的角度	文献
支配性、生动性、戏剧性、好辩论性、印象深刻性、开放性	关注性、友好性、放松性、开放性	诺顿（Norton，1977）
推断能力、间接沟通能力、敏感性、生动性、感觉指引性、精确性、对沉默的积极认可性	开放性	古迪昆斯持（Gudykunst，1996）

资料来源：作者根据相关资料整理。

2.3.3　沟通的结果及沟通风格的前因与结果

2.3.3.1　沟通的结果

管理学的沟通研究往往定位在组织的范畴，考察沟通与各组织变量之间的关系，且着重探讨组织内部的沟通问题。组织必定注重行为，而沟通在组织中有举足轻重的作用，甚至可以看作是大部分组织行为的基础（O'Reilly & Pondy 1979；Weick，1979）。为了定量分析沟通的作用效果，学者们往往借用沟通满意度作为中间变量。

从 20 世纪 70 年代起，国外研究已经发现沟通满意度对工作满意度、工作绩效、生产力、组织承诺、组织氛围、组织忠诚度等因素有积极影响（Snyder & Morris，1984；Muchinsky，1977；Pincus，1986；Putti，Aryee & Phua，1990）。学者们通过案例研究以及国际沟通协会的调查均证实沟通影响生产率（Downs & Hain，1982；Downs，Clampitt & Pfeiffer，1988）。国内这方面的研究较少，严文华通过对组织沟通、沟通满意度及其影响因素实证研究，考察了沟通满意度与工作满意度和离职意向的关系，结果表明沟通满意度与工作满意度呈显著正相关，与离职意向成极其显著的负相关（严文华，2001）。

关于沟通满意度的研究非常丰富，针对不同企业，不同国家的诸多研究均证明员工的沟通满意度与员工的工作满意度、绩效、离职、组织承诺、生产力等因素相关。通过提高员工的沟通满意度，可以提高员工的工作满意度和组织承诺，提高生产力，并降低离职率。下面笔者将对沟通的结果变量进行总结。

(1) 工作满意度。

自从 20 世纪 70 年代中期人们发现沟通对工作满意度的巨大作用（Daly, Falcione & Damhorst, 1977），半个世纪以来工作满意度一直是学者们研究的热点。一般认为，沟通与工作满意度之间存在正相关（Durbin, 2004; Johlke, Duhan, Howell & Wilkes, 2000）。良好的员工沟通有助于提高工作满意度和工作绩效（Ainspan & Dell, 2000），促使组织成功（Baskin, Aronoff & Lattimore, 1996）。国内学者也通过实证研究，发现沟通满意度与工作满意度之间存在正相关（王渊, 许益峰, 张彤, 2006）。且国内企业的沟通还具有独特性，即较为注重通过沟通维系人际关系（钱小军, 詹晓丽, 2005）。

(2) 工作绩效。

沟通是影响虚拟团队绩效的关键因素（Lipnacck et al., 1997）。沟通特别是内部沟通对组织的成功和效率有积极影响（Hargie, Tourish & Wilson, 2002; Redding, 1977; Ruch & Goodman, 1983; Snyder & Morris, 1984; Weick, 1987）。高质量沟通（及时、准确、有用、完整）能够提高组织生产率、降低员工旷工率以及减少罢工率（Clampitt & Downs, 1993）。相关实证研究还发现，上级沟通、沟通氛围、沟通渠道质量、个人反馈、高层管理沟通这五个沟通满意度维度与工作绩效显著相关（Pincus, 1986）。

(3) 离职意向。

沟通还会影响员工的离职。相关研究发现，上下级沟通关系会影响下属的离职意向，其中，沟通频率越高，越有助于提升员工对组织的认同感，削弱员工离职意向（Jablin, 1987）。费里斯（Ferris, 1985）对领导与成员的交流（leader member exchanges, LMX）进行了研究，发现上下级沟通会影响员工离职意向，对领导与成员交流打高分的人比打低分的人离职意向更低。梅杰等（Major et al., 1995）又引入了团队成员交流（team member exchange, TMX），结果发现它也是预测员工离职意向的因素。此外，研究发现沟通满意度影响员工离职意向，其中通过上下级、同事沟通关系获得的满意度对员工离职意向的影响尤为显著（Scott, 1999; Allen, 1996）。

(4) 信任。

已有研究表明，信任是组织内部关系形成的关键因素（Browning, Beyer & Shelter, 1995; Das & Teng, 1998; Doz, 1996），它可以促使组织内部交流从而产生创新（Smith, Carroll & Ashford, 1995）。组织员工间的信任会影响团队合作效率，进而影响团队沟通的有效性（Paul & McDaniel, 2004）。起初，组织信任相关研究关注托管人与委托人之间的沟通（Deutsch, 1958; Giffin, 1967; Hovland et al., 1953）。一些研究发现，沟通风格会影响委托人对托管人的信任感（Giffin, 1967; Mayer et al., 1995; Whitener et al., 1998）。员工与管理者之间开放式的沟通，有助于员工与其经理建立信任关系（Gilbert & Tang, 1998; Mishra & Morrissey, 1990）。开放性是员工对上级信任的决定性因素之一（Gabarro, 1978）。通过实证研究发现，开放式沟通使委托人对托管人的诚实和善良有更为积极的评价，从而更加愿意去信任托管人（Mayer et al., 1995）。还有学者强调了开放性对信任的重要影响（Clark and Payne, 1997）。然而，在集体主义国家里，员工与经理之间的开放式沟通可能起到相反的效果，过于开放的沟通会带来尴尬，从而降低员工对管理层的信任（Hofstede, 1991）。

(5) 组织承诺。

组织承诺是个人对组织的一种态度或肯定性的内心倾向，它是个人对某一特定组织感情上的依附和参与该组织的相对程度。沟通会影响组织承诺，沟通关系满意度与组织忠诚度之间关系紧密，员工从组织获取足够的信息明显能够加强他们对组织的忠诚度（Putti, 1990）。通过组织沟通可以提高组织认同或者组织承诺（Kramer, 1991; Smidts, Riel & Pruyn, 2000）。一般认为，沟通为承诺提供了条件，因此沟通是承诺的重要前提（Foy, 1994; Katz & Kahn, 1972; Meyer & Allen, 1997）。沟通能够减少不确定性，有助于员工认知并理解自己的组织。实证研究发现，垂直沟通比水平沟通更能预测组织承诺。沟通在某一特定的组织阶段可能引发承诺，其他阶段则要少得多（Tom, Martin & Boudewijn, 2001）。

(6) 团队共享心智模型。

团队中的沟通有利于提供反馈，促进信息的交流、团队讨论以及计划和策略的产生，从而促进共享心智模型的发展（Madhavan & Grover, 1998; Mohammed & Dumville, 2001）。由于组织成员间的交互活动可以引导出对组织事件、工作方式、团队目标以及相关工作的相似观念，以及更为一致的、整合的团队理解（Schein, 1992; Schnedier & Reichers, 1983; Forgas, 1981; Leves-que et al., 2001），团队成员间沟通越多，就越有可能形成共有的认知框架，从而形成成员间的共享心智模型（Klimoski & Mohammed, 1994）。通过沟通推动共享心智模型提升，可以促进团队工作效率的提升（Gurtner et al., 2007; Serfaty et al., 1998; Madhavan & Grover, 1998; Rasker et al., 2000; Mohammed & Dumville, 2001）。

（7）团队交互记忆系统。

非语言的和语言上的沟通都可以对交互记忆系统中知识的获取起重要作用（Hollingshead, 1998）。交互过程、沟通可以让团队成员获得对于其他成员的信息更为准确的理解，有效的沟通对团队学习，以及交互记忆系统的形成都具有积极的形象效果（Lewis, 2003; Hollingshead, 1998）。团队成员提供沟通的机会，可以形成有效的交互记忆系统（Moreland & Myaskovsky, 2000）。团队成员间的沟通可以让彼此知晓团队工作的进展，能够提供有用的反馈。而亦有研究者采用情景实验的方法研究发现，任务执行过程中团队成员相互给予反馈更加有助于共享心智模型和交互记忆系统的建立（Rasker et al., 2000; 武欣, 2006）。

（8）冲突解决。

良好的沟通带来和谐，而缺乏有效沟通或不恰当的沟通，可能会引发矛盾冲突。认为冲突就是感知到的矛盾的差异导致某种形式的干预或对立（Robbins & Coulter, 1996）。冲突存在破坏性冲突和建设性冲突两种，破坏性冲突伤害组织成员的感情，不利于成员之间的合作，而建设性冲突能够使组织具有活力，对组织的有效运行、创新能力是不可或缺的（Robbins & Coulter, 1996）。团队成员对争论的反应，要比争论本身更能使团队极端化。减少对方防御性反应的有效方法就是在表达自己的不同意见时态度要真诚，信息要明确，良好的组织沟通氛围也有助于成员之间坦诚相见（严文华, 2001）。国外近几年有关冲突管理和沟通的研究也强调了礼貌性的冲突、适当的沟通行为的积极作用（Mohr & Spekman, 1994；Koza, 1999；Lu, 2006；Song et al., 2000；Sinickas, 2001；Lam & Chin, 2005）。

（9）创新。

创新代表个体愿意接受变化的环境。有研究表明个体的创新水平不仅与其对沟通的取向有关，而且与其满意感的水平有关，至少在一些组织情境中是这样（Hurt & Tiegen, 1977；Richmond & McCroskey, 1979；Witteman & Andersen, 1976）。里士满等（Richmond et al., 1982）的研究结果表明：创新与沟通满意度只有中等程度的相关，没有显著性相关。

2.3.3.2 沟通风格的前因与结果

（1）前因。

第一，个人因素。研究表明男性与女性认知方式上也存在差异，性别对沟通风格有影响（Payne, 1996）。戴维和拉里（David & Larry, 2000）发现性别在五个维度存在差异：戏剧型风格、精确型风格、印象深刻型风格、友好型风格、沟通形象，这与以往的研究结果类似（Montgomery & Norton, 1981）。国内研究（李元墩，张丽华，林混堂，1998）也证实了沟通风格存在性别差异。然而，也有研究（Staley & Cohen, 1988；Mccormick, 1990）认为沟通风格不存在性别差异。从这些研究来看，多数研究者认为不同性别的沟通风格存在差异，但存在差异的具体结构没有形成非常一致的看法。

此外，通过实证研究证明，年龄、受教育程度、个人经验、培训等对沟通风格都有一定程度的影响（Spiro & Perreault, 1979）。

第二，环境因素。环境主要包括家庭环境、教育机会、社交圈、社会时事等因素。个人主义—集体主义文化对沟通风格有直接影响，并且通过自我构念和价值观间接影响沟通风格（Gudykunst & Ting-Toomey, 1988）。在个人主义文化背景下，低情境沟通风格的运用占主导地位；在集体主义文化背景下，高情景沟通风格的运用占主导地位。文化价值观不同，沟通方式也各不一样（Gudykunst et al., 1996；Gudykunst & Ting-Toomey, 1988）。

家庭的背景会影响人的沟通风格，酗酒家庭与非酗酒家庭的孩子在友好型风格、印象深刻型风格、放松型风格、辩论型风格、精确型风格、生动型风格和支配型风格七个方面差异显著（Peterson，1994），虽然这方面的研究不多，但也可以看出成长环境不同的人沟通风格存在差异。

文化对沟通风格具有极其重要的影响。中国人、日本人一般比较含蓄，善于推理；美国人习惯从字面上表达和理解传递的信息，不太拘方式；拉丁美洲人爱玩文字游戏。相对来说，北欧、德国、美国等低情景文化国家的人采用低情境沟通，他们认为情景不容易被理解，大多数信息通过完整、清晰、准确的符号如语言、文字等传递；而中国、日本、俄罗斯、南欧、阿拉伯国家等高情景文化国家和地区的人习惯于使用高情境沟通（Mika & William，2002；Gudykunst & Ting-Toomey，1988；Hall，1976），他们认为有很强的暗示作用，可用来传递大部分或全部信息的内涵，信息的发出者和接收者可以很好地运用情景进行沟通。学者通过对澳大利亚、日本、韩国、美国等国家的调研，发现在沟通风格上美国学生比日本、韩国等学生更富于戏剧性、开放性、精确性，美国人比亚洲人沟通风格要直接（Holtgraves，1977）。美国人喜欢直率，而墨西哥人却认为自我开放是懦弱或背叛的表现。

综上所述，沟通风格的前因汇总如表2.7所示。

表2.7　　　　　　　　　　沟通风格的前因总结

沟通风格前因	举例
个人因素	性别、年龄、受教育程度、经验、培训、家庭环境、价值观
环境因素	社会环境（文化背景）、组织氛围、组织文化

资料来源：笔者根据相关资料整理。

（2）结果。

第一，工作绩效。在沟通风格与工作绩效的关系方面有许多结果：沟通风格与领导能力有关（Bushard，1959），领导的沟通风格与管理业绩有关（Bednar & David，1982）。国内研究发现，领导的风格与领导效能正相关（李元墩，张丽华，林现堂，1998）。沟通风格影响销售人员的个体行为，其工作效率与沟通风格密切相关（Kaylene，1985），此论述在后来（Downs，1992；Ellingson & Buzzanell，1999；Ralston，1993）的研究中也得到了验证。

第二，工作满意度。在对学校的研究发现，校长的沟通风格与教师对校长的满意度有很高的相关性（Mcnutt，1984）；校长的沟通风格与教师对上下级关系的满意度之间显著相关（Skrapits，1986）；校长的沟通风格会影响教师对校长的看法以及对领导的满意度（Purvis，1997）。

上级的沟通风格与下级对上级以及对工作的满意度相关，上级的沟通风格如果以下级为中心，则下级对工作和上级的满意度高（Richmond，McCroske，Davis，1982）。上级如果是倾听、关注型风格，下级会感到幸福（Grant，1987；Yukl，1989）。下级认为上级最有效、最令人满意的沟通风格是兼具男性化和女性化的沟通风格（Geddes，1992）。另外，上级的沟通风格与下级对晋升的满意感无关（Richmond，McCroskey，Davis，1982）。

国内的研究也发现领导的风格与下级的沟通满意度显著正相关（李元墩，张丽华，林现堂，1998）。通过文献回顾，我们可以得出结论：上级的沟通风格与下级的工作满意度相关，不同的沟通风格对工作满意度有不同的影响。

第三，个体行为。不仅成人的沟通风格和个人魅力有关（Nordon，1983；Bales，1970；Bushard，1979），甚至小孩的沟通风格也会影响到同伴和教师对他的喜爱（Stohl，1981）。不同场合使用不同的沟通风格能够影响教师的行为（Mcnutt，1984）。沟通风格对销售人员的个体行为有影响（Kaylene，1985）。

沟通风格不同是造成误解的主要因素（Barnlund，1975；Gudykunst & Ting-Toomey，1988；Hall，1976；Kaplan，1988；Norton，1983）。

2.3.4　沟通与文化

沟通对环境具有依赖性。沟通活动总是发生在某一特定的社会环境中，它受到环境等因素的影响和制约。文化背景是环境中的重要影响因素，它决定了人们的沟通方式及对沟通内容的理解。我们全部的沟通行为，几乎都取决于我们所处的文化环境。文化是沟通的基础，有不同的文化，就有不同的沟通实践。

克罗伯和克拉克洪（Kroeber & Kluckhohn，1952）在总结了164种文化定义的基础上，指出文化是社会成员共有的价值观和信念。它是由特定的群体对于存在、价值和行动形成的共识，这种共识就构成了特定的文化，并且一代代传承下来。社会生活在很大程度上依赖于人们的共识，进而成为社会与人们共同生活的基础。不同文化背景的人们，有着不同的语言、价值观、社会规范和思维方式。各民族普遍存在文化的自我中心主义情结，习惯用自己的价值观去判断对方的言行，对其他民族或不同文化背景的员工存有偏见，从而导致沟通与合作的障碍。因此，沟通研究确定在文化背景下有实际意义。

很多学者都从文化的视角考察过沟通与文化的关系。研究文化的人类学家霍尔（1959）甚至提出"文化就是沟通，沟通就是文化"，更是充分地诠释了沟通与文化紧密的内在联系。人们在不同的情形下应该有怎样的表现，以及在这些情形下对他人的行为举止又作何理解，文化恰恰给人们提供了这种指导行为或帮助理解、判断的固有理论（Keesing，1974）。人们在社会成长的历程中，会逐渐掌握自己文化中蕴含的这些固有理论（William et al.，1996）。跨文化研究者（Hofstede，1980，1991；Kluckhohn & Strodtbeck，1961）提出了在不同文化之间影响这些固有理论相同或相异的几个因素，其中，个人主义—集体主义文化是解释行为相似或差别的主要原因（Gudykunst & Ting-Toomey，1988；Hofstede，1980，1991；Kluckhohn & Strodtbeck，1961；Parsons & Shils，1951；Triandis，1988，1990，1995）。

其实早在18世纪初，学者们已经开始从集体主义和个人主义两方面来研究文化及其异质性（Watson & Morris，2002），个人主义与集体主义反映了个人与他人之间关系的紧密程度。个人主义是指一种组织松散的社会结构，在这个结构中，人们自己照顾自己和直系家属；集体主义以严密的社会结构为特征，在这个结构中，人们希望别人关心自己，同时他们对于群体内部的人也绝对忠诚。集体主义文化大部分属于高情境文化（Gudykunst & Matsumoto，1996；Hofstede，1991）。个人主义—集体主义文化指导人们的行为准则，直接作用于人们的沟通行为，并且通过自我构念、价值观等个人因素间接影响沟通行为（William et al.，1996）。

个人主义—集体主义存在于所有文化中，但是只有一种处于优势地位（Gudykunst & Ting-Toomey，1988）。霍尔（1959）根据文化与沟通的关系，将文化划分为高情境文化和低情境文化两个维度。在后续研究中学者们进一步指出，高情境沟通主要发生在集体主义文化中；低情境沟通主要发生在个人主义文化中（Gudykunst & Ting-Toomey, 1988）。在东方的儒家文化中，人们会从没有说出来的东西——某种沉默、某种姿态、某种状态以及其他情境之中去寻找其本质含义；而在西方大多数国家是在已经说出的东西中去理解其含义。东西方文化对比就是典型的高低情境文化对比。中国属于典型的高情境沟通的国家，历史源远流长，文化博大精深，因此，研究中国文化特色对我国的沟通研究有深刻的指导意义。

崔佳颖（2006）利用"文化模式"剖析柯达和富士竞争与汕头公元厂的合资项目时总结了中国文化的特点：第一，在时间上看，中国属于轮回式时间文化，关注过去，看重长久交往，讲究"路遥知马力，日久见人心"。中国人打交道需要较长的时间，慢慢建立信任，"信任"在中国人的心目中远远超过短期内的利益。第二，从关系上看，中国属于集体主义文化，在汕头公元厂失掉"信任"的富士就在整个中国的感光行业失掉了信任，从而与更大的商机失之交臂，把整个迈向新台阶的机会拱手让与柯达。第三，从模式上看，中国属于高情境的文化，中国人在沟通中经常会倾向采用迂回的沟通方式，这是高情境的体现。中国人隐含的意思较多，同时也喜欢琢磨对方话语的真实含义。第四，从权力层级上看，中国属于层级型文化，组织内部权力结构清晰，不能随意越权，服从上级领导层会让组织成员感到更舒适。

2.3.5 知识共享中的沟通

尽管知识共享和沟通在学术领域和实践领域都是热点，但专门针对沟通在知识共享领域内的研究，特别是实证方面的研究并不多见，下面分别对一些有代表性的研究进行简要的介绍和评述。

2.3.5.1 特华芳、温金昌和孙林才（Fang, Tsai & Chang, 2005）的研究

特华芳、温金昌和孙林才（2005）通过对即时服务团队的考察，发现即时服务团队的服务能力和服务质量不是取决于团队成员的数量，而是取决于团队成员对顾客需求的响应效率，即时服务团队成员间的知识共享惯例

(knowledge sharing routines, KSR) 有利于团队对客户需求的响应能力,因为KSR不仅是团队成员信息交换的共同基础,而且也协调了团队成员间的认知差异。他们认为团队已成为普遍的组织单位,被授予极高的重要性和许多优点,广泛使用于许多行业和工作设置中;沟通和冲突解决是团队的两个最大优点,是团队任务中将输入转化为输出的主要通道和"加工器",使得组织能适应知识经济背景下的过度竞争和快速变化;在这样的情形下,团队成员被鼓励参与日常知识共享,以促进沟通和冲突解决所需的共同基础的建设。以这样的逻辑链分析,他们得出结论:团队知识共享惯例与团队成员间的沟通和冲突解决是一种互惠关系;组织内这种互惠关系建设得越好,越能促进客服质量的提高。其研究的概念模型如图 2.3 所示。

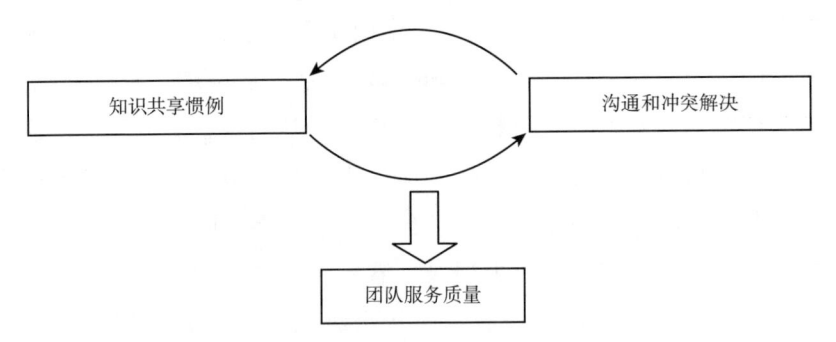

图 2.3 特华芳、温金昌和孙林才(2005)的概念模型

2.3.5.2 丹尼尔(Daniel, 2007)的研究

丹尼尔(2007)基于其15年的技术沟通经验,结合相关文献的回顾,导入了一个在知识创造组织情景下关于个体、团队绩效和技术沟通的案例研究综合分析,为团队功能和绩效研究提供了一个新的基础概念分析框架。他首创将知识转移、创造和沟通界定为团队的重要功能,并将它们纳入分析框架,分析了团队知识转移和知识创造对团队成功绩效的作用。团队成员间沟通越多,即使是多余的,个体和群体间也能获得更好的共同理解,从而更多的知识能被转移,更多高层次的知识能被创造,团队和组织就能获得更好的绩效。总之,他认为知识转移和创造是团队的基本功能,是团队成功绩效的基础,

它通过团队成员的持续沟通获得。

2.3.5.3 雷努特、巴特和简（Reinout，Bart & Jan，2006）的研究

雷努特、巴特和简（2006）研究和分析了团队沟通风格和工作相关的感知与团队知识共享态度和行为，运用 424 位不同相关工作团队成员的问卷数据，验证了这些变量之间的关系。结果显示：团队成员的一致性（沟通）、团队成员的外向性（沟通）、个人的工作满意度和业绩信心对团队成员间的知识共享的意愿有正向预测作用。知识共享的热情主要由业绩信心、个人的工作满意度和团队成员的外向性决定，而不是团队成员的一致性。而知识共享的意愿和热情反过来影响知识的收集和贡献行为。他们的研究模型如图 2.4 所示。

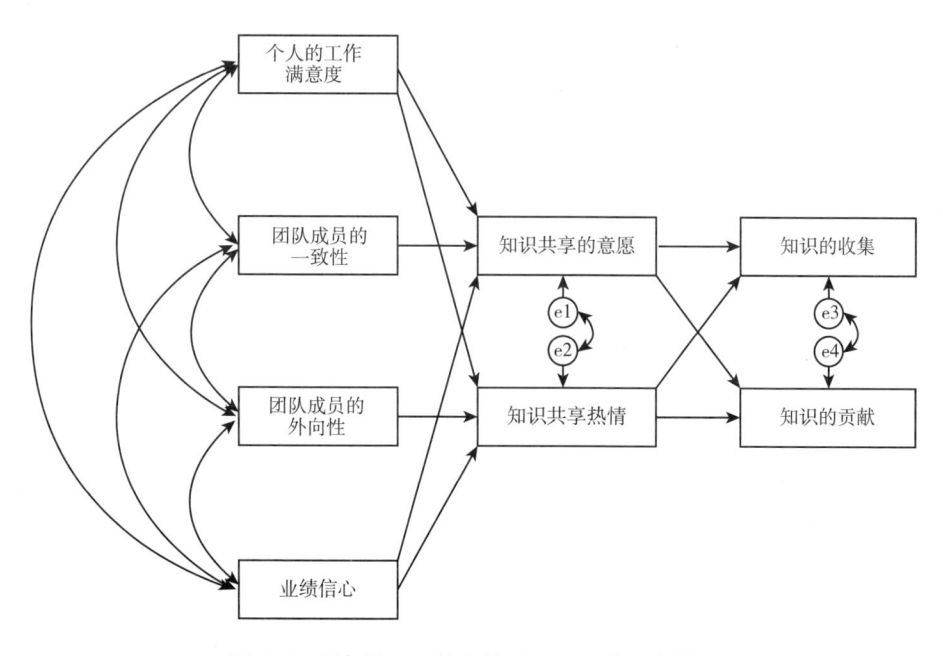

图 2.4 雷努特、巴特和简（2006）的研究模型

2.3.5.4 杰弗里和约翰（Geoffrey & John，2006）的研究

杰弗里和约翰认为虚拟社团的发展已经远远超越了社会氛围领域，成为经济社会中重要的知识共享媒介。然而，通过网络技术进行知识共享和沟通

呈现出许多困难,尤其是金融论坛上散布着市场的敏感信息和关于交换股市交易的假情报。在这样的氛围中,信任和假情报的发展在这种沟通媒介的成长中是非常重要的。论坛的管理者需要更好地理解和处理信息的发展。他们通过对澳大利亚在线金融社区 29 天中 57 个分散的主题中的 181 个帖子的跟踪分析,比对沟通频率、沟通表达方式以及知识共享,发现沟通中的冲突能提高成员对交谈的参与和知识的共享,是知识共享的驱动器,并建议冲突应该作为论坛的设计者和管理者一个重点考虑对象。

2.3.5.5 西玛斯和马修(Siamas & Matthew,2001)的研究

这是 Washington SAS 案例的深度的纵向研究,关于组件技术在一个全球化的专业服务公司中的应用,以及探究在地理分散的团队里,使用这种技术促进沟通和知识共享的技术难点。西玛斯和马修通过案例跟踪和理论分析,得出结论:沟通技术是必要的,但无法替代社会纽带和信任关系的价值;管理者在建设技术基本设施时,必须充分关注发展和维系以沟通为基础的社会基本设施;组件技术也是通过促进团队成员的交互作用,提供一种新的沟通方式,组成整个沟通环境的一部分,从而促进团队成员的知识分享和创造,提高问题解决的效率。

2.3.5.6 保罗(1999a)的研究

作为 TEG(The Empowerment Group)的董事和合作创始人以及一个资深的沟通咨询师,保罗认为"知识管理陷入了困境",内部沟通是知识共享的必需刺激。保罗注意到多年来,企业往往通过 IT 的大量投入或依赖指派知识董事来开展知识管理,现在碰到了他们所谓的"文化障碍"。尽管 IT 系统无处不在,但人们还是不愿意互相交谈。他指出知识管理的实践者们必须清醒地意识到这样的现实:除非人们愿意加入,否则知识管理和信息化项目将会是昂贵的失败。沟通是知识管理的动力。沟通者可以通过六个方面来促进:向人们表明沟通对他们来说意味着什么;到处创造邻里;使得邻居们交谈;产生重要内容;表明为什么在任何邻里,信任是很重要的;向人们表明知识管理如何能建立你的内部公众关系。

2.3.5.7 胡夫和里德（Hooff & Ridder，2004）的研究

胡夫和里德通过对荷兰六家企业的经验研究，分析了计算机介入的沟通技术对知识共享的影响，揭示了其作用机理：计算机介入的沟通对组织忠诚有正向的作用，忠诚继而影响员工知识贡献和收集的意愿；情感忠诚对知识共享，尤其是对知识贡献是一个重要的决定性因素；部门忠诚对部门内的知识贡献和收集有正向作用，组织忠诚对部门外的知识收集有正向作用，部门忠诚促进组织忠诚的形成；部门内的知识贡献能促进部门外的知识贡献。该研究模型如图2.5所示。

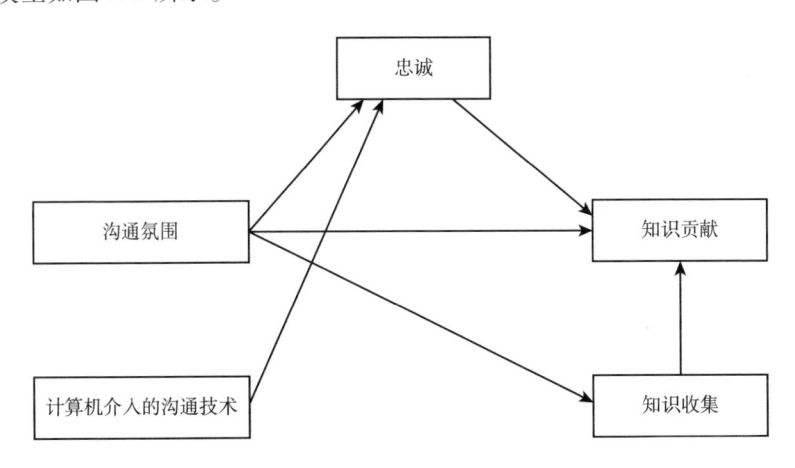

图 2.5　胡夫和里德（2004）的研究模型

2.3.5.8 保罗（1999b）的研究

知识共享不是沟通但与沟通相关，也不是信息扩散但又与信息扩散相关（Huber，1991；Nelson & Cooprider，1996）。保罗构建了知识共享、知识共享动机和对于知识共享的信息和沟通技术（ICT）的理论模型，借助动机理论，分析了变量之间的关系，解释了组织中的雇员为什么共享知识以及ICT在其中的作用，推断出知识共享成功的关键是个人野心应该与群体野心匹配。保罗进而从激励—保健理论（Herzberg，1987）出发，分析了信息和沟通技术对知识共享动机的影响。在理论分析的基础上，他对三家公司（两家ICT公司

和一家咨询公司）进行了调研，最后得出结论：只有与知识共享动机相关时，信息和沟通技术对于知识共享的角色才能被完全理解——不仅仅是保健元素；知识共享是一个多方面的概念，知识共享的动机和信息沟通技术在知识共享中的角色会随着知识共享概念的变化而变化；其他因素，如个人偏好、知识共享文化等对知识共享的影响应该被明确地认识到。研究模型见图2.6。

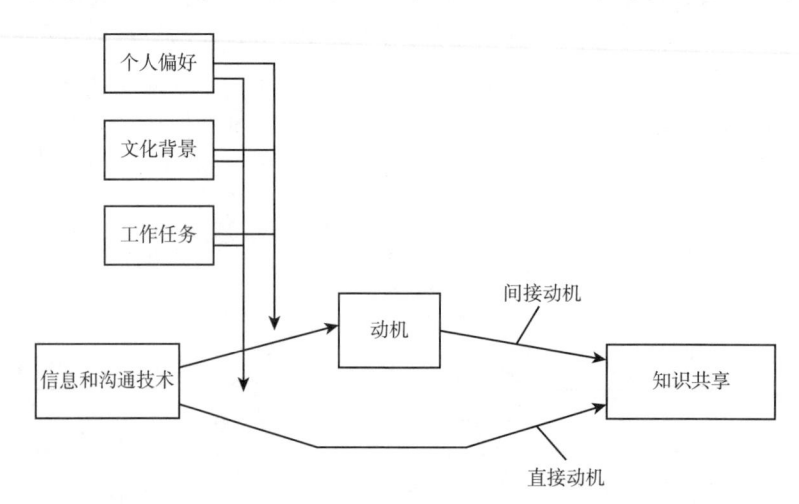

图2.6 保罗（1999b）的研究模型：ICT在知识共享动机中的角色

2.3.6 知识共享中沟通研究的简要评述

相关研究从不同的角度，涉及或者论述了沟通在企业知识管理，特别是知识分享中的重要作用（Milley，1999；Alberts，2007）。从整体来看，基于沟通来研究企业内部知识共享问题的文献，依据研究层次来划分，主要有两个层次：个人层次（Milley，1999；Hendriks，1999）、部门层次（团队层次）（Hooff & Ridder，2004；Kelly & Jones，2001；Greenfield & Campbell，2006；Vries，Hooff & Ridder，2006；Alberts，2007；Tsai & Chang，2005）。

从研究的视角来看，也大致可以划分为两类型：社会文化视角，即将沟通视为雇员间的一种社会交往和组织文化的一部分（Tsai & Chang，2005；Alberts，2007；Kelly & Jones，2001；Milley，1999；Hooff & Ridder，2004）；激励视角，即研究双边沟通对于知识共享行为决策的激励状态及其影响因素（Hooff & Ridder，2006；Greenfield & Campbell，2006；Hendriks，1999）。

从国外现有的文献可以看出如下几点特征：其一，尽管关于沟通对于知识共享具有重要作用，获得大多数知识管理专家的共识，但是，除了少数文献外，将沟通作为知识分享研究的焦点，文献依然不多，这一议题存在继续发展的巨大空间；其二，在已有的研究中，对于沟通在组织内知识共享的作用机制研究并不完善，在已有的文献中，大多将沟通作为一维来研究；其三，对于沟通内容的研究基本上没有，甚至相对于沟通其他维度的研究，沟通内容的研究是滞后的；其四，还没有文献研究沟通内容和沟通风格在知识共享中的交互作用；其五，沟通和文化紧密联系，但还没有文献研究沟通和社会文化在知识共享中的交互作用。

国内的相关研究整体上还是处于起步阶段，学者们做出了一些初步的研究。王娟茹、赵嵩正和杨瑾（2004）研究隐性知识的共享模型与机制时指出，创造和建立获取隐性知识的沟通机制是共享隐性知识的另一种机制，并指出共同语言是沟通渠道中的关键因素，共同语言建立得愈好，隐性知识的共享程度愈高，并做了简单的理论分析；张亚莉、杨乃定和杨朝君（2004）在研究项目团队全寿命周期风险管理时，简单地分析了基于沟通和知识共享的团队风险管理的优点；史江涛（2012）在分析沟通对知识共享的影响机制时，从沟通内容视角，分析了相应的影响效应。总体而言，国内关于沟通和知识共享的研究非常匮乏。

2.4 本章小结

本章主要是对与本书相关的理论与文献进行了简要的回顾与评述。具体的工作分三个部分进行。

第一部分主要是知识共享研究的概念与理论评述。首先，本章回顾了"知识"概念。在归纳众多的知识定义后，认为所谓知识，其实是一个多层次含义、多定义的概念，尚没有一个公共的定义可供研究者使用。本书关于知识的定义：知识是个体认知实践的产物，是以一定规则组织起来的信息或者数据，它根植于认知个体和认知的情境中。具体是指企业部门或者团队内，员工个人在日常工作和学习中，获取和积累的编码和未编码知识。前者包括公式、蓝图、程序、概念以及其他书面知识，后者包括个人的经验、技能和诀窍等。其次，本章对"知识共享"概念、主要观点以及知识共享的基本过程、前因、结果进行了简要的回顾、梳理和评述。根据已有的文献研究，结合本研究的内容和目标，本书采纳的"知识共享"定义是：知识共享是团队成员相互交换他们的知识（隐性和显性知识）并共同创造新知识的过程。在辨识知识共享内涵后，本书综合相关研究，从参与个体特征、知识属性、组织因素、媒介特征、环境和文化等影响因素，对已有文献进行了归纳与比较。最后，本章对知识共享研究，特别是企业组织内知识共享研究的理论进行了评述。这方面的评述分两个方面：一是从不同的研究视角，评述了当前知识共享管理研究的主要成果，以及不同视角下研究议题、方法的差异；二是归纳了影响企业组织内员工知识共享的因素，重点是项目团队的知识共享，并进行了简要的点评。

第二部分主要关注团队认知的概念及其相关研究。本章首先探讨了从个体认知到团队认知的理论脉络，通过逻辑推理，确定采纳团队的交互记忆系统和共享心智模型作为团队认知的表征，然后对团队的交互记忆系统和共享心智模型的历史、概念以及维度进行了归纳和评述。首先，管理学界对团队认知的研究关注还是刚刚开始，团队交互记忆系统和共享心智模型概念最早是在20世纪90年代以后提出来，然而专门的研究出现在最近几年，所以研究成果还很匮乏，在知识共享中的研究还较少。其次，对团队共享心智模型的研究大多是在实验室里进行，实际情境下的研究非常稀少，所以测量还很不成熟，这是实证研究的巨大障碍。最后，本章对以往关于团队交互记忆系统和共享心智模型的构思测量、作用模式和相关经验研究等进行梳理、归纳，并做了简要的点评。

第三部分主要是沟通和沟通风格研究的概念与理论评述。首先，回顾了沟通和沟通风格的概念、不同的观点。在前人研究的基础上，结合本研究的情境，给出了沟通和沟通风格的定义：沟通是指组织内的项目团队成员间用任何方法，彼此交换信息；沟通风格是指组织内的项目团队成员以言语的、非言语的以及副言语的相互作用的方式，表明字面的含义该如何吸收、解释、过滤和理解。接着，本章对沟通的结果、沟通风格的前因和结果以及他们的构思测量、作用模式和相关经验研究等进行梳理、归纳和评述。然后，本章进一步考察了国内外知识共享中的沟通研究，发现相关研究并不多见，其中，对沟通研究多以单维度测量为主，虽尝试进行沟通多维度的研究，但对沟通内容、沟通内容和沟通风格的交互作用的研究还较少；国内相关研究更为稀少，而且相关经验研究更是匮乏。所以，针对知识共享中的沟通研究亟待深入。最后，本章还探讨了沟通和文化的关系。沟通和文化关系紧密，不同的文化就会熏陶出不同的沟通行为，所以对沟通进行研究时，对文化的考量是必要的。

纵观相关文献与理论研究，有如下主要启示：

（1）从团队层面着手，分析组织的知识共享已成为知识共享的研究趋势；个体知识只有转化为组织知识，才能体现其经济价值，知识共享是实现途径，其核心发生在团队层面。

（2）从团队认知入手，考察团队的知识共享发生机制非常重要，但研究非常匮乏，已有部分学者对这个议题进行了理论阐述，但实证研究较少。知识是行为能力，包括概念化能力；知识共享实质上是组织学习过程，学习是为了获取新知识，构建新的行动能力，认知是行为能力获得和构建的心智程序（Churchman，1971；Denning，2002）。团队的认知规律类似于个体，所以要揭示团队知识共享发生的内在规律，从团队认知视角入手是科学准确的。

（3）重视理论构建与经验研究、量化研究的结合。团队层面的理论构想，要通过以真实的团队组织为对象进行大样本的经验研究加以检验。在量化研究过程中要特别注意，团队不是组成个体的简单相加，是作为整体发挥作用的，因此要进行特殊的处理。

3 理论模型构建

基于相关理论和研究的回顾和梳理,本章提出了本研究的理论框架和研究假设。

3.1 拟解决的理论问题

根据对以往研究的进展和不足的梳理、归纳,结合本研究的主题,笔者确定以下五个问题为本书的主要研究内容。

3.1.1 理论问题一:探讨中国文化背景下团队沟通的构成

虽然西方关于沟通的研究成果非常丰富,但是团队层面的沟通研究还非常稀缺,同时我国国内对沟通的研究还比较零散,缺少系统性,而且关于知识共享中的沟通研究中,往往将沟通作为一个单一维度的变量进行研究。这样考察沟通变量一方面很片面,另一方面缺乏跨文化的移植性和比较。而沟通是一个多层面、多角度的变量,并且与文化密切相关(Hall,1959)。本研究将综合前期研究结果,提出团队沟通从沟通内容和沟通风格两个角度考察,并结合中国传统文化特点,构建团队沟通内容的三维度结构和团队沟通风格二维结构,然后采用经验研究来验证该维度划分的信度和效度,并进而分析维度间的联系。希望这一研究能够洞悉我国团队沟通的结构,为未来团队沟通研究奠定基础,也能为团队管理实践提供理论依据。

3.1.2 理论问题二：研究团队层面的沟通对团队知识共享行为的特有的影响和作用机制

在相关文献回顾中，只发现一篇文献研究团队层面的沟通对知识共享的影响。而且以往的研究往往考察的都是沟通对知识共享的直接作用，本研究根据组织认知学习理论，从团队认知角度考察团队沟通在团队知识共享实现中的作用，引入团队共享心智模型和交互记忆系统，构建"团队沟通—团队共享心智模型和交互记忆系统—团队知识"的结构模型，更深入、全面地剖析团队知识共享的发生机理，构建团队沟通与团队知识共享研究的内容框架。希望这一研究一方面能够丰富团队层面的沟通、认知以及知识共享的理论，拓展团队知识共享的研究视角，揭示团队知识共享的发生机理，另一方面也能给团队知识共享提供一些启示和指导。

3.1.3 理论问题三：研究团队沟通风格对沟通内容影响团队共享心智模型和交互记忆系统的调节作用

根据言语行为理论，沟通的效果不仅取决于沟通内容，也取决于沟通风格，是沟通内容和沟通风格交互作用的结果。以往的研究都是分别考察他们对沟通效果的影响，如沟通满意度、认知以及对知识共享的影响，这样的研究有较大的局限性，与沟通实践距离较远。本书拟研究团队沟通内容和沟通风格对团队认知形成的交互作用，一方面拓宽相关研究领域，完善沟通理论，另一方面使得本研究更贴近实际情景，对实践更富指导意义。

3.1.4 理论问题四：研究团队所处组织文化的不同特点对"团队沟通—团队共享心智模型和交互记忆系统—团队知识共享"全过程的不同干扰作用

共同文化和术语对于单位内的知识共享是很重要的（Davenport & Prusak,

1998）。通过学习组织文化，雇员们加深对组织仪式、符号、故事、庆典、规则和价值观的理解，内化在社会化过程中的价值观和规则，并将这些元素转化为他们内在的行为和态度（Hill & Jones，1998）。由此可见，组织文化对雇员行为的影响，如同空气至于生命，潜移默化，作用于各个方面。而以往的关于组织知识共享的研究中，往往考察某一文化因素或文化特质对组织共享的作用，还没有发现考察组织文化与其他组织变量对组织行为的交互作用的文献。而后者的研究，更符合组织文化对组织行为的作用规律。所以，本研究将考察团队所处的组织文化的不同特点——官僚的、创新的、支持的——对"团队沟通—团队共享心智模型和交互记忆系统—团队知识共享"过程的干扰作用，以期弥补相关研究的缺陷，更全面、更切实地揭示组织文化在组织知识共享中的作用。

3.1.5 理论问题五：研究团队成员不同的儒家价值文化倾向和不同的个人主义—集体主义倾向在团队共享心智模型和交互记忆系统及团队知识共享上的控制效应

根据组织社会/文化学习理论，组织的学习受社会/文化因素的影响。已有一些学者考察了组织文化、民族文化价值取向对组织知识共享的影响，也有跨文化研究考察中西方不同文化价值取向下，个体知识共享意愿和行为的差异。但是鲜有学者研究中国组织成员在传统文化维度上的强度差异，如儒家价值文化和个人主义—集体主义价值取向强度差异，所引致的认知和知识共享行为的差异。本书希望能拓宽这方面的研究空间，所以将此议题列为本书的主要研究内容之一。

3.2 相关理论

3.2.1 整体框架的理论基础——组织学习理论

学习是行为或按某种方式表现出某种行为的能力的持久变化，它来自实践和其他的经历（Shuell，1986）。而组织学习是指组织分享见解、知识和心智模式的过程，并且以过去的知识和经验（也就是组织记忆）为基础（Stata，1989），通过知识和理解来改善行动（Marjorie，1985）。知识共享是为其他人的行动创造新的潜力/能力（Churchman，1971），所以知识共享实质上是一个积极的组织学习过程。

随着知识是组织竞争力的关键、组织是由知识团体构成的等类似观念越来越为大家所接受，组织学习方面的文献迅速地涌现出来（Miner & Mezias，1996）。组织学习的出现是组织为了调整和转变文化观念以提高组织的环境适应性（Argyris，1982；Argyris & Schon，1978；Friedlander，1983；Salner，1999；Senge，1990）或者调整旧的竞争能力（Doving，1996）。关键关注点涉及理解组织如何驾驭知识来获得竞争优势（Argyris & Schon，1978；Dodgson，1993；Fiol & Lyles，1985；Huber，1991；Nicolini & Meznar，1995；Shrivastava，1983）和革新的能力（Brown & Duguid，1991；Easterby-Smith，Snell & Gherardi，1998）。

20世纪70年代以来，关于组织学习的研究，逐步形成了两大鲜明的观点：认知观和社会/文化观。

（1）组织学习理论的认知视角。

组织知识学习是组织成员测查失误或异常，并加以纠正的过程，来自组织与其环境之间的适应性和操作性交互作用，它既包括组织被动适应现实的过程，也包括积极应用知识促进组织与其环境相匹配的过程（Argyris & Schon，1978）。

计算机科学、系统理论、心理学和神经系统科学等领域里工作的研究者们，在寻找能洞察大脑的物质结构和认知加工工作的基础（Von Krogh，1998）的过程中，发展了认知系统的正式模型。以纽维和西蒙（Newell & Simon）为代表，提出了一个问题解决行为所涉及的基本结构，称之为"信息加工系统"（IPS），见图3.1。感受器是问题解决者的接受系统，与信息加工器联结；中心加工器还需要利用记忆；效应器是实施问题解决过程中的决策的动作过程；加工器为效应器提供信息。这整个过程（图中的虚线右边部分）就是抽象了的认知过程。一个组织通过信息加工过程进行知识学习，那么它的潜在行为就会变化。这种观点看到了个体、团队与组织层次上信息或知识的加工过程，有助于深入理解组织内部的学习过程。

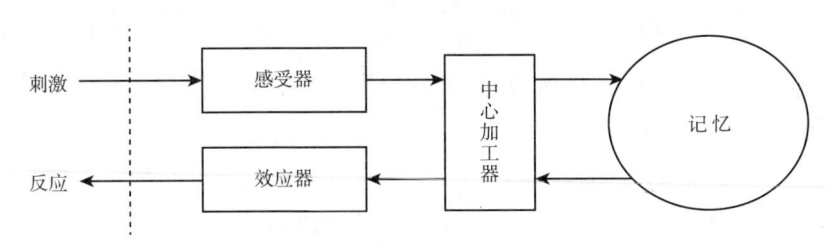

图 3.1　信息加工系统

资料来源：Lindzey et al. （1976），转载自施良方（2005）。

认知视角的理论学家们简化了组织学习到个体学习的过程（Argyris & Schon，1978；Levitt & March，1988；Simon，1991）。阿吉里斯（Argyris，1982）将组织学习定义为检测和纠正错误的过程。从这个角度看，个体行为是组织学习的中介。从组织学习的这个视角推断，一旦个体在加工、翻译和信息反馈上变得更熟练，学习就发生了（Easterby Smith & Araujo，1999）。

对于组织学习理论的认知观的批评主要来自两个方面。一方面是模型过于标准化、说明性（Edmondson & Moingeon，1998）；另一方面是研究视角为个体，主要关注了人的认知推理过程，很大程度上忽视了个体行为所根植的社会交互作用、集体认识的制造（Ayas，1999）。

（2）组织学习的社会/文化视角。

组织学习的社会/文化视角将知识定义为"既在的组织所固有的持续过程"（Nicolini & Mezar，1995）和"展现一个全新的世界"的创造行为（Von Krogh，1998）。知识不被看作是普遍的，而是和我们独一无二的感觉和经历紧密地联系在一起的。学习的社会/文化观从结构主义视角理解认知，它不是一个描述行为而是一个构建和创造行为（Gherardi，1999）。这样，"结构主义并不关注对知识的不同描述。而是，当知识带来有效的行为时，认知系统就有效了"（Von Krogh，1998）。

组织学习的社会视角认为人是社会的人，人要持续地学习而非在譬如接受培训或者阅读文件之类特定的时间段里学习。通过我们作为人类的经验——比较我们目前所面临的和我们过去的经验，整合新的学习，使得我们的学习一体化。组织学习的社会/文化观将学习置于人们在这个世界的生存经历之上（Lave，1987；Lave & Wenger，1991；Wenger，1998），并基于这样一个理解：文化总体上的动态本性和组织文化特别的复杂特性（Bandura，1977）。从这个角度，学习可以被理解为深深地根植于日常的活动和经历中，而不仅仅发生在一些特定的时候，譬如上学时、培训时或者读书时。

由此推断学习本质上是社会的，并不是否认认知的过程，但是这些过程根植于一定的社会情境，根植于人们有意义的经历上（Wenger，1998）。

组织学习的社会/文化观也存在两大纰漏：

第一，个体的经验和目标经常会消失（Elkjaer，1995），组织学习也随之变得随意而难以驾驭。

第二，社会文化是知识共享成功与否的决定性关键（Davenport & Prusak，1998），然而用文化来抓住所有变量、来解释所有可见的变化或差异是毫无意义的（Theodore，1995；Kagitcibasi，1987，1994；Poortinga Van de Vijver et al.，1987；Schwartz，1990）。

（3）团队的学习理论。

在知识经济背景下，一个越来越普遍的认识是：在使用信息中的有效合作是组织和竞争优势的一个主要来源（Schendel，1996；Spender & Grant，1996）；从雇员的工作性质上看，总体上越来越多的雇员从事知识领域工作，相对于制造和服务领域（Nonaka，1994）；组织越来越多地使用集体策略如基于团队设计的任务落实，而非基于个体的工作设计（Mohrman et al.，1995）。而且已有的研究表明：集体策略在创造和传播知识上是一种有效的方式。由此我们可以导出这样的推论：团队是现代组织基本的学习单元（Nonaka & Takeuchi，1995）。

团队是才能互补、有共同目标与绩效标准、共同完成工作任务的群体（Katzenbach & Snuth，1993），他们不分等级，对组织成果负责（Moravec et al.，1998）。团队工作最基本的好处：团队成员知识互补（Lazear，1998）。

既然知识是特殊资源，在个体成员间转移，就能产生协同效应，使得新知识在更高一个层面产生——群体知识（Wright et al.，1994）。在这种团队中所发生的是一种集体知识的开发，这种集体知识的发展需要共享和整合个体知识（Grant，1996a，1996b，1997，2001；Hedlund，1994；Nonaka & Takeuchi，1995）。尽管最终它们还是驻足于个体，但它们远远超过个体所知和所能做（Becker & Murphy，1992），没有哪个个体能够做到完成集体过程所必需的所有工作。只有通过结合个体不同的、互补的技能和看法，通过他们的合作，这些程序才能得到改善，创新才能产生（Grant，1996b；Swan et al.，1999）。

组织学习是组织以系统思维不断创造未来的过程（Senge，1993）。团队学习是组织学习的载体也是媒介，其作用在于一方面促进组织里的个人学习，而另一方面使得个人学习转向组织学习，使得个人知识升华为组织知识（见图3.2）。

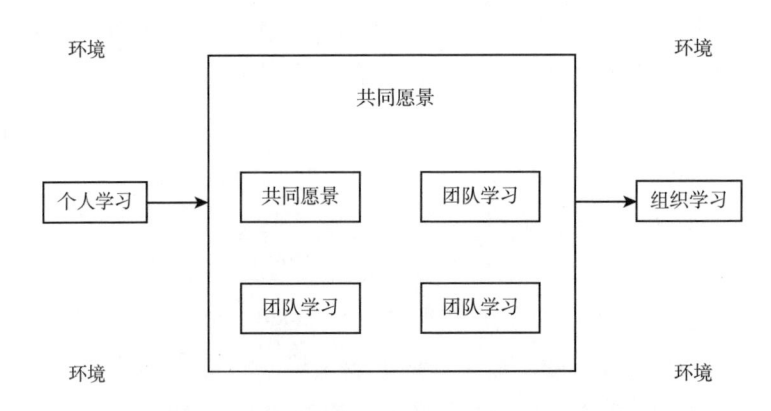

图 3.2　团队学习是个人学习到组织学习的媒介
资料来源：Senge（1990，1993）；张吉成（2005）。

对团队学习过程研究的众多模型基本遵循输入—过程—输出（I-P-O）（Guzzo & Shea，1992）的思路（见图3.3）。输入是指经由团队成员带进团队的各种资源和信息，输出是团队的产出结果如成员个体知识的累积、新知识的创造、项目/任务的完成，等等；而过程是指将输入转化为输出的各种因素和方法，是团队的学习过程。

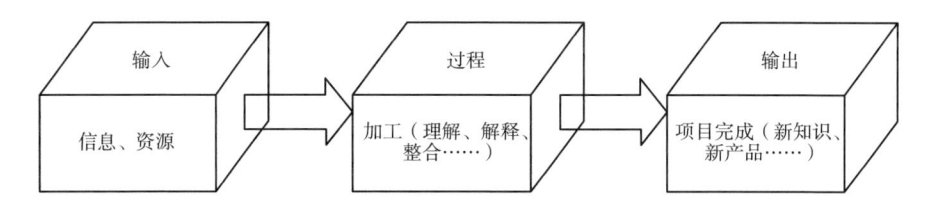

图 3.3　项目团队的 IPO 学习过程

资料来源：Guzzo & Shea（1992）。

为确保团队学习运作成功，引导者需要明确组织的目标和信念，以此作为团队学习的引导；团队成员个体的经验直接影响团队的学习效果，其又受个体特征、团队运作形式、文化要素、团队成员对学习结果的预期等的影响（Reynolds，1994）。

团队学习效果的一个重要标志就是团队的创造力。个体创造力是团队创造力的主要投入要素，而团队创造力则是组织创造力的主要投入要素（Woodman，Sawyer & Griffin，1993）。团队层面的因素包括：团队构成、团队特征（团队规模、团队凝聚力等）、团队过程等。塔格（Taggar，2002）的研究进一步解析了团队层面相关过程在个体创造力总和与团队创造力关系中所起的调节作用，同时他在研究中指出，团队成员间的互动是团队创造力水平的主要影响指标。

知识共享是团队创造力的核心，也是团队的主要效能之一，是团队的学习过程。团队领导通过成熟的信任和帮助通道对团队成员的知识共享产生间接作用（Celia Zárraga & Jaime Bonache，2003）；团队主管通过移交责任（包括学习和发展）给团队成员，能促进团队内的知识共享；团队主管的介入，能引起个体和集体的隐性知识在团队内的共享（Christina Mary MacNeil，2004）。

尽管团队的研究成果比较丰富，但由于团队过程变量难以把握，团队的多元化到团队的绩效之间依然是"黑箱研究"（Lawrence，1997；Pelled，Eisenhardt & Xin，1999）。

团队知识共享既是一个集体的认知发展过程，更是一个集体成员交互作用的过程。所以，要全面、系统地揭示团队的知识共享机制，需要整合学习理论的认知观和社会/文化观,以及特殊组织—团队的学习理论。

3.2.2 团队沟通、团队认知和团队知识共享结构设计的理论基础

3.2.2.1 团队沟通——社会网络理论、言语行为理论

(1) 社会网络理论[①]。

社会网络(social network)是指一组行动者及联结他们的各种关系(如友谊、沟通和建议等关系)的集合。有的研究者用网络理论来解释组织的交互作用。魁克哈特(Krackhardt,1992)把内部关系网络分为建议网络(建议者对他们的任务拥有资源和权利)、友情网络(促进良好、健康的人际关系)和信息网络(在交互作用过程中传递双方所需的资源)。据此推断,项目团队既是友情网络又是信息网络。网络理论认为网络结构的距离和可达性反映了交互作用的质量。一个网络的密度越高,表明组织内的交互作用程度越高,单元间的合作意愿越强烈。低密度的网络意味着组织的交互作用并不依赖于正式的任务关系,而或许是竞争。

社会网络理论的嵌入性(embeddedness,又译镶嵌)观点认为,与工作相关的交易活动往往与社会关系模式相重叠(Granovetter,1985)。也就是,业务关系嵌入社会网络之中,企业内部和企业之间交易的模式可能与从纯粹经济学视角所期望的模式不相一致。人们可能更愿意选择与自己有友谊或血缘联结的人进行生意往来,将他们作为长期缔约的伙伴或合作者,而不是在完全自由竞争的公开市场上寻找交易伙伴(Uzzi,1996)。由此,我们可以理解为什么任务团队在当今管理实践中可以被广泛应用。团队成员间的关系既有工作上的工具性关系,又有情感性关系,所以就能产生比较好的合作效果。

(2) 言语行为理论[②]。

语言行为理论(speech act theory)是语言哲学的一个分支,探讨人们如

---

① 马汀·奇达夫,蔡文彬,等. 社会网络与组织[M]. 北京:中国人民大学出版社,2007.
② Sull D N, Spinosa C. Promise-based management: the essence of execution [J]. Harvard Business Review, 2007, 85 (4): 78.

何使用语言去协调行为。也就是说：说就是做。强调了用语言做事和语言的社会功能或交际功能。言语行为理论认为人们在以言行事。言语效果不仅取决于文字语句的语义，而且还取决于语用问题。早期的研究，哲学家们将语言看作是一种描述外部现实世界的工具。但是20世纪50年代，牛津哲学家约翰·L.奥斯丁（John L. Austin）认为许多陈述是为了让事情做好而不仅是描述事实。当一个裁判号召一次罢工，一个军官发布一个命令，或者一个供应商承诺提供一个服务，个体不是在描述一个现实而是通过他/她的语言改变现实。奥斯丁的言语行为理论创立后立即引出了大量哲学论述。其中美国哲学家J. R. 赛尔（J. R. Searle）的影响最大。他将言语系统化，阐述了言语行为的原则和分类标准，提出了间接言语行为（indirect speech act）和直接言语行为（direct speech act）。一个人直接通过话语形式的字面意义来实现其交际意图，这是直接的言语行为；当我们通过话语形式取得了话语本身之外的效果时，就称作间接言语行为（Searle，1975；顾曰国，1994）。

根据以上分析，本研究从沟通内容和沟通风格两个角度入手考察团队沟通。从团队成员沟通主体出发，将其沟通内容分为任务性沟通、私人性沟通和反应性沟通。根据已有关于文化与沟通风格研究的成果，结合我国文化的特点，本研究从直接沟通风格和间接沟通风格考察团队的沟通风格，挖掘不同类型的沟通风格对沟通内容影响团队知识共享的作用机制的效应。

3.2.2.2 团队认知——从个体认知到团队认知

在一个特定的智力水平上（获得知识和应用知识的能力），认知是掌握与构建行为能力的心理过程，会影响人们的态度与行为举止（Nosek，2004；Raza，Kausar，Paul，2006）。科特勒（2006）将个体认知定义为：个人选择、组织并解释信息输入，以创造一个关于这个世界的有意义的图像的过程。一些学者认为，个体认知形成了个体在群体中生活的行为（Stark，1958；Berland，1982；Loasby，1999；Radding，1985；Gregg，1974）。

近年来，在个体认知的基础上，对于认知的观点已经逐渐从个体认知转向以群体认知为主的研究，研究者普遍认为认知具有社会性，由团体中的角色所构建（Winograd & Flores，1987；Nosek，2004）。学者们强调了语言和社会对人们思想和观念的影响，在最基本的层面上，个体运用语言与人交流来思考事务（Winograd & Flores, 1987）。许多学者均强调了语言会直接而强烈地影响人的思想，而语言本身是社会构建的，通过群体中角色的互动来实现（Nosek, 2004）。群体认知意味着从个体特殊的、主观的心智模型，转化为行为者之间相似的行为能力；从心智模型的创造和组合，转化为选择标准化和信息结构分享（Nosek, 2004）。

个体认知理论非常关注心智模型和记忆的作用，团队层面也是遵循相似的规律。所以在团队认知的研究中，提出了相应的共享/团队心智模型和交互记忆系统概念。交互记忆系统强调任务倾向的专家领域，是团队成员在沟通交往中形成的对彼此拥有独特知识的认知；而共享心智模型是宽泛内容阵列的一体化，是团队成员在沟通交往中对执行任务的策略、程序、期望等的一致性认知（Mohammed & Dumville, 2001）。因此，实际上交互记忆系统反映的是团队成员对团队内部差异性的认知，共享心智模型是对团队任务以及面临的各种情景因素的一种一致性认知（Cooke et al., 2003；Mohammed et al., 2000），它们相互补充，构成了高效团队在任务执行过程中的群体认知。

3.2.2.3 团队知识共享——野中的知识转换和创造理论

野中（1995）结合本体论（ontological）和认识论（epistemology）提出了知识转换的模型，所谓本体构面，如图3.4所示的X轴，实质上指的是知识的载体，可分为：个人层面、团队层面、组织层面、组织与组织之间层面；而认识构面则为图中XY平面，包括：内隐知识和外显知识两个构面。本体构面，是知识在载体上的转移过程，实质上是"关于分享和发展知识的个体间社交、相互作用的范围"（Nonaka, 1994）；认识构面，根据知识的可编码性将知识划为隐性知识和显性知识两个维度，隐性知识和显性知识的对话实现了知识的转化。野中等提出的企业知识创新模式有以下三个突出特点：

（1）知识创新是一项团队工作。新的知识总是来源于个体，个人知识最终都要转化为对组织整体有价值的组织知识，团队在这之间搭起了联系的桥梁。

（2）知识创新的重点在于将内隐知识外化，将外显知识内化，而要做到这一点，就需要全体员工的积极投入，并使用比喻和象征来表达直觉和灵感，同时需要相互交流乃至重塑各自的心智模式和主观信仰。这种思考方式显示出东西方文化上的深层差异。

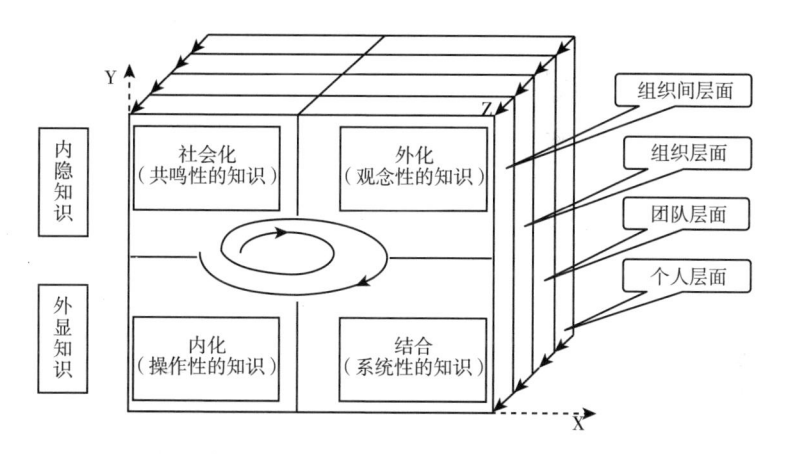

图 3.4　知识的转换和创造模式

资料来源：Nonaka, Ikujiro & Takeuchi. The Knowledge-creating Company [M]. N. Y. Oxford University Press, 1995.

（3）在知识创新公司的组织设计上，相互合作的人际网络比复杂无比的技术网络更为重要。"重叠"的部门、员工工作的"战略性轮换""团队"的核心角色为员工提供了一个知识创新和转换的平台。

根据野中的知识转换与创造理论，组织知识从个体到团体，从隐性到显性不断转移和转换，在这个转移和转换过程中，新知识得以创造，笔者认为这是组织的知识共享过程，所以本研究将团队知识共享划分为知识转移和知识创造两个维度。

3.3　理论基础的关系

3.3.1　本书整合的理论视角：团队层面的组织学习社会/文化—认知观

本书研究的知识共享指的是团队成员间的知识转移和创造。知识共享是组织学习的过程，知识共享的目的是为了组织成员互相交换知识并创造新知识，实现个体知识向组织知识的提升。根据野中的知识转移和创造理论，组织内知识共享的核心层发生在团队，由此推断组织学习的核心也是发生在团队。

根据组织认知学习理论，我们知道学习是认知的发展，可以将这个过程看作是一个信息加工的过程，通过输入信息、对信息的加工最后使得行为变化，学习发生。根据社会网络理论，我们知道团队既是信息网络也是情感网络，成员间交互作用的质量、强度以及密度直接影响团队的效能。所以团队学习不仅仅涉及团队认知变量，还涉及团队的社会文化变量，所以需要整合组织学习的认知观和社会文化观来解释团队的学习和团队的知识共享。

综上所述，组织学习是以团队为核心层。团队认知的发展始于个体的信息输入，终于团队的知识共享。团队的任务完成，实现了个体知识向团队知识再向组织知识的转化，组织的学习发生。由此形成本书基于团队的组织学习社会/文化—认知观（见图3.5）。

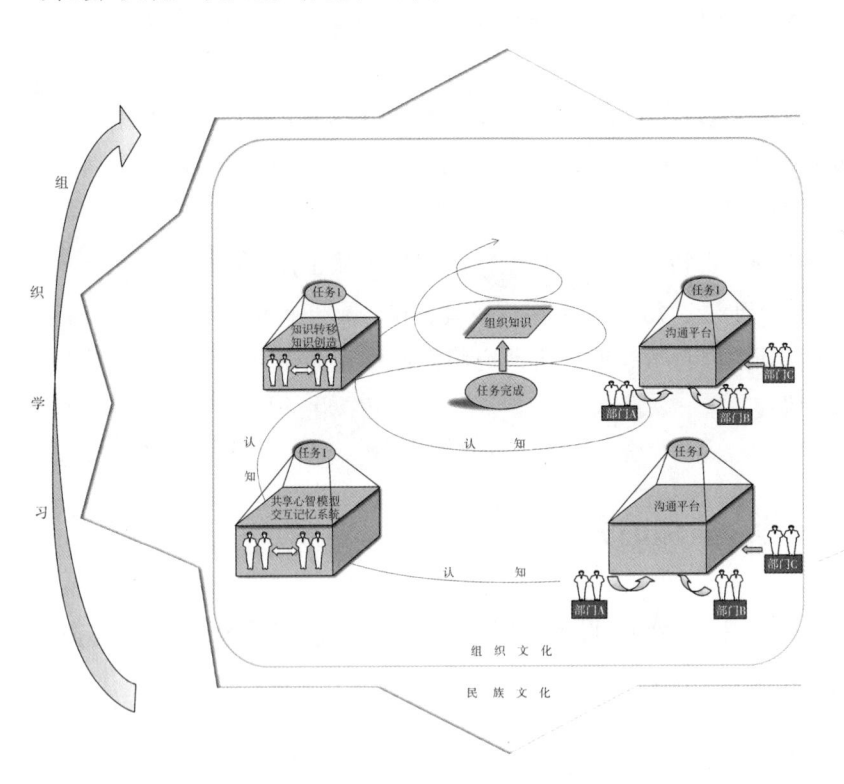

图3.5　团队层面的组织学习社会/文化—认知观

3.3.2 本书的理论关系模型

在前文中形成的基于团队的组织学习社会/文化—认知观的理论框架下，接下去进一步探讨本书研究的变量的逻辑关系。

知识不是简单地给予或获得，知识共享也是一种新的行为能力的创造，而认知正是这种行为能力的创造活动得以体现的一个过程（Senge, 1997; Churchman, 1971; Nosek, 2004）。团队的集体认知可以被定义为群体关于信息获取、储存、传播、处理和使用的过程。许多理论家认为群体（团队）或组织是作为信息加工系统运行的（Anand et al., 1998; Argyris & Schon, 1978; Gioia & Poole, 1984; Hinsz et al., 1997; Hutchins, 1991; Lord & Foti, 1985; Walsh & Ungson, 1991; Wegner, 1987）。理解集体（团队）认知的关键是辨认出"心智"位于个体联系的模式中的位置及其重要性，而不仅是在实体或要素上（Weick & Roberts, 1993）。集体的认知不是置于分散的个体之上，尽管每个个体都对此有贡献，也不是置于他们之外。

大范围、跨领域的知识需求，迫切需要团队中成员间的合作，由来自不同背景下的，拥有各自的专长和经验的成员共同研究、规划及执行，其优势在于它能灵活充分地利用成员的知识技能，从而更好地解决组织中的复杂任务（Denison, Hart & Kahn, 1996; Sethi, Smith & Park, 2001）。团队任务的有效开展依赖于团队成员间的合作，当成员们相互合作时，就有可能创造出与团队的结构和过程相关的内隐知识，使得团队合作、知识分享的优势得以体现（Moreland, 1999; Lewis et al., 2005）。团队成员战略上的共识对团队绩效起到积极的作用（Floyd & Wooldridge, 1992; Wooldridge & Floyd, 1989; Michael & Craig, 2001）。新近研究亦表明，有效的团队活动依赖于共享心智模型的出现，这已得到了国内外学者的广泛认同（Cannon-Bowers, Salas & Converse, 1993; Marks et al., 2002; Mohammed & Dumville, 2001; 白新文, 2006）。

认知理论把记忆在学习中的作用看得非常重要。知识学得如何，取决于知识如何储存又如何从记忆中提取（戴尔·H. 申克, 2003）。基于对团队各个成员专长的理解，群体便可能形成一种交互记忆系统（Wegner，1987），它更加具体地解释了在团队中，成员是如何在一个知识网络中互相依赖、合作的（Moreland，1999；Hollingshead，2001）。交互记忆系统也是一种认知记忆系统，是指团队成员之间形成的一种彼此依赖的，用以解释、获得、储存以及交流来自不同领域的信息知识的合作性分工系统（Hollingshead，2001；Wegner，1986，1991；Liang，Morelan & Argote，1995）。

韦格纳（1987）的交互记忆理论描述了一个有效的群体记忆系统：群体成员通过沟通，将他们信息汇集在一起，久而久之，成员们形成关于哪个成员知晓哪类知识的设想，并假定群体碰到新的信息会被对应领域的专家成员所编码。信息能被群体所拥有，当成员正确地辨别群体中谁知晓这个信息，并且群体成员会假定这位成员会记住这个信息、会将其编码，并能正确地找回它。

交互记忆系统强调任务倾向的专家领域，是团队成员在沟通交往中形成的对彼此拥有独特知识的认知；而共享心智模型是宽泛内容阵列的一体化，是团队成员在沟通交往中对执行任务的策略、程序、期望等的一致性认知（Mohammed & Dumville，2001）。因此，实际上交互记忆系统反映的是团队成员对团队内部差异性的认知，共享心智模型是对团队任务以及面临的各种情景因素的一种一致性认知（Cooke et al.，2000；Mohammed et al.，2000），它们相互补充，构成了高效团队在任务执行过程中的群体认知。

任务/项目团队是由拥有不同专业特长成员组成的。沟通使得群体知晓所有成员所知晓的知识。群体成员通常会知道一些其他成员所不知晓的信息（Pavitt，2003）。所以，团队沟通是团队记忆的媒介，团队成员通过它回忆信息，但沟通研究专家忽略了这方面研究，留下了一块研究空地（Wittenbanm，2003）。学者们发现，团队成员沟通和交互作用中交流的信息越多，越有利于团队认知的相似，即共享心智模型的形成（Mathieu et al.，2000；Marks et al.，2001，2002）。

而且组织内的项目团队成员来自不同的职能部门，初始的认识、了解以及任务执行都是从沟通开始，所以沟通是团队成员个人信息、经验等输入团队的途径。根据言语行为理论我们知道，沟通的效果不仅取决于沟通的内容，也取决于沟通的方式，即怎样沟通。而沟通什么、如何沟通又因不同的文化背景、不同的个人文化价值取向而不同，他们交互作用于团队的行为和效能。

通过前面理论的回顾和分析，根据本书的研究内容，形成本书的研究逻辑：

（1）知识共享构建了组织在多变的环境下的核心竞争能力，是实现个体知识转化为组织知识并创造新知识的过程，是组织学习的过程。

（2）团队已成为现在组织管理中有效的结构，团队是个体知识转化组织知识的桥梁，所以，知识共享的核心发生在团队。

（3）根据社会网络理论，团队既是信息网络也是情感网络，所以团队知识共享既遵循学习的认知规律，也遵循学习的社会/文化理论。

（4）从学习认知视角看，团队学习过程是信息加工过程。团队成员个体信息通过交流输入团队，团队的认知系统对这些信息进行加工储存，产生团队新的行为——知识转移和创新。

（5）从学习的社会文化视角看，团队学习过程受到团队所处组织的组织文化干扰，也受到团队成员个体的文化价值观念影响。

（6）根据言语行为理论，团队的交互作用——沟通，既取决于沟通内容，也取决于沟通方式。

由此可见，从基于团队的组织学习社会/文化—认知观来看，团队知识共享是组织学习的过程，是以认知为媒介（班杜拉，1987），整个过程又受社会文化因素的干扰。个体的信息、知识通过沟通输入团队，通过对这些信息的认知加工，团队形成共同的心智模式和记忆系统，从而促使团队的行为发生变化，成员间的知识转移发生，新知识得以创造，任务得以完成，即学习发生，而个体的知识也转化为团队的知识，由此形成本书研究的逻辑关系图（见图3.6）。

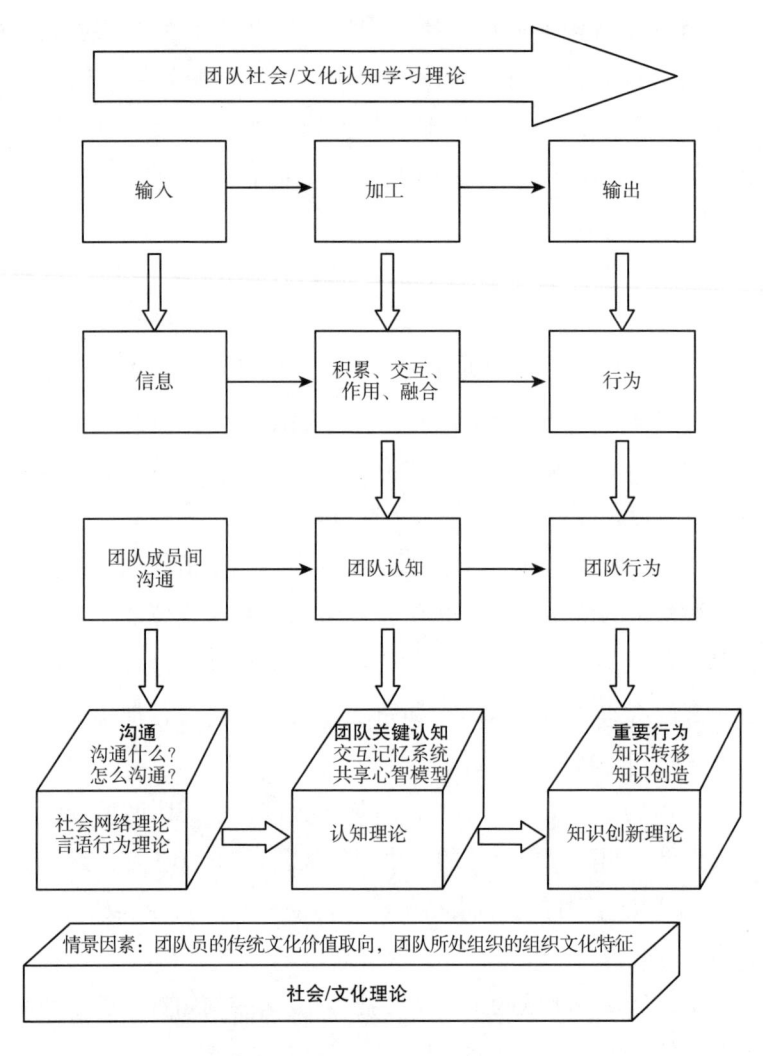

| 团队沟通对团队知识共享的作用机制研究：认知和文化嵌入双重视角 |

图 3.6 本书的理论研究框架

3.4 假设提出

任务团队成员带着不同特长和技能，来自各个职能部门，为了完成一个阶段性的任务/项目目标组建成一个团队，团队的一切都始于成员间的沟通。

已有的研究已证明，团队内正向的人际互动和关系有赖于团队成员个体间的沟通（Camden & Kennedy, 1986；Inglis, 1993；Jones, 2004；Williams, Weinman & Dale, 1998；Wong & Tjosvold, 1995），而这些正向的关系对于团队内的知识共享是至关重要的（Zakaria, Amelinckx & Wilemon, 2004）。通过沟通，可以消除团队成员使用彼此独特知识一些障碍，团队成员间关系得以构建（Keller, 2001），团队的凝聚力得以提高，团队对目标、策略的认识得以一致，团队成员个人的经历、知识和想法得以分享（Levine & Moreland, 1990；Lott & Lott, 1965），从而达致知识共享（Hauck, 2005）。

3.4.1 团队沟通与团队交互记忆系统、团队共享心智模型的关系

认知学习理论的学者们把人看作是信息加工的机制，把认知看作是对信息的加工，是转换、简约、加工、储存、提取和使用输入的信息的所有过程（Neisser, 1967）。因此，认知始于信息的输入，团队的认知始于团队的信息输入。团队的信息输入是通过队员们的沟通产生的，所以沟通是团队认知的基础。团队成员在任务执行中围绕着任务执行方法、策略、程序以及任务过程效果的评价等进行任务性沟通，并且在任务执行中也会互相关心一些私人问题、职业发展问题，以及沟通对象的反应性等，这种任务性沟通会影响团队成员互相了解、理解和信任，会影响成员在任务执行中的协调，影响成员们对任务的共同认识。

几乎大多数关于团队有效性的研究，都将沟通作为一个重要的运行变量（Cohen & Bailey, 1997；Campion et al., 2003）。哈林斯黑德和布兰登（Hullinshead & Brandon, 2003）研究了团队成员沟通对团队交互记忆系统形成的影响作用。武欣和吴志明（2005）以158名MBA学生组成的35个团队为研究样本，证明了团队成员间的沟通能促进团队共享心智模型的形成。马蒂厄等（2000）和马克斯等（Marks et al., 2001, 2002）也发现，团队成员沟通和交互作用中交流的信息越多，越有利于团队认知的相似，即共享心智模型的形成。

交互记忆系统强调任务倾向的专家领域，是团队成员在沟通交往中形成

的对彼此拥有独特知识的认知；而共享心智模型是宽泛内容阵列的一体化，是团队成员在沟通交往中对执行任务的策略、程序、期望等的一致性认知（Mohammed & Dumville，2001）。因此，实际上交互记忆系统反映的是团队成员对团队内部差异性的认知，共享心智模型是对团队任务以及面临的各种情景因素的一种一致性的认知（Cooke et al.，2000；Mohammed et al.，2000），它们相互补充，构成了高效团队在任务执行过程中的群体认知。

（1）任务性沟通与团队共享心智模型、交互记忆系统的关系。

通常团队知识结构是所有团队成员都拥有某些共同的知识，即重叠性的知识，同时，每个团队成员也拥有某个专业领域、与团队任务相关的纵深知识，这样每个团队成员的知识构成都是一种 T 字形结构，横向表示重叠性的知识，纵向表示分布性的知识（Madhavan R. & Grover R.，1998），如图 3.7 所示。

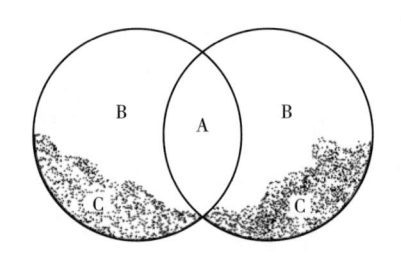

图 3.7　团队知识构成示意

注：为了表示方便，仅以两名团队成员的情况进行示意，每个圆形表示一名团队成员所拥有的知识；A 为成员的交叉知识，B 为成员的独有知识，C 为个人的隐性知识。
资料来源：Madhavan R. & Grover R.（1998）；武欣、吴志明（2006）。

团队成员通过沟通，将各自的信息汇集在一起，成员们慢慢就形成关于团队所有成员所拥有的交叉知识 A 和独有知识 B 的分布认知，并且在沟通中，个体的隐性知识 C 也能部分显性化，有利于知识得获取和存储。成员们都了解哪个成员知晓哪类知识的设想，并假定团队碰到新的信息会被对应领域的专家成员所编码。信息能被团队体所拥有，当成员正确地辨别群体中谁知晓这个信息，并且群体成员会假定这位成员会记住这个信息、会将其编码，并能正确地找回它，这样一个团队的记忆系统就形成了（Wegner，1987）。

在任务执行中，每一个团队成员应该根据团队任务，彼此告知自己所拥有的知识，可以避免团队成员重复分享不需要分享的信息（Mohammed &

Dumville，2001）。团队成员互相建议如何完成任务，互相告知完成任务所需的相关信息，在任务进行中互相给予评价和鼓励，这样团队成员就能理解各自的专长，互相信任，在执行任务时也能很好地协调，这样团队便可能形成一种交互记忆系统，因此，归纳上述研究观点，本研究提出一个待检验的研究假设 H1：

H1：团队成员间的任务性沟通对团队交互记忆系统的形成有正向作用。

组织和团队的研究者们都认为个体的交互作用能导致对相关事件的共同理解（Rentsch，1990；Walsh et al.，1988）。团队成员间通过交互作用和沟通，分享他们团队的相关计划，这是影响团队成员共享心智模型建立的关键因素（Rentsch & Hall，1994，Walsh et al.，1988）。然而，总体上，很少有学者直接研究团队中沟通和交互作用对团队相似心智模式形成的作用（Rentsch & Klimoski，2001）。有的学者通过研究团队规模来间接预测沟通和团队成员交互作用对团队成员共享心智模型建立的作用（Smith et al.，1994；Rentsch & Klimoski，2001），因为团队规模影响团队成员间的交往和沟通的机会，如果团队规模太大就潜在地限制了成员们交互作用机会，减少了任务执行中的沟通机会（Mohammed，1994）。

许多团队如管理委员会、跨职能团队、任务小组等都设计来自不同背景、不同部门、不同组织层面的决策者的参与，因而他们进入团队必然会带来对团队任务中碰到问题的不同视角的阐释，冲突不可避免，然而，通过沟通，成员们会在冲突中折中，调和对任务问题的不同设想，从而形成共享心智模型（Mohammed & Dumville，2001）。通过对多方谈判的研究可知，谈判前可获得的陈述性信息越多，越有利于谈判中共享心智模型的形成。此处的陈述性信息应该是指关于谈判任务的信息（Swaab et al.，2002）。因此，团队成员间关于任务的沟通，能促使团队共享心智模型的形成，即假设 H2：

H2：团队成员间的任务性沟通对团队共享心智模型的形成有正向作用。

（2）私人性沟通与团队共享心智模型、交互记忆系统的关系。

社会学习理论认为个体（主要是指认知和其他个人因素）、行为和环境是相互影响地联系在一起的一个系统，三个因素相互交错起决定性作用，"你中有我，我中有你"，班杜拉称之为"交互决定论（reciprocal determinism）"。

| 团队沟通对团队知识共享的作用机制研究：认知和文化嵌入双重视角 |

班杜拉通过研究指出，环境对个体行为的影响是通过认知来调节的（Bandura, 1976），其中认知是指使用符号和预见结果的能力。从符号互动理论（symbolic interaction）来看，沟通时，员工首先做的就是关系判断，将社会互动对象予以命名，加以分类，界定彼此互动的情境，然后选择适当的社会互动法则（黄光国，2004；史江涛，2008）。而预见结果的能力往往是遵从于社会交换理论（social exchange theory），人们对环境并不是简单地作出反应，而更愿意参与那些有利可获的活动，其中的"利"是各种社会资源，包括爱（love）、地位（status）、消息（information）、金钱（money）、货物（goods）和服务（service）（Foa & Foa, 1976）。人们在社会交往中，不仅仅追求物质性的回报（金钱、货物），也追求工具性的回报（消息、服务），更追求情感上的回报（爱、地位），对这些回报的预期都会影响个体的认知和行为。根据社会认同理论（social identification theory），这种心理上、情感上的交换能使个体产生归属于某个群体的知觉，感知到心理上与群体的命运紧密相连，与群体共享、体验成功与失败（Tajfel & Turner, 1985）。个体对群体认同感越强，就越有可能采用群体的观点，遵从群体的规范，为群体的共同目标和利益而行动。团队成员间的私人性沟通也是一种情感上的追求，以获得包括情感、敬仰、爱等内在报酬，团队成员从中感知到群体归属感，形成群体认同感，从而影响团队整体的认知。

从中国的儒家伦理来看，"仁"是做人的最基本条件，它要求人要给予别人爱。而由于现实中，人们所拥有的社会资源不同，一般人要视其能力由近及远地向别人施与仁爱，所以，儒家的仁是一种差序性的爱，个人与他人的关系不同，给予别人的爱也就不同（黄国光，1991；张志学，2005）。所以，关系在中国人的生活中处于非常重要的角色（费孝通，1947；何又晖、陈淑娟、赵志裕，1991；杨国枢，1993；张志学，2005），高度关系取向的中国人十分注重社会交往中的"情"的因素（Hu, 1949；杨中芳，1999），人情是中国社会规范中重要元素，制约着个体的认知和行为（金耀基，1980；张志学、杨中芳，2001；黄光国，1988）。从实际的观察也可以看到，在组织中做管理、决策以及执行任务时，不可"就事论事"，而要合情合理（杨中芳，1999）。团队成员通过私人性沟通，表达互相之间的"爱"，以建立一种良好的关系，达到和睦相处，互相接纳对方。

在这种关系导向的文化导引下，团队成员在任务执行中，都会致力于建立一种以个人为中心的关系网络。根据黄国光（1987）对中国人之间的关系划分——情感性关系（expressive ties）、工具性关系（instrumental ties）和混合性关系（mixed ties），任务团队成员间是一种混合性关系；他们之间既有一定的工具性关系，也有情感性关系，在交往中遵循"人情法则"。所以，团队成员在任务执行中的沟通除了围绕任务开展工具性沟通，也会针对私人问题和个人的职业发展进行情感性沟通，发展团队成为一个"人情圈"，团队成员进而会互认为"自己人"或"圈内人"，增加对团队的归属感和认同感。

私人性沟通是团队成员间互相交流工作之外的兴趣，互相关心私人困难，互相问候家人，也讨论个人的职业规划、升迁和如何获得更高的薪酬、争取培训机会等。公私关系纠缠在一起是中国人际关系的特点，良好的私人关系，反过来会促进工作关系，私人性沟通使得团队成员间情感加深，关系亲密，并渐渐将彼此纳入自己的"圈内人"，信任也随之慢慢建立起来。许多学者也证明了中国人的信任很大程度上建立在亲密的情感性关系上，对"圈内人"容易信任并且信任度也高（Chen, Chen & Xin, 2004；Chou, Cheng & Huang, et al., 2006），这种亲密的情感性关系也能促进团队的合作效能（Jehn, Shah & Pradhan, 1997），也会促进员工间的信息分享（Kate Hutchings et al., 2004）。私人性沟通使得中国团队成员互相感知到关怀和地位，增强个体对团队的认同感和归属感，从而在团队任务执行中，加深对对方专长的认识和信任，加深相互理解，互相之间更容易协作，对任务的方案和策略也更容易达致共识，所以，提出本书的待检验假设 H3、H4。

H3：团队成员间的私人性沟通对团队交互记忆系统的形成有正向作用。

H4：团队成员间的私人性沟通对团队共享心智模型的形成有正向作用。

（3）沟通反应性与团队共享心智模型、交互记忆系统的关系。

沟通反应性是指在沟通中，沟通对象对信息发出方的回应，可以是言语的或者非言语的。譬如当沟通主体提问题，对方是否认真倾听，是否会尽全力给出一个答案，或者给出一种肢体上的、表情上的回应。沟通反应性实质上是沟通对象给沟通主体的一个信息反馈。沟通反应性越好，沟通就会越畅通，在任务执行中的沟通也会越及时。

班杜拉（1987）的社会学习理论认为行为、个体和环境是交互影响的，人的行为是习得的前因决定因素与后果决定因素的函数。行为的前因决定因素（antecedent determinants）是指从事行为之前形成的那些复杂的影响力，它包括各种生理上的和情绪方面的变量、期望和预期等认知因素，以及各种先天的学习机制；后果决定因素（consequent determinants）包括强化和惩罚，它们可以是由外部，或内部，或自我引起的。来自社会环境的不同对待会影响个体的认知，影响个体的自我概念（Bell-Gredler，1986）。

团队里的沟通反应性既是前因决定因素，也会是后果决定因素。对队友提问、谈话的认真倾听、解答或者非言语的回应，都是一种友善的态度，可以带来队友良好的情绪。根据社会交换理论（social exchange theory），队员在交往中会追求一种"公平交易"，一个友善/不友善态度的开始，会得到友善/不友善态度的回报，这样就会成为强化/惩罚的后果决定因素。所以，沟通的反应性会良性循环或恶性循环。良好的团队沟通反应性，意味着通畅、即时的团队沟通，意味着良好的团队合作精神，促进团队成员间的理解和共识。

沟通反应性使得各团队成员的知识特长更为大家所了解，也帮助反应者将隐性知识显性化或者激活遗忘了的信息或知识，构建团队更完善的心智结构和记忆系统。在对队友的反应中，一方面会展示成员们所长和所有，另一方面可能也是给出一个联想激活因素或者对遗忘记忆的一个"电击"。伯恩与雷斯特尔（Bourne & Restle，1959）认为在以联想为基础的学习中，一个新奇的刺激，或者一个无关的要素，或者一个类似的事件等，都有可能唤起某个概念的反应，从而使某些隐藏在"冰山"里的知识显露出来。记忆遗忘理论的干扰观认为，遗忘是由于对记忆提取的失败，常用的一个例子是：有人电击病人大脑的各个不同部位，使得病人回想起自己认为已经完全遗忘了的事情[①]。所以，心理学家认为，有合适的线索，还是能唤醒"沉睡"的记忆，而实际上，我们也经

---

① 施良方. 学习论［M］. 北京：人民教育出版社，2005.

常看到这种方法用在遗忘症病人的临床治疗中。所以，在团队的沟通反应中，对于队员或者团队也会有类似的功效。

沟通反应性使得团队任务目标更为清晰，加深对任务的理解有利于团队形成共同的心智模式。对队友提问的反馈必然显露各自的专业特长，对同一个问题，不同学科背景的人会有不同视角的解答，如同"盲人摸象"，而能将每个盲人的看法整合起来，就能得到对整头象的把握，也就是对一个任务完整的把握。而这种不同视角的观察也是动态的，通过互相给对方即时的沟通回应，团队成员就能够在任务执行中进行即时地必要调整，有利于团队进行及时的自我修正。通过这样的互动，团队成员们无须外界干涉就纠正他们的态度、行为和认知，促成对任务共同的预期和解释，以及清晰对团队角色的认识。通过互相沟通、回应，团队成员能更好地相互理解各自的任务分工，而这促使团队成员们更好地洞察互相之间如何有效合作和协调，有利于成员们互相去满足同伴的信息需求，提高团队的凝聚力和集体倾向。

团队内的反馈即团队成员互相给对方反馈，在调整和发展团队共享心智模型中扮演着十分重要的角色（Blickensderfer et al.，1997）。学者们通过对指挥和控制团队（command & control teams）的实验研究，也证明了团队内的沟通反馈能促进团队共享心智模型的形成（Rasker，Post & Schraagen，2000）。

因此，归纳上述研究观点，本研究提出两个待检验的研究假设 H5、H6：

H5：团队成员间的沟通反应性对团队交互记忆系统的形成有正向作用。

H6：团队成员间的沟通反应性对团队共享心智模型的形成有正向作用。

3.4.2 交互记忆系统与共享心智模型

有关群体知识过程的研究，学者们已经提出一些理论框架，用以解释工作群体的协调性与问题解决的动态系统，共享心智模型（Klimoski & Mohammed，1994）与交互记忆系统（Wegner，1986）就是近年来用以分析群体知识处理过程的较为有效的两个理论途径（Austin，2003）。

交互记忆系统与共享心智模型互不相同却又息息相关（Madhavan & Dumville, 2001; Lewis, 2003）。两者均采用了群体认知的观点（Klimoski & Mohammed, 1994），不同的是，交互记忆系统更注重于任务领域的专长，是一种"分布式"的运用（Mohammed & Dumville, 2001），体现了团队成员间的差异化专长的互补，而不是对分享专长的一种共同理解，也不是共享认知的重叠，因此有别于共享心智模型。共享心智模型相对于交互记忆系统而言，是一个更为广泛的概念（Mohammed & Dumville, 2001）。特别地，交互记忆系统通常关注成员们的专长，以及对这些专长的心智表征，但不一定包含团队成员对共享团队任务与形势的心智表征（Lewis, 2003）。

共享心智模型作为一种群体意识，代表了团队中一种更为高级的社会认知系统方式。诚然，没有一个交互记忆系统，一个团队很难形成一种群体意识（Youngjin Yoo, 2001）。根据双循环学习理论（Argyris & Schon, 1978），个体成员能够借由双循环学习改变自身潜在的行为准则与目标，进而改变隐性的认知结构，以及学习者行为的心智模型。而单循环学习的目标仅仅是改变学习者的行为以达到最终的目标，主要依靠事实知识的获取。交互记忆系统就常常被认为是一种学习系统。同样，在团队情境中，单一地改进交互记忆系统而脱离对群体意识的改进，就像单一地获取新的信息而脱离对成员心智模型的改变。

随着一种组织记忆的形成，以及组织内共同语言的形成，组织成员开始借助共享心智模型来表达对客观世界运作的无意识的预测（Nonaka, 1991; Walsh & Ungson, 1991; Madhavan & Grover, 1998）。组织记忆是一种存储来自组织经历的信息的机制，这些信息可以承担现今的决策，影响最终结果，组织记忆的形成强调了共享心智模型作为一种组织将实践性知识（embodied knowledge）转化为组织实践活动中的惯例性知识——嵌入性知识（embedded knowledge）的群体认知的重要性（Madhavan & Grover, 1998）。

由此，笔者认为，团队中交互记忆系统的形成有助于成员间的共享心智模型的形成。交互记忆系统作为一种编码、存储与提取不同领域知识的合作分工过程（Hollingshead, 2001），能够更好地帮助理解共享心智模型中的认知机制，以促成更有效且高效地完成团队任务中的知识管理活动（Lewis, 2003;

Madhavan & Dumville, 2001）。

归纳上述研究观点，本研究提出一个待检验的研究假设 H7：

H7：团队交互记忆系统对团队共享心智模型的形成有正向作用。

3.4.3 团队交互记忆系统、团队共享心智模型与团队知识共享的关系

（1）团队交互记忆系统与团队知识共享。

团队任务的有效开展依赖于团队成员间的合作。当成员们相互合作时，就有可能创造出与团队的结构和过程相关的内隐知识，团队合作、知识共享的优势就得以体现（Moreland，1999；Lewis et al.，2005），交互记忆系统就是在这种背景下提出来的。

知识共享在群体工作中的重要性毋庸置疑（Hendriks，1999；Goodman & Darr，1998；Kotlarsky & Oshri，2005）。然而，有效的知识共享过程可能会遇到一些挑战与困难，尤其是当团队遇到文化或地理等各方面的差异时（Kobitzsch et al.，2001；Herbsleb & Mockus，2003）。例如，赫布斯勒布等（Herbsleb et al.，2000）描述了一个全球性的研发团队在共同完成任务时所面临的困境，成员间很难识别"谁知道什么""该与谁联系"。因此，团队成员知道其他成员都知道什么，擅长什么，谁是哪个领域的专家，是知识共享活动的关键（Orlikowski，2002；Herbsleb & Mockus，2003；Yuqing Ren，Carley & Argote，2006）。而交互记忆系统所包含的要素除了个体成员知识的存储，另一部分正是成员们获取其他成员擅长什么的检索系统（Wegner，1995）。以下笔者将从学习的观点、交互记忆系统对团队绩效的作用以及个体与团队的层面，来分析交互记忆系统的形成与知识共享的关系。

学习是一种获取新技能、新知识与新的世界观的认知过程，运用学习的观点有助于理解交互记忆系统对组织的价值，而团队学习指的是团队成员进行知识分享、知识创造、知识评估以及知识整合的过程（Argote，1999；London，Polzer & Omoregie，2005），且已有不少研究者试图将交互记忆系统作为一种学习系统，来考察其对团队学习和知识转移的影响（Lewis et al.，

2005)。根据交互记忆系统理论（Wegner, 1986; Wegner et al., 1985）与学习、学习迁移理论（Reeves and Weisberg, 1994; Singley and Anderson, 1989），刘易斯等（2005）表明了交互记忆系统推进了学习循环（learning cycles），创造出与工作任务相关的知识，以及可被运用到相似领域的可转移知识。此外，学习循环随着成员们整合新的团队知识到各自的知识储备中而不断延续，因此，学习环揭示了交互记忆系统的形成有助于知识创造，无论是个体层面还是团队层面（Lewis et al., 2003）。

就交互记忆系统与团队绩效的关系而言，许多研究发现，如果团队中的成员曾经一起工作过，彼此熟悉、互相了解，其绩效比由陌生人组成的团队要好得多（Hollingshead, 1998; Liang et al., 1995; Wegner et al., 1991），而这种现象的产生正是由于长期合作的团队成员之间形成了交互记忆系统（Wegner, 1987）：团队中的每个成员都各自具备某些方面的专长与技能，是某个领域的专家，同时他们也知道团队中的其他成员擅长什么。正是这种基于对彼此特长的认识，使得团队成员可以进行分工合作，以更有效地完成任务。团队交互记忆系统的形成可以帮助团队将先前的学习应用到新的任务中，形成对问题的概要理解，以趋向稳定的绩效（Lewis et al., 2005）。对交互记忆系统的实验室研究表明，当团队形成了一种交互记忆系统，成员们共同记住与运用大量的知识，而这些知识往往攸关任务的完成，并且更有效地协调各自的互动活动，从而比未形成交互记忆系统的团队更好地完成任务，对团队绩效与合作具有正向的影响效果（Liang et al., 1995; Moreland et al., 1998; Moreland & Myaskovsky, 2000; Faraj & Sproull, 2000; Storck, 2000; Kotlarsky & Oshri, 2005）。

另外，交互记忆系统的形成对知识共享的影响也是一个从个体层面到团队层面推进的过程。知识转移的一大障碍就是个体往往很难识别不同任务在功能上的相似之处，因此，人们也就很难认识到他们所具有的哪些知识可以被应用到新的任务中去（Singley & Anderson, 1989）。交互记忆系统的形成正好可以改进成员们对任务相似性的理解，因为由交互记忆系统所产生的彼此的信赖感，使得成员们可以更自由地发展各自领域的专长。当团队成员逐渐成为各自领域的专家，就易于形成对问题更深刻的功能上的表征，这样他们就能认识到不同背景与内容下的各种任务的结构相似处（Lewis et al.，2003）。这种过程性知识产生于成员们在相似问题中所获得的经验与专长，而相比较陈述性知识来说，过程性知识更持久，也更易于转化到其他任务中去（Cohen & Bacdayan，1994）。因此，交互记忆系统的形成会帮助团队中的个体产生与任务领域相关的可转移的过程性知识。

在团队层面上，交互记忆系统的形成还有助于协调成员知识的结构，这种结构是通过团队的认知分工与交互程序来定义的（Lewis et al.，2003）。团队中，成员们具备对其他成员专长的一个共同的理解，这就产生了对行为与交互活动的预期，从而演变为一种程序（Cannon-Bowers, Salas & Converse，1993）。这种程序就被储存在过程性知识中（Cohen & Bacdayan，1994），而易于持续下去。如果成员们同时也能识别不同任务之间的功能性相似处，那么团队就有可能将相似的程序应用到新的任务中去。鉴于交互记忆系统对团队成员识别任务的功能相似性，产生有效程序的作用，刘易斯等（2003）认为交互记忆系统的形成有助于成员们在不同任务间进行知识转移。

由此，笔者认为，团队中交互记忆系统的形成有助于成员们整合、共享各自具备的专长，以便于形成对工作任务的概括性的理解，同时为成员们提供了获取其他成员专长的值得信赖且协调的途径与互动环境。而这种概括性的理解与互动环境，正是知识转移的重要因素（Lewis et al.，2005；Moreland & Myaskovsky，2000；Lewis，2004）。另外，深度专业化，以及对成员专长的清晰认知，鼓励他们从其他专业人员那里获取信息，帮助成员们不断地整合新的知识（Stasser, Stewart & Wittenbaum，1995），这种交互作用有助于在团队层面上进行知识创造（Lewis et al.，2003）。

归纳上述研究观点，本研究提出两个待检验的研究假设 H8、H9。

H8：团队交互记忆系统对团队成员间的知识转移有正向作用。

H9：团队交互记忆系统对团队成员的知识创造有正向作用。

（2）团队共享心智模型与团队知识共享。

共享心智模型是一种团队层面上的认知结构，是指团队成员心智模型的重叠，即团队成员心智模型中相似或一致的部分（武欣和吴志明，2006）。一方面，当共享心智模型被认为是一种团队认知，从认知角度来衡量，可以发现当团队成员具有相似的认知结构时，就可能会促使他们在执行任务时进行知识共享活动（Cannon-Bowers et al.，1993；Klimoski & Mohammed，1994）。随着工作任务的复杂性不断加大，有效的团队对于成员间的协调性的要求也日趋增强，亦需要团队具有兼容的知识结构，这种知识结构包括了三个部分的认知：对成员角色与行为责任的认知；对团队任务的总体要求的理解；以及对影响团队绩效的关键因素的认知（Fiore，Salas & Cannon-Bowers，2001；Gettman，2001）。而当个体无法接收到对其他团队成员的角色与责任的认知时，就不能对其他成员如何对团队成功做贡献有一个全面的理解，亦难于共享重要的团队交互知识（Marks et al.，2002）。

另一方面，从共享心智模型的形成与团队绩效的关系来看，研究者普遍认为共享心智模型的形成加强了团队成员间的协调性，以达成更高的团队绩效（Marks et al.，2002；Mathieu et al.，2000；Heffner，Mathieu & Goodwin，1998）。而若团队成员所具有的心智模型差异太大，他们就可能各自努力去完成不同的目标，这势必会导致团队的协调问题（Sabella，2000）。而相似的共享心智模型的形成之所以对绩效有正向的影响效果，是因为其形成使得团队成员运用共同的表达方式，对工作任务形成准确的期望，促进团队成员有效的互动，以便于成员们调整各自的行为以适应工作需要，并有助于信息处理（Edwards et al.，2006）。一般认为，这种信息需要被共享，它除了包括团队任务相关的知识，以及成员们的态度与信念，还包括了团队成员所具有的知识（Cannon-Bowers & Salas，2001；Resick，2004）。一些研究者认为，团队成员间的知识共享也是一种重要的团队效能（Orasanu，1990；Rentsch，Heffner & Duffy，1993；Gettman，2001），是团队创新效能的关键因素（Drucker，1993）。

在实证研究中，沈其泰等人（2004）以知识密集型的研发团队和新产品开发团队为研究对象，证实了团队成员间的心智模式越相似，则越有可能进行知识分享行为，将必要的知识与技能分享给需要的成员。他们指出，由于知识的学习与创造常涉及成员的心智活动，故由团队成员心智模型的角度切入，探讨其对知识分享行为的影响效果，应该是别具意义的。

另外，艾普（Ipe，2003）将知识共享视为一种转化过程，是个体的知识转化为可以被其他个体理解、吸收和使用的过程。胡夫和里德（2004）则认为知识共享是个体间相互交换他们的（显性和隐性）知识并联合创造新知识的过程。因此，归纳上述研究观点，本研究提出两个待检验的研究假设。

H10：团队共享心智模型对团队成员间的知识转移有正向作用。

H11：团队共享心智模型对团队成员的知识创造有正向作用。

3.4.4 知识转移和知识创造

如今，在竞争环境的内在驱动下，卓越的知识已经逐渐被认为是一种使企业获得持续竞争优势的关键性的战略资源（Grant，1996；Nonaka et al.，2001；Ruggles，1998）；而知识的转移与创造，作为知识共享的两个重要过程，通常被认为是企业持续竞争优势的必要源泉（Peltokorpi，2004）。著名的生命科学公司诺瓦提斯公司（Novartis）就一直坚信隐性知识的转移与创造将决定企业未来的竞争力。根据德尔萨特和普赛克（Davenport & Prusak）的观点，知识转移包括了两个活动：传输（发送或传达知识到一个潜在的接收者）与吸收（Davenport & Prusa，1998）。而这种传输与吸收活动只有在创造出一种新的行为或理念时，才会变得更有意义（Ikhsan & Rowland，2004）。

在回顾与总结了知识管理专题的相关文献后，可以发现，企业要充分利用这些知识资源，就需要重视三个环节。首先，需要产生知识资源，知识存在于个体的意识中（Fahey & Prusak，1998；Grant，1996；Nonaka & Takeuchi，1995），需要由个体来产生；其次，由团队中的个体所产生出来的知识，需要被转移，让其他成员得以分享；最后，这些分散的知识，一旦被转移与接收，进而被整合，就会创造出一个总体知识。根据萨拉加和福尔肯（Zárraga & Falcon，2003）的观点，在团队中，最初是成员们各自创造出知识，知识存在于个体成员的大脑中；然后，他们转移各自创造出的知识，与其他成员分享；最后，这些被转移到各个个体成员的知识被整合到现有的知识中，结果，个体层面的知识加强了，同时，各个意识间无形的联系也产生了。在这种情形下，一种不易被分解的群体知识也在团队中被创造出来了。

野中和竹内（Nonaka & Takeuchi, 1995）的知识创造的观点与知识螺旋模式，理清了"知识"在企业组织中积累、转换和创造的脉络。他们提出了知识的转移是一个过程，知识的创造，尤其是团队或组织层面上知识的创造，则来自"内隐知识"与"外显知识"之间不断的、连续的、动态的互动，这些互动的形成正是由不同的知识转化所驱动的，不断的互动与知识的转化，形成了知识的螺旋增长与创造（Zárraga & Bonache, 2003；张吉成，2005）。

这种知识的转化包括了四个方面。第一，社会化。个体之间隐性知识的转移，促使团队成员间共同分享经验。第二，外化。通过类比或隐喻来帮助团队成员理解不易沟通与类化的内隐性知识。第三，结合化。借助于外部的知识重新组织知识，如其他部门或团队所创造的知识。第四，内化。知识内化为团队成员的内隐知识。不少研究者都使用这种转化过程来描述知识转移与整合的过程（Grant, 1997, 2001；Hedlund, 1994）。

由以上对知识创造过程的概述中，不难发现，知识的创造离不开知识的整合，但仅仅依靠知识的整合无法获得卓越的绩效，知识的转移也是必不可少的（Alavi, 2000；Alberts, 2007）。团队实践中所转移的知识与现有知识的整合，创造出更有价值的知识（Zack, 1998）。因此，归纳上述研究观点，本研究提出一个待检验的研究假设。

H12：团队成员间的知识转移对团队成员的知识创造有正向作用。

3.4.5　沟通风格的调节作用

语言行为理论认为语言不仅仅是对外部世界的描述，而且是去协调行为，也就是说：说就是做。强调了用语言做事和言语的社会功能或交际功能（Sull & Spinosa, 2007）。20世纪50年代，约翰·L. 奥斯丁认为，说任何一句话时，人们同时产生三种行为：言内行为、言外行为、言后行为（顾芸英，1986）。也有学者称作话语行为（或说话行为）即以言指事（the locutionary act）、语现行动（或施事行为）即以言行事（the illocutionary act）、语导行动（或取效行为）即以言成事（the perlocutionary act）。言外行为是以一定的话语形式，通过协定的步骤与协定力取得效果，所以言外行为是协定的（conventional）（王正元，1996）。而言后行为与语境联系在一起，不一定通过话语本身就能取得。

根据言语行为理论，我们知道沟通不仅取决于沟通什么，也取决于如何沟通，即沟通风格。沟通风格是信息的一部分，它伴随着信息的传递同时发生，同时起作用，是一种无声的信息。通过对人类的研究，学者贝特森（Bateson，1972）和苏丹（Sudnow，1978）发现沟通风格可以给内容赋予某种形式和色彩，从而影响到沟通的结果。

霍尔（Hall，1976）最早提出情景方言一词，并根据不同的情景场合和沟通效果的影响，把沟通风格分为高情境沟通和低情境沟通两类。低情境沟通是指信息在传递过程中明显而直接，沟通风格具有精确性和开放性；而高情境沟通则恰好相反，相当一部分信息隐藏于情景之中（Hall，1976；Grice，1975）。高低情境沟通风格的选择受文化背景影响：高情景文化背景下，高情境沟通风格占主导位置；反之，低情境沟通占主导位置。

高、低情境沟通往往与直接、间接沟通相关联。根据沟通者是否使用明确的语言表达自己的目的和意图，可以把沟通风格分为直接沟通和间接沟通两个维度（Gudykunst & Toomey，1988）。直接沟通是指，沟通者用语言直接说出他的本意，明确表达个人的感觉、打算和需求；而间接沟通则隐瞒了沟通者的真实目的（Gudykunst & Ting-Toomey，1988）。直接沟通往往出现在低情境文化背景中，间接沟通则出现在高情景文化背景中。直接沟通的信息传递快速准确，能够直面了解对方的态度，但容易发生冲突和矛盾。间接沟通比较迂回、婉转，避免了正面冲突，但信息容易失真，传播范围容易扩大。以往的研究普遍认为阿拉伯、中国、日本等东方国家是高情境文化，沟通更偏向于间接沟通风格，而西方英语国家如美国，是一种低情景文化——"所说即所想"，更倾向于采用直接沟通风格（Cohen，1987，1990；Hall，1976）。权力距离也会影响沟通风格的选择。在权力平衡的情况下，会采取间接沟通，因为双方的权力是平衡的，通过信息交换，双方能够做出相应的决策。相反，当权力不平衡时，权力较强的一方就更容易采取直接沟通，权力较强的一方会非常明确地说明权力较弱的一方应该采取的行为（王小萍，

2005)。

杨中芳（1991a，1991b，2001）认为中国人"自我"的人格组织具有两面性，面对"公""私"观念形成"公我"和"私我"概念来解释人格中的这种两面性。中国文化要求个人的"小我"服从于"大我"。"大我"是一种为公的、道德的行为表现；而"小我"是为私的、不道德的。在"公"面前，因为是"道德的"，所以，往往会以直接的方式来沟通表达，而在"私"方面，往往以间接、隐晦的方式表达，相互依靠，来满足自己的需要[①]。团队的任务是一种公事，团队成员可能会更倾向于采用直接方式沟通；而一些私人的困难或者个人晋升、薪酬等问题是私事，中国人可能会倾向于采用间接沟通风格。

在中国社会强烈的"关系导向"哲学下，由"小我"到"大我"也是按照"差序格式"的外推方式发展的（郑伯埙，1995），中国人与他人交往中首先考虑的就是"垂直的地位差距"与"水平的关系亲疏"，然后表现出恰当的言行举止（严奇峰，1993）。在项目团队中，成员之间是一种平等的合作关系，所以"垂直的地位差距"可以忽视。团队成员在采取言行举止时，主要考虑的是"水平的关系亲疏"，将沟通对象分为"自己人"与"外人"，对自己人的哲学较倾向 Y 理论，容易做出较佳的评价或反应，并且双向沟通会更为频繁，沟通会更为直接（Tsui & O'Reilly, 1989）。对自己人擅作主张、自作决策时，会被认为是负责任、有担当的表现；但对外人而言，则会被认为是一种冒犯、一种不尊重（郑伯埙，1988），尤其是在私人问题的沟通上。所以，对自己人而言，直接的沟通风格容易产生良性循环，而对外人而言，则容易产生恶性循环（Graen & Scandura, 1987；郑伯埙，1995）。良性循环意味着团队成员间无论是任务性沟通还是私人性沟通都会越来越顺畅，对团队成员的相互理解和认识、任务执行中的一致性、协调性产生有正面影响，促进团队交互记忆系统和共享心智模型的形成。

由此可见，不同沟通内容，团队成员会采用不同沟通风格，他们交互影响团队认知的形成，因此提出本书待检验的假设 H13、H14 及其子假设 H13a、

[①] 郑伯埙. 差序格局与华人组织行为 [J]. 本土心理研究, 1995 (3): 142 – 219.

H13b、H14a、H14b。

H13：团队成员的不同沟通风格，会影响团队任务性沟通对团队交互记忆系统和共享心智模型形成的作用。

H13a：团队的直接沟通风格，在团队任务性沟通对团队交互记忆系统形成的作用中起了正向调节作用。

H13b：团队的直接沟通风格，在团队任务性沟通对团队共享心智模型形成的作用中起了正向调节作用。

H14：团队成员的不同沟通风格，会影响私人性沟通对团队交互记忆系统和团队共享心智模型形成的作用。

H14a：团队的间接沟通风格，在团队私人性沟通对团队交互记忆系统形成的作用中起了正向调节作用。

H14b：团队的间接沟通风格，在团队私人性沟通对团队交互记忆系统形成的作用中起了正向调节作用。

3.4.6 组织文化的干扰作用

纳普（Knapp，1998）指出知识管理至少包括六个元素：内容、学习、技术、评价、个人责任和组织文化。其中，组织文化对于单位内的知识共享是很重要的（Davenport & Prusak，1998）。希尔和琼斯（Hill & Jones，1998）将组织文化定义为"对于特定的内部成员的共同的价值观和规则"。首先，组织文化是无所知觉的存在于组织当中，内化在社会化过程中的价值观和规则，雇员们加深仪式、符号、故事、庆典、规则和价值观，将这些元素转化为他们内在的行为和态度。

奥特（J. S. Ott，1989）认为组织文化的另外一个意义是作为观察和思考组织行为的一种方式。换言之，组织文化用于解释和预测组织或其成员在不同的环境下如何采取行动，而组织或成员如何采取行动则身受其基本假定所影响，此种基本假设是无所知觉的，是被视为理所当然的做事方式，即使外在环境已经改变，此种行为方式仍持续着。所以，组织文化控制着组织行为。

组织认知论者将文化视为共有的认知系统，人类心智通过有限规则建立进而衍生出文化，如古迪纳夫（Goodenough，1971）的民族学（ethnoscience）。组织成员共享各种知识及问题解决方式，如企业心智（corporate mind）或思考型组织（thinking organization）。组织认知系统中的心理参考架构、集体的认知地图、企业脚本及社会认知，可作为组织成员共同的行动基础。由此可见，组织文化与组织认知有着交互作用，互相影响。

耶尔文佩和斯特普尔斯（Jarvenpaa & Staples，2001）研究也发现，组织文化影响成员们的组织认同感，内部认同感对于组织内的知识共享程度有影响。拉佩尔和哈林顿（Ruppel & Harrington，2001）发现组织文化对于企业内部的执行力有影响，对组织内的知识流通和扩散有正向作用。而知识流通和扩散来自强调关怀、柔性和创新的政策和程序的组织文化。支持合作和开放的工作环境、鼓励成员参与的价值观对知识共享有正向的作用。有些研究者也提出了一些对知识共享有负面作用的文化因素。例如，斯托弗（Stauffer，1999）发现组织内的过度竞争对内部的和睦和知识共享是有害的。

由此推断，作为组织内的单元，团队的知识共享同样也受组织文化影响。在开放的、创新的组织文化中，团队成员会更倾向于交互作用和沟通，更倾向于互相关心，从而更容易形成团队认同感，促成团队记忆系统的形成；在任务执行中更容易对程序和策略达成一致，形成团队共享心智的形成，从而促进团队的知识转移和创造。而在官僚组织文化下的团队，往往是一种相反的状况。强调垂直行政职权关系，项目团队内部的横向平行沟通往往不能很顺畅进行，这样使得团队成员间难以达致相互理解，难以形成团队认同感，不利于团队交互记忆系统和共享心智模型的形成，团队的知识共享不能很好地发展。

综上所述，本文提出待检验的假设H15。

H15：不同特点的组织文化，会影响团队沟通对团队交互记忆系统和共享心智模型形成的作用，从而影响对团队的知识转移和创造的作用。

组织文化使组织独具特色，区别于其他组织，是组织成员共有的一套意义体系，这个意义共享体系实际上是组织所看重的一系列关键特征（Becker，1982；Schein，1985）。它包括七项主要特征：创新与冒险、注意细节、结果取向、人际取向、团队取向、进取心、稳定性，这些特征综合起来构成了组织文化的本质所在（O'Reilly, Chatman & Caldwell, 1991；Chatman & Jehn, 1994）。

以官僚文化为特征的组织内部往往运作程序安排得清楚而系统，要求雇员们遵从内部规章制度，组织内部部门的权责对等，强调伦理道德，组织决策比较集权，组织控制强调垂直权力，稳定性较好。由此可推断，在这种组织文化下，团队成员间的水平沟通和交互作用不被鼓励，团队成员对任务策略的理解更多的来自上层的命令或指示，由于沟通和互动的不足，相互之间的理解也会较少，而且由于强调组织内的纵向权力结构以及强调伦理，团队成员间也会"论资排辈"，沟通的反应性也不会积极，对任务的理解也很难达致共识。林恩（Lin, 2008）认为，如果组织文化强调垂直的权利控制而忽视横向的平行交互作用机会，结果知识的流通和扩散会被阻碍。如果沟通和交互作用的机会不可得，知识共享的动机就不能被激励（Long & Fahey, 2000；Nonaka, Toyama & Konno, 2000）。由此可见，高官僚化的组织文化不利于团队知识共享的实现，而低官僚化的组织文化能促进"团队沟通—团队认知—团队知识共享"过程。因此，提出待检验的子假设 H15a、H15b、H15c。

H15a：低官僚化的组织文化，会正向影响团队任务性沟通对团队交互记忆系统和共享心智模型形成的作用，从而影响对团队的知识转移和创造的作用。

H15b：低官僚化的组织文化，会正向影响团队私人性沟通对团队交互记忆系统和共享心智模型形成的作用，从而影响对团队的知识转移和创造的作用。

H15c：低官僚化的组织文化，会正向影响团队反应性沟通对团队交互记忆系统和共享心智模型形成的作用，从而影响对团队的知识转移和创造的作用。

在创新性文化主导的组织里，创新体系受具体的激励措施支持，团队成员们在任务执行中受到这种鼓励创新的文化的熏陶和影响，会充满主动性，也会经常感受到来自工作的压力，而不是官僚组织的压力，并能够被这种压力激励，从而挑战自我。这样，团队成员就会积极沟通和讨论，增进相互之间的关心、理解，以及对任务的理解和对任务策略达致共识，从而促进团队知识共享的实现。

乌尔里奇（Ulrich，1998）研究发现，鼓励创新的文化给人们带来挑战性工作，激励雇员去工作和关心人们，这样对知识共享产生正向的影响。因此，提出子假设 H15d、H15e、H15f。

H15d：创新性组织文化，会正向影响团队任务性沟通对团队交互记忆系统和共享心智模型形成的作用，从而影响对团队的知识转移和创造的作用。

H15e：创新性组织文化，会正向影响团队私人性沟通对团队交互记忆系统和共享心智模型形成的作用，从而影响对团队的知识转移和创造的作用。

H15f：创新性组织文化，会正向影响团队反应性沟通对团队交互记忆系统和共享心智模型形成的作用，从而影响对团队的知识转移和创造的作用。

在高支持性组织文化为主导的企业里，企业创造了一个关怀和安全的工作环境，成员间关系融洽，有许多合作机会，企业强调团队凝聚力。在这样组织文化下的团队，成员间的沟通和互动会很自然地产生，成员们乐于合作，互相之间容易了解和理解，对任务的关键策略的认识也容易产生共鸣，所以，提出下述待检验的子假设 H15g、H15h、H15i。

H15g：支持性组织文化，会正向影响团队任务性沟通对团队交互记忆系统和共享心智模型形成的作用，从而影响对团队的知识转移和创造的作用。

H15h：支持性组织文化，会正向影响团队私人性沟通对团队交互记忆系统和共享心智模型形成的作用，从而影响对团队的知识转移和创造的作用。

H15i：支持性组织文化，会正向影响团队反应性沟通对团队交互记忆系统和共享心智模型形成的作用，从而影响对团队的知识转移和创造的作用。

3.5 概念框架模型

通过相关理论和研究的回顾，在团队沟通通过团队认知的中介传导机制间接影响团队知识共享的理论分析基础上，本书提出了15个待检验的假设。假设分为两类：一类是验证性假设。这类假设已有相关文献做过分析，并通过实证检验，在本书的研究框架下，再做进一步的考察。另一类是开拓性假设。这类假设尚无相关文献，或者有相关文献，但也只是做了理论探讨，未作实证检验。按照上述分类标准对本研究的15个假设进行归类。

（1）沟通对知识共享、对团队认知的影响在许多文献中被探讨过，其中大部分只是做了理论分析，有一小部分做了实证研究。而在实证研究中，沟通往往被作为一个维度来进行检验，主要考察的是沟通的频率或者沟通的方式或者团队沟通氛围（开放性、和谐性），沟通方式往往是考察沟通中信息技术的涉入作用。尽管没有研究是直接从沟通内容入手考察沟通对团队认知的作用，但从以往沟通实证研究的量表里看，主要考察的是针对任务的沟通，本研究进一步验证任务性沟通对团队共享心智模型和交互记忆系统形成的作用，所以H1、H2是验证性假设。团队知识转移对团队知识创造的作用在萨加拉和博纳切（2003）关于团队知识共享氛围的维度的探索及其与知识转移和知识创造的关系的研究中已得到验证，本书进一步验证他们的关系，因此，H12也是验证性假设。

（2）从私人性沟通、沟通反应性研究沟通对团队认知的作用，以及从沟通内容和沟通风格交互作用，来考察沟通对团队认知的影响都未发现相关研究文献，因此本研究的H3、H4、H5、H6、H7、H13和H14属于开拓性假设；而从团队认知角度考察团队知识共享的发生机制的研究目前还较少，所以，H8、H9、H10、H11是开拓性假设；已有许多文献分析了组织文化对知识共享的影响，但还没有文献研究组织文化与团队沟通、团队认知对团队知识共享的交互作用，所以，H15也是开拓性假设。

15个研究假设和11个子假设汇总如表3.1所示。

表 3.1　　　　　　　　　　研究假设汇总

假设序号	假设内容	假设类型
H1	团队成员间的任务性沟通对团队交互记忆系统的形成有正向作用	验证性假设
H2	团队成员间的任务沟通对团队共享心智模型的形成有正向作用	验证性假设
H3	团队成员间的私人性沟通对团队交互记忆系统的形成有正向作用	开拓性假设
H4	团队成员间的私人性沟通对团队共享心智模型的形成有正向作用	开拓性假设
H5	团队成员间的沟通反应性对团队交互记忆系统的形成有正向作用	开拓性假设
H6	团队成员间的沟通反应性对团队共享心智模型的形成有正向作用	开拓性假设
H7	团队交互记忆系统对团队共享心智模型的形成有正向作用	开拓性假设
H8	团队交互记忆系统对团队成员间的知识分享有正向作用	开拓性假设
H9	团队交互记忆系统对团队成员的知识创造有正向作用	开拓性假设
H10	团队共享心智模型对团队成员间的知识转移有正向作用	开拓性假设
H11	团队共享心智模型对团队成员的知识创造有正向作用	开拓性假设
H12	团队成员间的知识转移对团队成员的知识创造有正向作用	验证性假设
H13	团队成员的不同沟通风格，会影响团队任务性沟通对团队交互记忆系统和共享心智模型形成的作用	开拓性假设
H13a	团队的直接沟通风格，在团队任务性沟通对团队交互记忆系统形成的作用中起了正向调节作用	开拓性假设
H13b	团队的直接沟通风格，在团队任务性沟通对团队共享心智模型形成的作用中起了正向调节作用	开拓性假设
H14	团队成员的不同沟通风格，会影响私人性沟通对团队交互记忆系统和团队共享心智模型形成的作用	开拓性假设
H14a	团队的间接沟通风格，在团队私人性沟通对团队交互记忆系统形成的作用中起了正向调节作用	开拓性假设
H14b	团队的间接沟通风格，在团队私人性沟通对团队交互记忆系统形成的作用中起了正向调节作用	开拓性假设
H15	不同特点的组织文化，会影响团队沟通对团队交互记忆系统和共享心智模型形成的作用，从而影响对团队的知识转移和创造的作用	开拓性假设
H15a	低官僚化的组织文化，会正向影响团队任务性沟通对团队交互记忆系统和共享心智模型形成的作用，从而影响对团队的知识转移和创造的作用	开拓性假设
H15b	低官僚化的组织文化，会正向影响团队私人性沟通对团队交互记忆系统和共享心智模型形成的作用，从而影响对团队的知识转移和创造的作用	开拓性假设

续表

假设序号	假设内容	假设类型
H15c	低官僚化的组织文化，会正向影响团队反应性沟通对团队交互记忆系统和共享心智模型形成的作用，从而影响对团队的知识转移和创造的作用	开拓性假设
H15d	创新性组织文化，会正向影响团队任务性沟通对团队交互记忆系统和共享心智模型形成的作用，从而影响对团队的知识转移和创造的作用	开拓性假设
H15e	创新性组织文化，会正向影响团队私人性沟通对团队交互记忆系统和共享心智模型形成的作用，从而影响对团队的知识转移和创造的作用	开拓性假设
H15f	创新性组织文化，会正向影响团队反应性沟通对团队交互记忆系统和共享心智模型形成的作用，从而影响对团队的知识转移和创造的作用	开拓性假设
H15g	支持性组织文化，会正向影响团队任务性沟通对团队交互记忆系统和共享心智模型形成的作用，从而影响对团队的知识转移和创造的作用	开拓性假设
H15h	支持性组织文化，会正向影响团队私人性沟通对团队交互记忆系统和共享心智模型形成的作用，从而影响对团队的知识转移和创造的作用	开拓性假设
H15i	支持性组织文化，会正向影响团队反应性沟通对团队交互记忆系统和共享心智模型形成的作用，从而影响对团队的知识转移和创造的作用	开拓性假设

沿着"团队沟通—团队认知—团队知识共享"的逻辑思路，在管理实践情境中，本研究分析始于团队成员交互作用—沟通的团队知识共享的发生机理，并提出相应的研究假设，形成本研究的理论模型（见图3.8）。

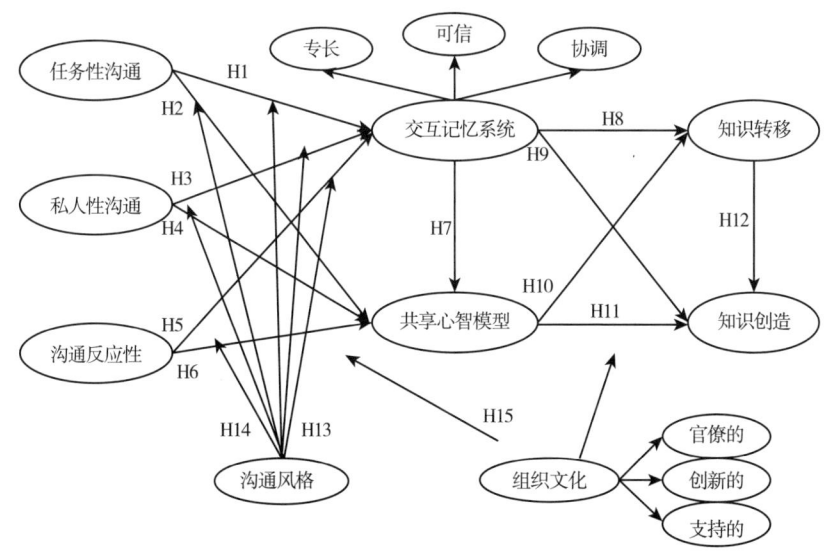

图 3.8 本书的理论模型

3.6 本章小结

本章首先通过对相关理论的回顾和整合,提出研究所要探讨的理论问题;接着,形成本书的理论视角,即基于团队的组织学习社会/文化—认知观;然后,在这个理论框架下,形成了本研究的理论逻辑链,进行了理论拓展,深入剖析了团队沟通通过团队认知的中介传导促成团队知识共享发生的内在机理和作用机制;最终,提出本研究的相关假设并构建了理论模型。

4 问卷设计与小样本测试

4.1 问卷设计原则与过程

4.1.1 问卷设计的原则

问卷提供了标准化和统一化的数据收集程序，而问卷设计在数据收集过程中亦起着重要的作用，不恰当的问卷设计将导致不完全的信息与不准确的数据（McDaniel & Gates，2006）。因此，笔者参考了相关学者（荣泰生，2005；McDaniel & Gates，2006；李怀祖，2004）关于问卷设计和量表设计所遵循的基本原则，具体如下：

（1）问卷设计不能带有倾向性，以免对回答者形成诱导。

（2）在设计选项时，应避免非互斥问题（即，使填答者不知要选哪一项）与未尽举的问题（即，选项设计不完整以致填答者无法作答）。

（3）在问题描述时，用词应简洁易懂，避免专业术语、二合一的问题（即，一个问项中问了2个问题），还应注意填答者对于一个问题的自我思维架构与填答意愿。

（4）问卷首先需说明研究目的，保证填答者的隐私，由简到难排序，将同一主题的题目放在一起，将敏感性、威胁性问题和人口统计问题放在最后。

4.1.2 社会称许性偏差的处理

在众多考量中，问卷的社会称许性问题在问卷设计中显得尤为重要。马洛和克朗（Marlowe & Crowne，1964；转引自徐碧祥，2007）将社会称许性定义为一种获得社会赞赏和接受的需要，并且相信采取文化上可接受和赞许的行为能够满足这种需要。而社会称许性会对研究产生负面的影响，从而降低测量问卷的信度和效度。一些学者认为，社会称许性偏见的产生可能是由于禁忌性和敏感性的问题造成社会期待的偏差，自我与社会价值规范间的差异，涉及压力和面子问题也是其中的原因（荣泰生，2005；韩振华和任剑峰，2002）。

由于本研究主要采取问卷调查的方式获取数据，而且问卷内容在某种程度上都会受到社会称许性的影响，为了降低社会称许反应偏差的影响，在问卷设计过程中应综合考虑以下因素。

（1）问卷的问题设置，是否能为实现研究目标提供有用的信息，理论构思是否严谨。

（2）问卷的内容上应避免出现带有敏感性、威胁性和引导性的问题。

（3）维护填答者的个人隐私，尽量消除被测者的戒备心理。将装有信封的问卷交于填答者，填答完毕后放回原来的信封袋中交回。整个过程均保证填答者不会看到其他人员的资料。

（4）通过设置反向问题，将正反向问题进行比较，剔除不合格问卷。

4.1.3 问卷设计的过程

本研究的问卷设计是在以上设计原则的基础上进行的，具体的设计过程如下：

（1）确定调研目的。阅读有关文献，结合本研究的理论构思，选择被国内外学者证实有效的或者相对成熟的测量条款，确定测量量表来源，研究量表的编制。

（2）条款翻译。由于文化、语言、习惯等差异的存在，不恰当的翻译往往无法真正体现原测量条款的确切含义，导致搜集的信息与研究构思和目的相背离（转引自徐碧祥，2007）。因此，本研究采用对译的方式将英文测量条款转化成中文测量条款。具体借鉴杨志蓉（2006）的做法：首先请两位英语专业的研究生将量表的英文原版翻译成中文，然后请两位精通英语的管理专业研究生将中文重新翻译成英文。通过对照两个英文版本，发现没有明显差异，表明中文版本的量表表达了相应英文原版量表的愿意。

（3）结合专家访谈与员工访谈等方式，进行量表编制，修正条款的用词，并基于本研究的理论构思，选择适合本国文化的条款编制成本研究的问卷草稿，决定问卷用词，确定问卷的流程与编排。

（4）将形成的问卷草稿分发给企业员工和相关专家，进行批评性评估。

（5）小样本测试。在进行正式调研前，还必须对问卷进行预先测试，以检验问卷设计的一致性和稳定性（McDaniel & Gates，2006）。问卷测量是一个很具挑战性的任务。问项过多的问卷质量不高，进行调研的问卷应尽量精练，以提高问卷质量。如果大规模调研出现错误，则整个调研就会作废。故在进行大规模调研前，有必要先进行预调查。

4.2 变量测量条款

本书涉及的研究变量大致可以划分为 6 类：
（1）前因变量：包括任务性沟通、私人性沟通与反应性沟通 3 个变量。
（2）中介变量：包括交互记忆系统与共享心智模型 2 个变量。
（3）结果变量：包括知识转移与知识创造 2 个变量。
（4）控制变量：分为个体层面和团队层面两部分加以描述。个体层面包括被调查者的性别、年龄、学历、工作性质、职位、工龄与月收入水平，以及 2 个潜变量——儒家价值文化取向与个人主义—集体主义。团队层面包括团队规模、团队寿命、团队所在企业的性质、所属行业与发展阶段。
（5）调节变量：为沟通风格。
（6）干扰变量：为组织文化，组织文化又分为官僚的、创新的与支持的三个维度。

4.2.1 前因变量的初始测量条款

基于理论综述部分的内涵界定，以及对相关文献归纳，本研究将前因变量——沟通内容归纳为 3 个方面：任务性沟通、私人性沟通与反应性沟通。这 3 个前因变量的测量问项参考了彭利和霍金斯（Penley & Hawkins, 1985）的测量量表。该文献对沟通内容共设置了 5 个维度，18 个问项，各个维度的一致性系数（Cronbach α）均大于 0.7。在其研究的基础上，笔者根据本书的研究需求，结合本研究的特定情境，以及与企业人员和专家的深度访谈，最终形成了任务性沟通、私人性沟通与反应性沟通的初始测量问项，具体如表 4.1 所示。

表 4.1　　　　　　　　　　沟通内容的初始测量项目

项目编号	测量问项
任务性沟通	
TC01	我们团队成员会互相告知对方工作中的弱项
TC02	我们团队成员间会互相表扬对方工作中的强项
TC03	在执行任务过程中，我们团队成员会互相评价和鼓励
TC04	如果任务发生变更，我们团队成员会相互转告
TC05	在执行任务时，我们团队成员会互相给建议
TC06	在执行任务时，我们团队成员会互相提供所需的相关信息
TC07	在执行任务时，我们团队成员会互相非常清晰地告知任务内容
私人性沟通	
PC01	我们团队成员会讨论如何获得额外的培训
PC02	我们团队成员会讨论如何获得职位的升迁
PC03	我们团队成员会讨论如何获得报酬的提高
PC04	我们团队成员会讨论对方的职业规划
PC05	我们团队成员会互相交流工作之外的兴趣
PC06	我们团队成员会互相问候对方的家人
PC07	我们团队成员会互相关心私人困难（工作之外的困难）
反应性沟通	
CR01	当队友问问题时，团队其他成员会给出一个答案
CR02	当队友问问题时，团队其他成员很认真倾听
CR03	当队友提问时，团队其他成员会马上回应（语言上或行为、肢体）
CR04	当队友提问时，团队其他成员经常打断提问者的话

资料来源：Penley & Hawkins (1985)。

4.2.2 中介变量的初始测量条款

4.2.2.1 交互记忆系统的测量

在交互记忆系统的测量技术上，早期对于交互记忆系统的研究大多是基于二元关系的研究和实验室情境下的实证研究（Austin，2003），但并不适合任务多变而复杂的企业团队的实地调研（张志学等人，2006）。而对于交互记忆系统量表的开发，最具影响的量表来自刘易斯（2003）。刘易斯（2003）总结了先前研究者对于交互记忆系统的测量量表，遵循严格的量表开发程序，以 124 个团队为研究对象，发展出交互记忆系统量表。量表包含专长、可信和协调三个维度，每个维度各由 5 个条款来测量，总共 15 个测量条款，并证明该量表具有较好的信度和效度，其中专长、可信和协调的 Cronbach α 系数分别为 0.81、0.85、0.85（个体层面）和 0.76、0.79、0.82（团队层面）。张志学等人（2006）采用了刘易斯（2003）的量表，针对高技术企业的工作团队，对此量表进行了进一步的验证，得到专长、可信和协调的 Cronbach α 系数分别为 0.66、0.60 和 0.77，而交互记忆系统的总量表的 Cronbach α 系数为 0.80。本研究采用了刘易斯（2003）与张志学等人（2006）的量表，具体如表 4.2 所示。

表 4.2　　　　　　　　交互记忆系统的初始测量项目

项目编号	测量问项
TMS101	我们团队每名成员都具有与任务有关的某方面知识
TMS102	我具有团队其他成员不了解的与项目有关的知识
TMS103	我们团队每位成员各自负责不同方面的专长
TMS104	我们团队中不同成员所具有的专门知识都是完成任务所需要的
TMS105	我了解团队成员各自在具体方面的专长
TMS201	我能够高兴地接受团队其他成员的建议
TMS202	我相信团队其他成员掌握的有关我们项目的知识是可以信赖的
TMS203	我相信团队其他成员在讨论中提出的信息是可靠的

续表

项目编号	测量问项
TMS204	当团队其他成员提供了信息，我总想再检查一遍
TMS205	我不太相信团队其他成员的专长
TMS301	一起工作时我们团队协调得很好
TMS302	我们团队成员对于该做什么很少产生误解
TMS303	我们团队经常需要回头对已经做过的工作重新再做一次
TMS304	我们团队顺利而且有效率地完成任务
TMS305	我们团队成员对于如何完成任务感到很混乱

注：张志学等人（2006）对刘易斯（2003）的量表进行了翻译，笔者参考了其翻译。TMS101～TMS105：专长；TMS201～TMS205：可信；TMS301～TMS305：协调。

资料来源：Lewis（2003）；张志学等人（2006）。

4.2.2.2 共享心智模型的测量

关于共享心智模型的测量，研究者通常关注于共享心智模型的相似性（或者说共享程度）和精确度（Edwards et al., 2006；Lim & Klein, 2006；Mathieu et al., 2005）。由于相似的心智模型在团队活动中的重要性尤为突出（Mathieu et al., 2000），以及精确度的评价过程中，专家模型的不确定性和不易标准化（Edwards et al., 2006），因此，大部分研究（Converse, Cannon-Bowers & Salas, 1991；Mathieu et al., 2000；Rentsch & Hall, 1994）都将研究重点集中于共享心智模型的相似性（Edwards et al., 2006），本书也参考了这个观点。史密斯—詹奇等（2005）采用项目地位—目标相互依赖原则进行共享心智模型测量，就如何最小化飞机的着陆延迟问题，归纳了三个与目标相关的控制点（分别为降落、靠近和离开），然后让被试者评估与此对应的11个项目对目标的作用，用5点量标来表示，从－2（强负作用），经由0（没有作用），到2（强正作用），本研究参考了其思路。斯瓦布等（Swaab et al., 2002）开发了一个包括6个测量项目的量表，信度系数 $\alpha = 0.80$，本书借鉴了此量表的开发思路，在其基础上，根据本书的研究需求，结合本研究的特定情境，以及与企业人员和专家的深度访谈，最终形成了共享心智模型的初始测量量表，具体如表4.3所示。

表 4.3　　　　　　　　共享心智模型的初始测量项目

项目编号	测量问项
注：请团队主管写出最近本团队最重要的一项任务 X，以及完成这项任务最重要的策略或者方法 Y	
SMM01	任务 X 的设置对我们团队是积极的
SMM02	任务 X 的设置对我们企业是积极的
SMM03	我们团队成员具有完成任务 X 所需的知识和技能
SMM04	策略/方法 Y 是完成任务 X 的关键
SMM05	我们团队成员乐于参与任务 X
SMM06	我们团队对完成任务 X 充满信心

资料来源：Swaab et al.（2002）。

4.2.3　结果变量的初始测量条款

本研究的结果变量——知识共享（包括知识转移和知识创造 2 个子变量）的理论研究虽然较为丰富，但经验研究还很缺乏，相应的知识共享测量量表也较少。在具体的测量中，本书主要参考了萨加拉和博纳切（2003）、柯林斯和史密斯（Collins & Smith, 2006）等文献中关于知识转移和知识创造的测量量表。萨加拉和博纳切（2003）开发了测量在工作团队中的知识转移程度与知识创造程度的量表，各有 3 个测量条款和 2 个测量条款，但是信度系数较低，分别只有 0.70 和 0.60。因此，本书又借鉴了柯林斯和史密斯（2006）开发的关于知识交换和整合的测量量表，并结合本研究的特定情境，以及企业人员和专家的建议，最终形成了知识转移与知识创造的初始测量量表，具体如表 4.4 所示。

表 4.4　　　　　　知识转移与知识创造的初始测量项目

子变量	项目编号	测量问项
知识转移	KT01	在我的团队中，我从同事那里学到只有他们知道的知识[a]
	KT02	在我的团队中，我把只有我知道的知识和经验与同事们分享[a]
	KT03	在我的团队中，有一种普遍现象：由于某个同事提出的想法，使我们产生了与此相关的以前未曾有过的想法，并继续对此开展研究[a]

续表

子变量	项目编号	测量问项
知识转移	KT04	每当我学会新知识,我会让团队成员也能学会它[a][b]
	KT05	当团队其他成员向我求助时,如果我会,就会教他们[a][b]
知识创造	KC01	我们团队成员提出改善的建议,本团队随后就会付诸实践[a]
	KC02	在我们团队中,大家在做事的方式上都有很大进步[a]
	KC03	我们团队成员精通于整合队友知识以解决问题和创造机会[b]
	KC04	我们团队成员能够整合队友专长以使新项目获得成功[b]
	KC05	我们团队成员很少通过交换和整合想法来发现问题的解决办法[b]
	KC06	我们团队成员不擅长通过分享想法来产生新的想法、新的产品或者新的服务[b]

注：条款末尾上标"a""b"等表示文献来源。
资料来源：a. Zárraga & Bonache（2003）；b. Collins & Smith（2006）。

4.2.4 控制变量的初始测量条款

在本研究中，控制变量除了一般的分类变量外，还包括了 2 个潜变量：儒家价值文化取向和个人主义—集体主义。对于儒家价值文化取向的测量，本书主要参考了赵志裕（2000）开发的量表，通过与企业员工与相关专家的访谈，结合本书的研究背景与理论构思，进行了必要的修改，最终形成了儒家价值文化取向的初始测量量表，具体如表 4.5 所示。

表 4.5　儒家价值文化取向的初始测量项目

项目编号	测量问项
RJ01	人既为人，便要不断磨炼自己的品格
RJ02	如果有报效社会或国家的机会来了，我一定会义不容辞地去做
RJ03	在没有人察觉的情况下，我很难保证自己不做坏事
RJ04	钱财的来源无所谓正当与否，只视乎如何使用而已
RJ05	从政的人有高尚品格，比建立良好的政治制度更为重要
RJ06	上级的指示，即使自己不大理解，也要服从
RJ07	这是个适者生存的世界，有些事情只要不触犯法律，即使道义上说不过去，我也可能会做

续表

项目编号	测量问项
RJ08	我并不着意于修养自己的品格
RJ09	为了符合父母的期望，我不断努力向上
RJ10	如果我做了一些好事而没人知道，我会感到失望
RJ11	我不只要求自己言行正直，也期望别人言行正直。只有这样，世界才会变得美好
RJ12	我认为正当的事，即使受到别人的压力，或者自己要付出很大的代价，我也会做
RJ13	人生最大的乐趣，不是别的，而是修养好自己的品格
RJ14	做任何事，我都尽力而为，直至自己满意为止
RJ15	政府领导就像一家之主，大家都要服从他的决定
RJ16	我认为是否做一件事，首先要考虑是否合情合理，其次才考虑是否合法
RJ17	保护环境比经济发展更为重要
RJ18	当我做错了事，即使无人察觉，我也感到不安
RJ19	只要努力修养，人人都可以成为圣贤
RJ20	当我成功完成一件事情，即使无人知道，我也感到满足

资料来源：赵志裕（2000）。

对于个人主义—集体主义的测量，本书主要参考了缪仁炳（2003）的测量量表，其量表来源于 VSM94 文化多维度量表（Hofstede，1994）、多尔夫曼和豪厄尔（Dorfman & Howell，1988）对霍夫斯泰德（Hofstede，1980）改进的四维度文化量表以及琼潘纳斯（Trompenaars，1993）的文化量表。缪仁炳（2003）的个人主义—集体主义测量量表包括了 4 个问项，信度 Cronbach α 系数为 0.77。个人主义—集体主义的初始测量量表具体如表 4.6 所示。

表 4.6　　个人主义—集体主义的初始测量项目

项目编号	测量问项
CI01	团体的利益比个人回报更重要
CI02	员工只有在考虑了团体的利益之后才能追求个人目标
CI03	即使个人目标受到损害，管理者也应强调对团体忠诚性
CI04	人们希望个人放弃其目标成全团体成功

资料来源：缪仁炳（2003）。

4.2.5 调节变量的初始测量条款

对于沟通风格的测量，本书主要参考了布雷斯汉等（Bresnahan et al.，2005）的测量量表。它将沟通风格分为直接沟通与间接沟通2个相对应的自变量，量表信度系数α分别为0.74和0.83。笔者在此量表的基础上，鉴于沟通风格在本书中作为调节变量，征求了企业员工与相关专家的建议，删去了一些重复的问项，做了适当的修正，最终形成了沟通风格的初始测量量表，具体如表4.7所示。

表 4.7　　　　　　　　沟通风格的初始测量项目

项目编号	测量问项
CS01	在我们团队，大部分场合准确地说出个人的意思是很重要的
CS02	在我们团队，最好的沟通是清楚而准确的沟通
CS03	在我们团队，让听者想象出说者的意思是不公平的
CS04	我们团队成员间若有分歧，会直接说出来
CS05	在我们团队，我通常偏好坦率地表达自己的观点
CS06	在我们团队，大部分真实的情形中，非直接沟通比直接沟通更合适
CS07	在我们团队，非直接沟通通常是最有效的沟通方式
CS08	在我们团队，我偏好仅仅暗示自己所需或所想要
CS09	在我们团队，微妙的讯息好过坦率表达的讯息
CS10	在我们团队，团队成员经常使用模棱两可的沟通
CS11	在我们团队，有时被误解胜于直接说事

资料来源：Bresnahan et al.（2005）。

4.2.6 干扰变量的初始测量条款

本书的干扰变量为组织文化。其中，组织文化又包括了官僚的、创新的和支持的。

对于组织文化的测量，本书参考了温宝林（Wen-Bao Lin，2007）开发的量表，它将组织文化分为官僚的、创新的和支持的 3 个维度，共 11 个测量条款，总的信度系数为 0.826。本书在此量表的基础上，形成了组织文化的初始测量量表，具体如表 4.8 所示。

表 4.8　　　　　　　　组织文化的初始测量项目

子变量	项目编号	测量问项
官僚的	OC101	我们企业内部运作程序安排得清楚而系统
	OC102	我们企业要求雇员们遵从内部规章制度
	OC103	我们企业内部部门的权力和责任对等
	OC104	我们企业公司内部强调伦理道德
创新的	OC201	我们企业雇员们充满主动性
	OC202	我们企业创新体系受激励措施支持
	OC203	我们企业雇员经常感受到来自向工作挑战的压力
支持的	OC301	公司成员内部关系融洽
	OC302	公司成员强调团队凝聚力
	OC303	公司成员间有许多合作的机会
	OC304	公司创造了一个关怀和安全的工作环境

资料来源：Wen-Bao Lin（2007）。

4.3　问卷小样本测试

在进行大规模调研前，有必要先进行预调查。本书通过对问卷条款进行分析和净化，来检验问卷内容的信度，并在实施预调研的过程中，通过与填答问卷者的沟通，寻找问卷中存在的不当表述、不连贯之处以及不恰当的跳跃模式，进一步对问卷项目的表述和措辞进行修正，最终形成正式问卷。

4.3.1 小样本描述

小样本调查是在浙江省杭州市的6个企业中进行的，企业的选取采用的是简单随机抽样的方法。采用走访调查的方式，在6个企业中各选取3~4个团队，共21个团队，每个团队随机选取3~4名成员填答问卷，共发出问卷72份。对回收的问卷，基于以下5个原则进行筛选：一是，问卷填答不完整的予以删除；二是，问卷填答不认真，如答案呈"Z"行排列、所有条款选同一选项，以及反向问项中，正反问题回答信息对比存在明显问题的予以删除；三是，问卷中"不确定"选项过多的予以删除；四是，同一企业回收的问卷存在明显雷同的予以删除。共收回有效问卷63份，回收率为87.5%。

小样本分布情况主要基于个体层面与企业层面加以描述，其中个体层面包括被调查者的性别、年龄、学历、职位与月收入水平，企业层面包括企业的性质和所处发展阶段。

（1）性别。

从表4.9看，在总计63份有效的个体问卷中，被调查的团队成员的性别分布中，男性被调查者为38人，约占总量的60.3%，女性被调查者25人，约占总量的39.7%。

表4.9　　　　　　　　　被调查者性别的分布统计

性别	频次	百分比（%）	累计百分比（%）
男	38	60.3	60.3
女	25	39.7	100.0

（2）年龄。

研究样本的年龄分布如表4.10所示，被调查对象的年龄被划分为5个阶段，25岁及其以下为11人，占17.4%；26~30岁为23人，占36.5%；31~35岁为18人，占28.6%；36~40岁为8人，占12.7%；40岁及其以上为3人，占4.8%。

表 4.10　　　　　　　　　被调查者年龄的分布统计

年龄	频次	百分比（%）	累计百分比（%）
25 岁及其以下	11	17.4	17.4
26～30 岁	23	36.5	53.9
31～35 岁	18	28.6	82.5
36～40 岁	8	12.7	95.2
40 岁及其以上	3	4.8	100.0

（3）学历。

研究样本的学历分布如表 4.11 所示，被调查对象的学历被划分为 5 类，分别为大专以下、大专、本科、硕士和博士。其中，本科学历的受访者最多，有 31 位，占总数的 49.2%；其他依次是大专学历的受访者，有 19 位，占总数的 30.2%；大专以下学历的受访者，有 7 位，占总数的 11.1%；硕士学历的受访者，有 4 位，占总数的 6.3%；博士学历的受访者有 2 位，占 3.2%。

表 4.11　　　　　　　　　被调查者学历的分布统计

学历	频次	百分比（%）	累计百分比（%）
大专以下	7	11.1	11.1
大专	19	30.2	41.3
本科	31	49.2	90.5
硕士	4	6.3	96.8
博士	2	3.2	100.0

（4）职位。

研究样本的职位分布如表 4.12 所示，被调查对象的职位被划分为 4 类，分别为普通员工、基层管理、中层管理和高层管理。受访者职位的分布情况：普通员工占一半以上，有 36 位，占总数的 57.1%；其他依次是基层管理人员，有 19 位，占总数的 30.2%；中层管理人员，有 6 位，占总数的 9.5%；高层管理有 2 位，占总数的 3.2 %。

表 4.12　　　　　　　被调查者职位的分布统计

职位	频次	百分比（%）	累计百分比（%）
普通员工	36	57.1	57.1
基层管理	19	30.2	87.3
中层管理	6	9.5	95.8
高层管理	2	3.2	100.0

(5) 月收入水平。

受访者的月收入水平的分布情况见表4.13。月收入在1500~3000元的受访者最多，有26位，占总数的41.3%；其他依次是3000~4500元的受访者有18位，占总数的28.5%；1500元以下的受访者有10位，占总数的15.9%；4500~6000元的受访者有7位，占总数的11.1%；6000元以上的受访者有2位，占总数的3.2%。

表 4.13　　　　　　被调查者月收入水平的分布统计

月收入水平	频次	百分比（%）	累计百分比（%）
1500元以下	10	15.9	15.9
1500~3000元	26	41.3	67.2
3000~4500元	18	28.5	85.7
4500~6000元	7	11.1	96.8
6000元以上	2	3.2	100.0

(6) 企业性质。

样本团队所在企业的性质分布情况见表4.14。受访者所属企业为国有企业的有33位，占52.4%；集体企业的有5位，占7.9%；民营（含民营控股）企业的有21个，占33.3%；外资企业有4个，占6.3%。

表 4.14　　　　　　　企业性质的分布统计

企业性质	频次	百分比（%）	累计百分比（%）
国有企业	33	52.4	52.4
集体企业	5	7.9	60.3
民营企业	21	33.3	93.6
外资（中外合资）企业	4	6.4	100.0

(7) 企业所处发展阶段。

受试者所在企业发展阶段分布状况见表 4.15。发展期企业的和迅速扩张期企业的各有 21 个，各占 33.3%；成熟期企业的有 18 个，占 28.6%；创业期企业的团队有 2 个，占 3.2%；衰退期企业的团队有 1 个，占 1.6%。

表 4.15　　　　　　　企业所属发展阶段的分布统计表

企业所属发展阶段	频次	百分比（%）	累计百分比（%）
创业期	2	3.2	3.2
发展期	21	33.3	36.5
迅速扩张期	21	33.3	69.8
成熟期	18	28.6	98.4
衰退期	1	1.6	100.0

4.3.2　小样本变量测量条款评价值的描述性统计

在进行测量的信度与单维度检验时，笔者主要借鉴刘怀伟（2003）、谢凤华（2005）等人的问卷测量评估方法，遵循如下程序与标准：

（1）首先采用 CITC 分析，净化测量条款，并运用 Cronbach α 系数检验问卷的内部一致性信度。

由于各变量的测量条款是综合不同研究者的量表，并在此基础上修改而设计的，可能出现"垃圾测量条款（garbage items）"，需要剔除和净化这些垃圾条款（Churchill，1979）。方法主要是通过评价同一潜变量中的每一个测量项目与该变量中的其他项目总和的相关系数（corrected-item total correlation，CITC）来进行（谢凤华，2005）。一般而言，当 CITC 小于 0.5 时，通常就可以考虑删除该测量条款（刘怀伟，2003）。也有学者认为 0.3 也符合研究的要求（卢纹岱，2002），本研究采纳了这一标准，将 0.3 作为净化测量条款的标准。

在测量条款的净化前后，都要进行信度分析，信度主要是指论证方法和数据的可信性，在信度评价中，测量条款之间的"内部一致性"在结构方程模型中显得尤为重要，而 Cronbach α 系数法适合定距尺度的测试量表（如李克特量表）。因此，在删除条款前后，都需要计算 Cronbach α 系数。如果删除某个测量条款，α 系数增大，则表示可以删除该条款（刘怀伟，2003）。一般来说，多数学者则认为 0.7 是一个合适的标准阈值（Bock, et al, 2005; Nunnally, 1978），本研究也选用 0.7 作为可接受的信度标准。

（2）进行单维度检验。

单维度分析的评价主要采用的是探索性因子分析方法（explorative factor analysis, EFA），即通过评价测量项目的因子载荷来进行分析（谢荷锋，2007）。笔者采用主成分分析法来进行因子分析，并用方差最大法进行因子旋转，在因子个数的选择方面，则采用特征值大于 1 的标准。

在因子分析前，首先需要检验变量之间的相关性。只有相关性较高时，才合适做因子分析。变量之间的相关性检验主要可以通过 KMO 样本测度和 Bartlett 球体检验来实现。KMO 越接近于 1 时，越适合于作因子分析，一般认为，KMO 在 0.9 以上，非常适合；0.8~0.9，很适合；0.7~0.8 适合；0.6~0.7 不太适合；0.5~0.6 很勉强；0.5 以下，不适合。而 Bartlett 球体检验的统计值显著性概率小于等于显著性水平时，可以作因子分析（马庆国，2002）。

（3）经过（1）、（2）两步后，有测量项目被删除，则需再次计算剩余测量项目的信度 Cronbach α 系数值。

4.3.3 小样本分析结果

4.3.3.1 前因变量测量结果

本书的前因变量（沟通内容）包括任务性沟通、私人性沟通和反应性沟通 3 个变量，以下将分别对 3 个变量中的测量条款进行条款净化、信度分析以及单维度分析。

（1）任务性沟通测量条款的 CITC、信度和单维度分析。

表 4.16 中可以看出，任务性沟通的 7 个测量条款中，第 7 个测量条款（TC07）的 CITC 值为 0.2356，其绝对值小于 0.3，且删除该项后 α 系数由原

来的 $\alpha_1 = 0.6782$ 上升到 $\alpha_2 = 0.8578$，所以将 TC07 予以删除，删除后测量量表信度较高，符合研究的要求。接下来对任务性沟通的 6 个测量条款做探索性因子分析，首先检验测量条款的 KMO 值和 Bartlett 球体显著性。由表 4.16 可以看到，KMO 值为 0.714，大于 0.7，球形 Bartlett 检验卡方值是 122.161，显著性概率 $P = 0.000$，表明适合进行因子分析。通过主成分分析法进行因素提取，发现只有一个因子的特征值大于 1，其值为 2.282，每个测量条款的因子负载均超过 0.5，被因子解释的方差累计比例为 76.053%，超过 50%，说明测量结构的一维性很好。

表 4.16　　　任务性沟通测量条款的 CITC、信度和单维度分析

测量条款	$CITC_1$	$CITC_2$	删除该条款后的 α 值	因子负载	α 系数	显著性概率
TC01	0.6960	0.7232	0.7913	0.766		
TC02	0.6702	0.6983	0.8155	0.750		
TC03	0.7564	0.7832	0.7321	0.799	$\alpha_1 = 0.6782$	0.000
TC04	0.7353	0.7677	0.7751	0.810	$\alpha_2 = 0.8578$	
TC05	0.7546	0.7911	0.7437	0.811		
TC06	0.6232	0.6651	0.8551	0.741		
TC07	0.2356	删除	——	——		
KMO 值			0.714			
特征值			2.282			
解释方差（%）			76.053			
Bartlett 检验卡方值			122.161			

（2）私人性沟通测量条款的 CITC、信度和单维度分析。

从表 4.17 中可以看出，私人沟通的 7 个测量条款的 CITC 值均大于 0.3，整体 α 系数为 0.8241，大于 0.7，说明测量量表信度较高，符合研究的要求。接下来进行探索性因子分析。由表 4.17 可以看到，KMO 值为 0.709，大于 0.7，球形 Bartlett 检验卡方值是 109.058，显著性概率 $P = 0.000$，表明适合进行因子分析。通过主成分分析法进行因素提取，发现只有一个因子的特征值大于 1，其值为 2.222，每个测量条款的因子负载均超过 0.5，被因子解释的方差累计比例为 74.066%，超过 50%，说明测量结构的一维性很好。

表 4.17　私人沟通测量条款的 CITC、信度和单维度分析

测量条款	CITC$_1$	CITC$_2$	删除该条款后的 α 值	因子负载	α 系数	显著性概率
PC01	0.6015	0.6015	0.7377	0.782		
PC02	0.6715	0.6715	0.7008	0.840		
PC03	0.5933	0.5933	0.7438	0.778		
PC04	0.5414	0.5414	0.7665	0.734	α = 0.8241	0.000
PC05	0.6279	0.6279	0.8090	0.826		
PC06	0.7036	0.7036	0.7347	0.873		
PC07	0.7175	0.7175	0.7184	0.881		
KMO 值	\multicolumn{6}{c	}{0.709}
特征值	\multicolumn{6}{c	}{2.222}
解释方差（%）	\multicolumn{6}{c	}{74.066}
Bartlett 检验卡方值	\multicolumn{6}{c	}{109.058}

（3）反应性沟通测量条款的 CITC、信度和单维度分析。

从表 4.18 中可以看出，反应性沟通的 4 个测量条款中的第 4 个问项（CR04）的 CITC 值为 0.2874，其绝对值小于 0.3，且删除该项后 α 系数由原来的 $α_1 = 0.6478$ 上升到 $α_2 = 0.7905$，所以将 CR04 予以删除，删除后测量量表信度较高，符合研究的要求。

表 4.18　反应性沟通测量条款的 CITC、信度和单维度分析

测量条款	CITC$_1$	CITC$_2$	删除该条款后的 α 值	因子负载	α 系数	显著性概率
CR01	0.7489	0.7909	0.7909	0.913		
CR02	0.7253	0.7896	0.7896	0.913	$α_1 = 0.6478$	0.000
CR03	0.5976	0.6546	0.6546	0.832	$α_2 = 0.7905$	
CR04	0.2874	删除	——	——		
KMO 值	\multicolumn{6}{c	}{0.705}
特征值	\multicolumn{6}{c	}{2.361}
解释方差（%）	\multicolumn{6}{c	}{78.692}
Bartlett 检验卡方值	\multicolumn{6}{c	}{151.665}

接下来，进行探索性因子分析。由表 4.18 可以看到，KMO 值为 0.705，大于 0.7，球形 Bartlett 检验卡方值是 151.665，显著性概率 P = 0.000，表明适合进行因子分析。通过主成分分析法进行因素提取，发现只有一个因子的

特征值大于 1，其值为 2.361，每个测量条款的因子负载均超过 0.5，被因子解释的方差累计比例为 78.692%，超过 50%，说明测量结构的一维性很好。

4.3.3.2 中介变量的测量结果

（1）交互记忆系统测量条款的 CITC、信度和维度分析。

交互记忆系统测量条款的信度和维度分析结果见表 4.19。从表 4.19 中可以看出，TMS102 和 TMS204 的 CITC 值为 -0.2956 和 -0.2898，其绝对值小于 0.3，且删除该项后 α 系数由原来的 $\alpha_1 = 0.7752$ 上升到 $\alpha_2 = 0.8602$，所以将 TMS102 和 TMS204 予以删除，删除后测量量表信度较高，符合研究的要求。

表 4.19　交互记忆系统测量条款的 CITC、信度和维度分析

测量条款	CITC$_1$	CITC$_2$	删除该条款后的 α 值	因子负载		α 系数	显著性概率
TMS101	0.6159	0.6813	0.8404	0.839	因子一		
TMS102	-0.2956	删除	——				
TMS103	0.4672	0.5167	0.8510	0.745			
TMS104	0.6341	0.6726	0.8420	0.844			
TMS105	0.5200	0.5684	0.8474	0.731			
TMS201	0.5746	0.6237	0.8461	0.858	因子二	$\alpha_1 = 0.7752$ $\alpha_2 = 0.8602$	0.000
TMS202	0.5974	0.6059	0.8451	0.848			
TMS203	0.5552	0.5911	0.8477	0.751			
TMS204	-0.2898	删除	——				
TMS205	0.4297	0.3857	0.8586	0.830			
TMS301	0.4604	0.5325	0.8498	0.878	因子三		
TMS302	0.5830	0.6134	0.8447	0.816			
TMS303	0.4222	0.3849	0.8534	0.737			
TMS304	0.4021	0.4394	0.8450	0.812			
TMS305	0.4067	0.3818	0.8516	0.766			
KMO 值			0.772				
特征值			1.581、2.470、5.085				
解释方差（%）			70.356				
Bartlett 检验卡方值			783.112				

接下去，进行维度分析。KMO值为0.772，大于0.7，球形Bartlett检验卡方值是783.112，显著性概率P=0.000，表明适合进行因子分析。通过主成分分析法进行因素提取，得到3个因子，特征值分别为1.581、2.470和5.085，每个测量条款的因子负载均超过0.5，表示收敛度很好，被因子解释的方差累计比例为70.356%。三个因子所涉及的条款与之前定义的专长、可信和协调三维度相符合。

（2）共享心智模型测量条款的CITC、信度和单维度分析。

从表4.20中可以看出，共享心智模型的第1个测量条款SMM01的CITC值为0.2632，小于0.3，且删除该项后α系数由原来的0.7821上升到0.8215，所以将SMM01予以删除，删除后测量量表信度较高，符合研究的要求。KMO值为0.779，大于0.7，球形Bartlett检验卡方值是203.480，显著性概率P=0.000，表明适合进行因子分析。通过主成分分析法进行因素提取，发现只有一个因子的特征值大于1，其值为2.935，每个测量条款的因子负载均超过0.5，被因子解释的方差累计比例为58.693%，超过50%，说明测量结构的一维性较好。

表4.20　　共享心智模型测量条款的CITC、信度和单维度分析

测量条款	$CITC_1$	$CITC_2$	删除该条款后的α值	因子负载	α系数	显著性概率
SMM01	0.2632	删除	——	——	$\alpha_1 = 0.7821$ $\alpha_2 = 0.8215$	0.000
SMM02	0.4639	0.4261	0.8144	0.582		
SMM03	0.6834	0.6883	0.7638	0.830		
SMM04	0.7588	0.7979	0.7264	0.901		
SMM05	0.3919	0.4385	0.8114	0.600		
SMM06	0.6892	0.7344	0.7477	0.858		
KMO值	0.779					
特征值	2.935					
解释方差（%）	58.693					
Bartlett检验卡方值	203.480					

4.3.3.3 结果变量的测量结果

(1) 知识转移测量条款的 CITC、信度和单维度分析。

从表 4.21 中可以看出,知识转移的 KT01 和 KT05 测量条款的 CITC 值为 0.1754 和 0.1700,其绝对值小于 0.3,且删除该项后 α 系数由原来的 0.5969 上升到 0.7239,所以将 KT01 和 KT05 予以删除,删除后测量量表信度较高,符合研究的要求。接下去,进行单维度检验。KMO 值为 0.702,大于 0.7,球形 Bartlett 检验卡方值是 58.475,显著性概率 P=0.000,表明适合进行因子分析。通过主成分分析法进行因素提取,发现只有一个因子的特征值大于 1,其值为 1.934,每个测量条款的因子负载均超过 0.5,被因子解释的方差累计比例为 64.450%,超过 50%,说明测量结构的一维性较好。

表 4.21　　知识转移测量条款的 CITC、信度和单维度分析

测量条款	$CITC_1$	$CITC_2$	删除该条款后的 α 值	因子负载	α 系数	显著性概率
KT01	0.1754	删除	——	——	$\alpha_1 = 0.5969$ $\alpha_2 = 0.7239$	0.000
KT02	0.6816	0.5220	0.6636	0.785		
KT03	0.4991	0.5640	0.6128	0.817		
KT04	0.3797	0.5485	0.6314	0.806		
KT05	0.1700	删除	——	——		
KMO 值	\multicolumn{5}{c	}{0.702}	
特征值	\multicolumn{5}{c	}{1.934}	
解释方差(%)	\multicolumn{5}{c	}{64.450}	
Bartlett 检验卡方值	\multicolumn{5}{c	}{58.475}	

(2) 知识创造测量条款的 CITC、信度和单维度分析。

从表 4.22 中可以看出,知识创造的 6 个测量条款的 CITC 值均大于 0.3,整体 α 系数为 0.8678,大于 0.7,说明测量量表信度较高,符合研究的要求。接下去,进行单维度检验。探索性因子分析中,由表 4.22 可以看到,KMO 值为 0.748,大于 0.7,球形 Bartlett 检验卡方值是 367.598,显著性概率 P=0.000,表明适合进行因子分析。

表 4.22　知识创造测量条款的 CITC、信度和单维度分析

测量条款	CITC$_1$	CITC$_2$	删除该条款后的 α 值	因子负载	α 系数	显著性概率
KC01	0.5446	0.5446	0.8658	0.686		
KC02	0.7066	0.7066	0.8418	0.811		
KC03	0.7276	0.7276	0.8356	0.834	α = 0.8678	0.000
KC04	0.6296	0.6296	0.8521	0.757		
KC05	0.7519	0.7519	0.8294	0.825		
KC06	0.6829	0.6829	0.8451	0.777		
KMO 值			0.748			
特征值			3.681			
解释方差（%）			61.344			
Bartlett 检验卡方值			367.598			

通过主成分分析法进行因素提取，发现只有一个因子的特征值大于 1，其值为 3.681，每个测量条款的因子负载均超过 0.5，被因子解释的方差累计比例为 61.344%，超过 50%，说明测量结构的一维性很好。

4.3.3.4　控制变量的测量结果

在本研究中，控制变量除了一般的分类变量，还包括了 2 个潜变量：儒家价值文化倾向和个人主义—集体主义。

（1）儒家价值文化倾向测量条款的 CITC、信度和单维度分析。

儒家价值文化倾向测量条款的信度和单维度分析结果见表 4.23。

表 4.23　儒家价值文化倾向测量条款的 CITC、信度和单维度分析

测量条款	CITC$_1$	CITC$_2$	删除该条款后 α 值	因子负载	α 系数	显著性概率
RJ01	0.6744	0.7285	0.8230	0.801		
RJ02	0.5029	0.5926	0.8516	0.621		
RJ03	0.6750	0.7485	0.8166	0.829	α_1 = 0.6665	0.000
RJ04	0.5857	0.6453	0.8378	0.734	α_2 = 0.8553	
RJ05	0.5737	0.6323	0.8401	0.717		
RJ06	0.5687	0.6289	0.8476	0.698		

续表

测量条款	CITC$_1$	CITC$_2$	删除该条款后α值	因子负载	α系数	显著性概率
RJ07	0.6141	0.6928	0.8244	0.786		
RJ08	0.5578	0.6092	0.8501	0.677		
RJ09	0.4869	0.4784	0.8531	0.615		
RJ10	0.6324	0.6545	0.8344	0.762		
RJ11	0.2737	删除	—	—		
RJ12	-0.0487	删除	—	—		
RJ13	0.1231	删除	—	—	$\alpha_1 = 0.6665$	0.000
RJ14	0.3933	0.4393	0.8334	0.602	$\alpha_2 = 0.8553$	
RJ15	0.6842	0.7309	0.7642	0.839		
RJ16	0.0342	删除	—	—		
RJ17	0.5039	0.5546	0.8235	0.675		
RJ18	0.5654	0.6231	0.8431	0.743		
RJ19	0.5684	0.6278	0.8410	0.765		
RJ20	0.2732	删除	—	—		
RJ21	-0.2129	删除	—	—		
KMO值			0.839			
特征值			3.829			
解释方差（%）			54.703			
Bartlett检验卡方值			288.866			

从表4.23中可以看出，在对儒家价值文化倾向的测量中，RJ11等测量条款的CITC值的绝对值均小于0.3，且删除这些项后α系数由原来的0.6665上升到0.8553，所以将RJ11、RJ12、RJ13、RJ16、RJ20和RJ21予以删除，删除后测量量表信度较高，符合研究的要求。删除垃圾项目后，进行单维度检验，KMO值为0.839大于0.7，球形Bartlett检验卡方值是288.866，显著性概率P=0.000，表明适合进行因子分析。通过主成分分析法进行因素提取，发现只有一个因子的特征值大于1，其值为3.829，每个测量条款的因子负载均超过0.5，被因子解释的方差累计比例为54.703%，超过50%，说明测量结构的一维性较好。

(2) 个人主义—集体主义测量条款的 CITC、信度和单维度分析。

从表 4.24 中可以看出，个人主义—集体主义的 4 个测量条款的 CITC 值均大于 0.3，整体 α 系数为 0.8209，大于 0.7，说明测量量表信度较高，符合研究的要求。接下去，进行单维度检验。KMO 值为 0.720，大于 0.7，球形 Bartlett 检验卡方值是 116.116，显著性概率 P=0.000，表明适合进行因子分析。通过主成分分析法进行因素提取，发现只有一个因子的特征值大于 1，其值为 2.332，每个测量条款的因子负载均超过 0.5，被因子解释的方差累计比例为 58.302%，超过 50%，说明测量结构的一维性较好。

表 4.24 个人主义—集体主义信任测量条款的 CITC、信度和单维度分析

测量条款	CITC$_1$	CITC$_2$	删除该条款后的 α 值	因子负载	α 系数	显著性概率
CI01	0.5629	0.5629	0.7718	0.823	α=0.8209	0.000
CI02	0.6153	0.6153	0.7032	0.872		
CI03	0.6525	0.6525	0.7766	0.719		
CI04	0.3619	0.3619	0.8187	0.609		
KMO 值	0.720					
特征值	2.332					
解释方差（%）	58.302					
Bartlett 检验卡方值	116.116					

4.3.3.5　调节变量测量结果

本研究中的调节变量为沟通风格。从表 4.25 中可以看出，沟通风格的 11 个测量条款的 CITC 值均大于 0.3，整体 α 系数为 0.8459，大于 0.7，说明测量量表信度较高，符合研究的要求。接下去，通过探索性因子分析。由表 4.25 可以看到，KMO 值为 0.778，大于 0.7，球形 Bartlett 检验卡方值是 166.987，显著性概率 P=0.000，表明适合进行因子分析。通过主成分分析法进行因素提取，发现只有一个因子的特征值大于 1，其值为 2.738，每个测量条款的因子负载均超过 0.5，被因子解释的方差累计比例为 68.447%，超过 50%，说明测量结构的一维性很好。

表 4.25　　　　沟通风格测量条款的 CITC、信度和单维度分析

测量条款	CITC$_1$	CITC$_2$	删除该条款后的 α 值	因子负载	α 系数	显著性概率
CS01	0.7496	0.7496	0.7743	0.872		
CS02	0.6890	0.6890	0.8016	0.834		
CS03	0.6509	0.6509	0.8179	0.803		
CS04	0.6432	0.6432	0.8215	0.799		
CS05	0.4959	0.4959	0.8004	0.660		
CS06	0.6572	0.6572	0.7526	0.804	α = 0.8459	0.000
CS07	0.5264	0.5264	0.7922	0.691		
CS08	0.6459	0.6459	0.7580	0.795		
CS09	0.6699	0.6699	0.7494	0.808		
CS10	0.6750	0.6750	0.7288	0.819		
CS11	0.5857	0.5857	0.7789	0.734		
KMO 值			0.778			
特征值			2.738			
解释方差（%）			68.447			
Bartlett 检验卡方值			166.987			

4.3.3.6　干扰变量的测量结果

本研究中的干扰变量为组织文化。其中，组织文化又包括了官僚的、创新的和支持的。

从表 4.26 中可以看出，官僚的 4 个测量条款的 CITC 值均大于 0.3，α 系数为 0.8350，大于 0.7；创新的 3 个测量条款的 CITC 值均大于 0.3，α 系数为 0.7598，大于 0.7；支持的 4 个测量条款的 CITC 值均大于 0.3，α 系数为 0.8181，亦大于 0.7，说明测量量表信度均较高，符合研究的要求。接下去，进行单维度检验。从表 4.26 中可以看出，官僚、创新和支持的测量条款的 KMO 值分别为 0.760、0.707 和 0.713，均大于 0.7，球形 Bartlett 检验卡方值分别是 160.794、154.887 和 161.281，显著性概率 P = 0.000，表明适合进行因子分析。通过主成分分析法进行因素提取，发现官僚、创

新和支持的分别只有一个因子的特征值大于1，其值依次为2.677、2.389、2.610，每个测量条款的因子负载均超过0.5，被因子解释的方差累计比例为66.917%、79.6375%、65.251%，均超过50%，说明测量结构的一维性较好。

表4.26　组织文化测量条款的CITC、信度和单维度分析

测量条款		$CITC_1$	$CITC_2$	删除该条款后α值	因子负载	α系数	显著性概率
官僚的	OC101	0.6897	0.6897	0.7803	0.836	α=0.8350	0.000
	OC102	0.5847	0.5847	0.8253	0.755		
	OC103	0.7668	0.7668	0.7429	0.885		
	OC104	0.6318	0.6318	0.8059	0.791		
创新的	OC201	0.6025	0.6025	0.6640	0.885	α=0.7598	0.000
	OC202	0.6561	0.6561	0.5991	0.928		
	OC203	0.5193	0.5193	0.7537	0.863		
支持的	OC301	0.6043	0.6043	0.7871	0.789	α=0.8181	0.000
	OC302	0.8202	0.8202	0.6829	0.921		
	OC303	0.6101	0.6101	0.7865	0.784		
	OC304	0.5403	0.5403	0.8158	0.724		
KMO值		0.760、0.707、0.713					
特征值		2.677、2.389、2.610					
解释方差（%）		66.917、79.637、65.251					
Bartlett检验卡方值		160.794、154.887、161.281					

4.3.4　最终信度分析结果

按照4.3.3节中的测量评价分析方法，在测量条款净化后，再次进行信度分析，前因变量、中介变量和结果变量的问项由初始测量项目50个减少到目前的43个，控制变量与干扰变量中的垃圾项目也被删除和净化，通过对15个变量的测量信度进行计算，最终结果如表4.27所示。

表 4.27　　　　　　　　变量测量的最终信度分析结果

变量	测量项目数	信度（Cronbach α）
任务性沟通	7	0.8578
私人性沟通	7	0.8241
反应性沟通	3	0.7905
交互记忆系统	13	0.8602
共享心智模型	5	0.8215
知识转移	3	0.7239
知识创造	6	0.8678
儒家价值文化倾向	15	0.8553
个人主义—集体主义	4	0.8209
沟通风格	11	0.8459
组织文化——官僚的	4	0.8350
组织文化——支持的	3	0.7598
组织文化——创新的	4	0.8181

4.4　本章小结

本章主要关注研究变量的量表的开发与测量问题：

（1）说明问卷设计的原则与过程。

（2）基于对已有文献的回顾与理论综述部分对各变量的内涵界定，结合本书的研究背景与理论架构，给出所涉及的研究变量的量表。在以往文献的测量量表的基础上，结合访谈，进行适当的修正，依据问卷设计的基本原则，得到了本书的初始测量量表。

（3）对于初始量表，采用预测试的方法，对初始量表进行了信度和单维度检验，删除和净化了所谓的垃圾项目。经过评价后，自变量、中介变量和结果变量的问项由初始测量项目50个减少到目前的43个，控制变量与干扰变量中的垃圾项目也被删除和净化，并在问卷问题的措辞、排列顺序及布局方面进行了改进，重新编码，为大规模数据收集设计了合适的调查问卷。

5 研究数据的收集与质量评估

5.1 研究数据收集

5.1.1 研究对象的选择

本研究主要采用问卷调查的方式来收集数据。为了满足研究目的的需要,必须选择适当的可提供信息的问卷发放对象。本书主要研究在中国文化背景下,团队成员间的沟通、团队认知以及其对知识共享的影响。基于此研究主题,在研究样本对象的选择上,主要依照了以下三个方面考量:

(1) 地域因素:鉴于中国文化因素在本研究中的重要意义,所选择的企业样本,主要来自中国。

(2) 团队特征:对于研发创新性质的工作,知识共享行为特别重要,例如,具有知识密集或技术更新较快特征的研发团队与新产品开发团队(Ancona & Caldwell, 1992)。国际著名咨询企业——安盛咨询公司在长达数十年的新经济研究中,认为知识型员工通常在以下领域工作:研究开发、产品开发、工程设计、市场营销、法律事务和金融、管理咨询等。因此,知识密集型行业(如IT业、金融以及管理咨询等行业)中的团队,以及一般行业中的研发团队与产品开发团队是本研究的重点调查对象。

(3) 团队成员特征:一般认为,知识共享研究的对象,主要集中于从事知识密集度较高工作的员工,也即所谓的知识型员工。美国管理大师德鲁克预见到知识的生产和转让将逐渐成为首要产业,从而较早地提出和使用了

"知识型员工"的概念，他将知识型员工描述为掌握和运用符号和概念、利用知识或信息工作的人。而如今，知识型员工的概念已经扩展到了大多数的知识所有者，一般指从事生产、创造、扩展和应用知识的活动，为单位（或组织）带来知识资本增值，并以此为职业的人员。在团队中，知识型员工主要包括专业人士、具有深度专业技能的辅助型专业人员、中高级管理人员等。因此，参考此原则，在调研过程中，主要集中于共同参与同一任务之最小团队的核心成员，以在保证团队完整性的前提下，减小因团队规模过大所产生的任务分歧。

基于以上三点考虑，本研究使用正式问卷进行大样本调研，下一节将具体描述调查数据收集的方式与概况。

5.1.2 数据收集

通过预测试的结果，对问卷进行修正后形成了最终的正式问卷，以进行本研究的大规模调研。问卷调查时间为2007年2~7月，通过纸质问卷与电子问卷两种方式进行，其中，纸质问卷主要通过走访调查与邮局寄送方式，电子问卷主要通过电子邮件方式回收。具体过程是：在浙江、北京、上海、广东等12个省市的89家企业中，首先，按照5.1.1节中样本选取的原则，提取每个企业的团队列表，根据随机原则在每种类型的团队列表中随机抽取样本团队，以提高样本团队的代表性，共抽取278个团队；其次，除笔者亲自走访，还选择具有市场营销专业背景的施测人员，进行委托施测，并实施严格的资料收集训练，以协助资料收集，确保资料收集的进度与准确性。详细的程序包括：

（1）正式调查前，研究者先向施测人员详细说明本研究的目的、问卷发放与回收、填答方式及注意事项。

（2）问卷发放，按照5.1.1节中团队成员选取的原则，将已填写成员代码的团队问卷放入大信封袋，请施测人员发放给团队成员填答。

（3）问卷回收，施测人员确认整套团队问卷都已收齐，确认无误后再将同一团队的问卷放回原来的信封袋中缴回。通过电子邮件收集的问卷，则同一团队为一个文件夹。整个过程均保证团队成员不会看到其他成员的资料，以维护填答者的个人隐私，亦保证问卷尽可能真实反映信息。

根据以上程序，本研究在受测的 278 个团队中，共发出问卷 1098 份。关于样本量大小，中国香港的学者侯杰泰（2004，转引自杨志蓉，2006）在总结各种文献以及自己经验的基础上，认为大多数结构方程模型需要至少 100～200 个样本。本研究回收 256 份有效的团队问卷（976 份个人问卷），有效回收率为 75.75%。其他 22 个团队被剔除的原因主要有 2 个：

（1）问卷填答不完整。

（2）问卷填答不认真，如答案呈"Z"行排列、所有条款选同一选项，以及反向问项中，正反问题回答信息对比存在明显问题等。

数据收集详细情况见表 5.1。

表 5.1　　　　　　　　　调查样本的地区分布状况

调研形式	浙江	北京	上海	广东	黑龙江	江苏	山东	福建	河北	湖北	天津	湖南
调查走访	355	—	15	—	—	—	—	—	—	—	—	—
邮局寄送	—	145	67	72	18	21	7	17	—	13	11	10
电子邮件	—	53	31	34	50	8	20	6	23	—	—	—
合计	355	198	113	106	68	29	27	23	23	13	11	10

5.2　团队层面数据加总验证

鉴于本研究以团队和团队成员作为研究对象，而许多变量亦是通过团队成员的填答来获取的，因此，需要将团队中的每个成员在量表的各个测量条款上的得分加总平均得到团队层次的分数，而评估团队成员的答复能否汇总作为团队层级的分析，应该以团队成员对于团队现象的评定的相似性程度作为重要的评估标准（James, Demaree & Wolf, 1984, 1993；张志学等, 2006）。在评估团队内个体成员评分一致性程度时，大多采用测试一致性的指标 r_{wg}（James, Demaree & Wolf, 1984），r_{wg} 是评估团队成员对于共同目标的评比，其数值介于 0 与 1 之间，0 表示看法完全不一致，1 表示看法完全一致。由于指标 r_{wg} 衡量方法颇受认同（刘燕和范巍，2005；张志学等，2006；武欣和吴志明，2005；杨志蓉，2006；Dunlap，Burke & Smith-Crowe，2003；Mulvey & Klein，1998；Tseng，2001），故本研究也采用此方法。r_{wg} 的计算公式如下：

当变量只有一个测量条款时采用公式（5.1）：

$$r_{wg(I)} = 1 - \left(\frac{\overline{S_{xj}^2}}{\sigma_{EU}^2}\right) \tag{5.1}$$

当变量有两个以上测量条款时采用公式（5.2）：

$$r_{wg(J)} = \frac{J\left[1 - \left(\frac{\overline{S_{xj}^2}}{\sigma_{EU}^2}\right)\right]}{J\left[1 - \left(\frac{\overline{S_{xj}^2}}{\sigma_{EU}^2}\right)\right] + \left(\frac{\overline{S_{xj}^2}}{\sigma_{EU}^2}\right)} \tag{5.2}$$

$$\sigma_{EU}^2 = A^2 - \frac{1}{12} \quad （Mood，Graybill & Boes，1974）$$

以上公式中，J 表示测量条款数量，$\overline{S_{xj}^2}$ 表示所有团队方差的均值，σ_{EU}^2 表示期望方差，A 表示测量等级数量（如 7 刻度法，则 A 为 7）。本研究中各个变量的测量条款均有两个以上，因此均采用公式（5.2）。

当 r_{wg} 值大于 0.8 的判断点，说明团队中的个体数据适合采取整合，即可以将个体测量值加总得到团队层面的测量值（James，Demaree & Wolf，1984，1993）。因此，本研究以大于 0.8 为判断标准。

由公式（5.2），得到 256 个团队在各个变量的 $r_{wg(J)}$ 值，均超过 0.8，表明团队内成员的答复一致性程度较高，表示本研究将团队成员的答复汇总作为团队层面的分析是适当的，各个变量的团队层面测量值是成员个体评分的均值。各个变量的 $r_{wg(J)}$ 平均值如表 5.2 所示。

表 5.2　　　　　　　　各个变量的 $r_{wg(J)}$ 平均值

变量	任务性沟通	私人性沟通	反应性沟通	交互记忆系统	共享心智模型	知识转移	知识创造
$r_{wg(J)}$	0.87	0.87	0.88	0.91	0.92	0.89	0.92

5.3 数据描述性统计

5.3.1 样本人口特征统计

（1）性别。

从表 5.3 看，在总计 976 份有效的个体问卷中，被调查的团队成员的性别分布中，男性被调查者为 526 人，约占总量的 53.9%，女性被调查者 451 人，约占总量的 46.1%，男性的比例稍高于女性。由于从事知识密集型职业的男性比例较高，调查对象的性别比例大致是合理的。

表 5.3　　　　　　　　被调查者性别的分布统计

性别	频次	百分比（%）	累计百分比（%）
男	526	53.9	53.9
女	451	46.1	100.0

（2）年龄。

研究样本的年龄分布如表 5.4 所示，被调查对象的年龄被划分为 5 个阶段，25 岁及其以下为 221 人，占 22.6%；26~30 岁为 324 人，占 33.2%；31~35 岁为 264 人，占 27.1%；36~40 岁为 113 人，占 11.6%；40 岁及其以上为 54 人，占 5.5%。从年龄分布来看，本次调查的年龄段主要分布于 35 岁以下（占 82.9%）。

表 5.4　　　　　　　　被调查者年龄的分布统计

年龄	频次	百分比（%）	累计百分比（%）
25 岁及其以下	221	22.6	22.6
26~30 岁	324	33.2	55.8
31~35 岁	264	27.1	82.9
36~40 岁	113	11.6	94.5
40 岁及其以上	54	5.5	100.0

(3）学历。

研究样本的学历分布如表 5.5 所示，被调查对象的学历被划分为 5 类，分别为大专以下、大专、本科、硕士和博士。其中，本科学历的受访者最多，有 501 位，占总数的 51.3%；其他依次是大专学历的受访者，有 253 位，占总数的 26.0%；研究生学历的受访者，有 151 位，占总数的 15.5%；大专以下学历的受访者，有 65 位，占总数的 6.6%；博士学历的受访者有 6 位，占 0.6%。总体上看，大专及大专以上学历者占总数的 93.4%。

表 5.5　　　　　　　　被调查者学历的分布统计

学历	频次	百分比（%）	累计百分比（%）
大专以下	65	6.6	6.6
大专	253	26.0	32.6
本科	501	51.3	83.9
硕士	151	15.5	99.4
博士	6	0.6	100.0

（4）工作性质。

研究样本的工作性质分布如表 5.6 所示，被调查对象的工作性质被划分为 5 类，分别为管理、技术、生产、市场（销售）和行政后勤。受访者工作性质的分布情况：从事技术工作的受访者最多，有 298 位，占总数的 30.5%；其他依次是从事管理工作的受访者，有 268 位，占总数的 27.5%；市场工作的受访者，有 201 位，占总数的 20.6%；行政后勤工作的受访者有 114 位，占总数的 11.7%；生产工作的受访者，有 95 位，占总数的 9.7%。总体上看，从事管理和技术工作的受访者居多，共有 566 位，占总数的 58.0%。

表 5.6　　　　　　　　被调查者工作性质的分布统计

工作性质	频次	百分比（%）	累计百分比（%）
管理	268	27.5	27.5
技术	298	30.5	58.0
生产	95	9.7	67.7
市场（销售）	201	20.6	88.3
行政后勤	114	11.7	100.0

(5) 职位。

研究样本的职位分布如表 5.7 所示,被调查对象的职位被划分为 4 类,分别为普通员工、基层管理、中层管理和高层管理。受访者职位的分布情况:普通员工占据一半以上的比例,有 490 位,占总数的 50.2%;而且职位由低到高,呈现金字塔式递减趋势。其他依次是基层管理人员,有 331 位,占总数的 33.9%;中层管理人员,有 143 位,占总数的 14.7%;高层管理有 12 位,占总数的 1.2%。

表 5.7　　被调查者职位的分布统计

职位	频次	百分比(%)	累计百分比(%)
普通员工	490	50.2	50.2
基层管理	331	33.9	84.1
中层管理	143	14.7	98.8
高层管理	12	1.2	100.0

(6) 工龄。

受访者工龄的分布情况如表 5.8 所示,工龄在 1~3 年的受访者最多,有 357 位,占总数的 36.6%;其他依次是 1 年以下工龄的受访者有 212 位,占总数的 21.7%;3~5 年工龄的受访者有 170 位,占总数的 17.4%;7 年以上工龄的受访者有 145 位,占总数的 14.9%;5~7 年工龄的受访者有 92 位,占总数的 9.4%。

表 5.8　　被调查者工龄的分布统计

工龄	频次	百分比(%)	累计百分比(%)
1 年以下	212	21.7	21.7
1~3 年	357	36.6	58.3
3~5 年	170	17.4	75.7
5~7 年	92	9.4	85.1
7 年以上	145	14.9	100.0

(7) 月收入水平。

受访者月收入水平的分布情况如表 5.9 所示,月收入在 1500~3000 元的受访者最多，有455位，占总数的46.6%；其他依次是3000～4500元的受访者有202位，占总数的20.7%；1500元以下的受访者有167位，占总数的17.1%；4500～6000元的受访者有88位，占总数的9.0%；6000元以上的受访者有64位，占总数的6.6%。

表5.9　　　　　　　　被调查者月收入水平的分布统计

月收入水平	频次	百分比（%）	累计百分比（%）
1500元以下	167	17.1	17.1
1500～3000元	455	46.6	63.7
3000～4500元	202	20.7	84.4
4500～6000元	88	9.0	93.4
6000元以上	64	6.6	100.0

5.3.2　样本团队及所在企业的描述统计

从表5.10调查样本的地区分布状况看：浙江省企业最多，有30家，占33.7%，共92个团队，占36.0%；北京的企业有16家，占18.0%，共53个团队，占20.7%；上海企业13家，占14.6%，共29个团队，占11.3%；广东省的企业有10家，占9.0%，共27个团队，占10.5%；黑龙江省的企业有8家，占9.0%，共18个团队，占7.0%；江苏省企业3家，占3.4%，共8个团队，占3.1%；山东省的企业有2家，占2.2%，共7个团队，占2.7%；福建省的企业有2家，占2.2%，共6个团队，占2.3%；河北省的企业有2家，占2.2%，共6个团队，占2.3%；湖北省的企业有2家，占2.2%，共4个团队，占1.6%；天津和湖南的企业各有1家，各占1.1%，各有3个团队，各占1.2%。

表5.10　　　　　　　　调查样本的地区分布状况

项目		浙江	北京	上海	广东	黑龙江	江苏	山东	福建	河北	湖北	天津	湖南	合计
企业数	频次	30	16	13	10	8	3	2	2	2	2	1	1	89
	百分比（%）	33.7	18.0	14.6	11.2	9.0	3.4	2.2	2.2	2.2	2.2	1.1	1.1	100

续表

项目		浙江	北京	上海	广东	黑龙江	江苏	山东	福建	河北	湖北	天津	湖南	合计
团队数	频次	92	53	29	27	18	8	7	6	6	4	3	3	256
	百分比（%）	36.0	20.7	11.3	10.5	7.0	3.1	2.7	2.3	2.3	1.6	1.2	1.2	100

(1) 团队规模。

从表5.11看，团队规模分布状况：规模在6~10人的团队最多，有129个，占50.4%；其次是规模在5人以下的团队，有92个，占36.0%；规模在11~15人的团队有16个，占6.2%；规模在16~20人的团队有13个，占5.1%；规模在21人以上的团队有6个，占2.3%。

表5.11　　　　　　　团队规模的分布统计

团队规模	频次	百分比（%）	累计百分比（%）
5人以下	92	36.0	36.0
6~10人	129	50.4	86.4
11~15人	16	6.2	92.6
16~20人	13	5.1	97.7
21人以上	6	2.3	100.0

(2) 团队寿命。

从表5.12样本团队寿命的分布状况看，寿命在4~6个月的团队最多，有73个，占28.5%；其次是1个月以下寿命的团队，有62个，占24.2%；2~3个月寿命的团队有58个，占22.7%；7~9个月寿命的团队有45个，占17.6%；10个月以上1年以下的团队18个，占7.0%。

表5.12　　　　　　　团队寿命的分布统计

团队寿命	频次	百分比（%）	累计百分比（%）
1个月以下	62	24.2	24.2
2~3个月	58	22.7	46.9
4~6个月	73	28.5	75.4
7~9个月	45	17.6	93.0
10个月以上1年以下	18	7.0	100.0

(3) 企业性质。

样本团队所在企业的性质分布情况如表 5.13 所示：民营（含民营控股）企业的团队数量最多，有 127 个，占 49.6%；其次是外资企业和国有企业，均有 49 个，占 19.1%；最少的是集体企业，有 12 个占 4.7%。

表 5.13　　　　　　　　企业性质的分布统计

企业性质	频次	百分比（%）	累计百分比（%）
国有企业	49	19.1	19.1
集体企业	12	4.7	23.8
民营企业	127	49.6	73.4
外资企业	49	19.1	92.6
中外合资企业	19	7.4	100.0

(4) 企业所属行业。

样本团队所在企业的行业分布情况如表 5.14 所示：IT 行业的团队最多，有 66 个，占 25.8%；其次是咨询、金融、服务业有 49 个，占 19.1%；机械制造行业有 41 个，占 16.0%；电器行业有 27 个，占 10.5%；电子设备行业有 22 个，占 8.6%；冶金与能源行业有 14 个，占 5.5%；房地产行业 13 个，占 5.1%；纺织服装行业有 11 个，占 4.3%；生物医药有 7 个，占 2.7%；石油化工行业有 3 个，占 1.2%；其他行业有 3 个，占 1.2%。

表 5.14　　　　　　　　企业所属行业的分布统计

企业所属行业	频次	百分比（%）	累计百分比（%）
电器	27	10.5	10.5
生物医药	7	2.7	13.3
电子设备	22	8.6	21.9
IT 行业	66	25.8	47.7
机械制造	41	16.0	63.7
咨询、金融、服务业	49	19.1	82.8
冶金与能源	14	5.5	88.3
石油化工	3	1.2	89.5
纺织服装	11	4.3	93.8
房地产	13	5.1	98.8
其他	3	1.2	100.0

(5) 企业所处发展阶段。

样本团队所在企业发展阶段分布状况如表 5.15 所示：发展期企业的团队最多，有 103 个，占 40.2%；迅速扩张期企业的团队有 70 个，占 27.3%；成熟期企业的团队有 57 个，占 22.3%；创业期企业的团队有 21 个，占 8.2%；衰退期企业的团队有 5 个，占 2.0%。

表 5.15　　　　　　　企业所属发展阶段的分布统计

企业所属发展阶段	频次	百分比（%）	累计百分比（%）
创业期	21	8.2	8.2
发展期	103	40.2	48.4
迅速扩张期	70	27.3	75.8
成熟期	57	22.3	98.0
衰退期	5	2.0	100.0

5.3.3　变量测量条款评价值的描述性统计

变量测量项目的均值、标准差、斜度和峰度等描述性统计量，参见表 5.16。一般认为，当偏度绝对值小于 3，峰度绝对值小于 10 时，表明样本基本上服从正态分布（Kline，1998，转引自黄芳铭，2005）。依据此标准，从各个项目的统计来看，各变量的测量条款的评价值均能够服从正态分布。

表 5.16　　　　　　　各变量测量条款的描述性统计

测量条款	样本值	最小值	最大值	均值	标准差	偏态	峰度
TC01	256	1.00	6.80	4.9734	0.93987	−0.299	−0.550
TC02	256	1.00	6.80	4.9479	0.95384	−0.439	−0.439
TC03	256	1.00	7.00	4.9430	0.93407	−0.355	−0.346
TC04	256	1.00	7.00	4.8608	1.07127	−0.233	−0.468
TC05	256	1.00	7.00	4.9254	1.00252	−0.339	−0.145
TC06	256	1.00	7.00	4.9190	0.97847	−0.400	−0.130
PC01	256	1.33	7.00	4.7457	1.01104	0.029	−0.791

续表

测量条款	样本值	最小值	最大值	均值	标准差	偏态	峰度
PC02	256	1.33	7.00	4.6501	1.07106	0.183	-0.820
PC03	256	1.33	6.80	4.7163	1.03657	0.110	-0.803
PC04	256	1.33	7.00	4.6763	1.02538	0.149	-0.776
PC05	256	1.33	6.75	4.8309	0.92182	-0.241	-0.506
PC06	256	1.33	7.00	4.7652	0.90538	0.037	-0.380
PC07	256	1.33	7.00	4.7605	0.92896	-0.042	-0.414
CR01	256	2.00	7.00	4.9956	1.04071	-0.264	-0.820
CR02	256	2.33	7.00	5.0104	1.02912	-0.310	-0.796
CR03	256	1.33	7.00	4.9071	0.98316	-0.162	-0.708
TMS101	256	1.00	7.00	5.1119	0.91102	-0.502	-0.111
TMS103	256	1.00	7.00	5.0304	0.91029	-0.256	-0.184
TMS104	256	1.00	7.00	5.0977	0.87539	-0.513	0.035
TMS105	256	1.00	7.00	4.9473	0.90759	-0.110	-0.398
TMS201	256	1.66	7.00	5.3117	0.95456	-0.842	0.246
TMS202	256	1.66	7.00	5.0767	0.92638	-0.522	-0.235
TMS203	256	1.66	7.00	5.0308	0.87515	-0.541	-0.045
TMS205	256	1.66	7.00	5.0117	0.92453	-0.328	-0.202
TMS301	256	1.33	7.00	5.0838	0.92231	-0.541	-0.064
TMS302	256	1.33	7.00	4.9517	0.93733	-0.344	-0.387
TMS303	256	1.33	7.00	4.7951	0.94584	-0.168	-0.499
TMS304	256	1.33	7.00	5.0816	0.89623	-0.814	0.262
TMS305	256	1.33	7.00	4.9619	1.02009	-0.235	-0.560
SMM02	256	2.00	7.00	5.0572	0.95257	-0.353	-0.026
SMM03	256	1.33	7.00	4.9859	0.93266	-0.282	-0.420
SMM04	256	2.00	7.00	5.0659	0.91776	-0.315	-0.097
SMM05	256	1.66	7.00	4.9174	0.92050	-0.285	0.023

续表

测量条款	样本值	最小值	最大值	均值	标准差	偏态	峰度
SMM06	256	2.33	7.00	4.9441	0.88777	-0.093	0.049
KT02	256	1.00	7.00	5.0136	0.92163	-0.550	0.320
KT03	256	2.00	7.00	4.9723	0.93685	-0.197	-0.166
KT04	256	1.00	7.00	4.9249	0.89426	0.067	-0.130
KC01	256	1.33	7.00	4.8857	0.93341	-0.424	0.751
KC02	256	1.66	7.00	5.1751	0.88582	-0.715	0.921
KC03	256	1.66	7.00	4.8716	0.95860	-0.630	0.254
KC04	256	1.66	7.00	4.8075	0.88345	-0.271	0.131
KC05	256	1.66	7.00	4.8518	0.92879	-0.264	0.291
KC06	256	1.66	7.00	4.9126	0.97303	-0.262	0.360

5.4　数据质量评估

5.4.1　调研的偏差分析

为了确保所获数据的准确性和可靠性，本研究首先对调研方式进行偏差分析，即要保证不同调研方法所得来的数据样本分布大体一致，不会出现明显的差异。对于调查方法，本研究主要参考王庆喜（2004）的做法，结合本研究调研的实际情况，进行了两种偏差检验：一是非响应偏差（nonresponse bias）；二是邮寄方式、电子邮件方式与走访方式之间的差异。

（1）非响应偏差。

对于非响应偏差的分析，本研究是通过邮寄问卷的先回问卷和后回问卷进行对比检验来予以分析的。前人研究表明，后回问卷可以用来作为无回音问卷的代替，因此，这种对比有一定的合理性（王庆喜，2004）。在本研究中，先回问卷和后回问卷以 15 天为限来进行区分。即从问卷寄出到收到（以邮戳日期为准）的期限在 15 天以内的为先回问卷，超过 15 天的为后回问卷。

本研究共计收到有效的邮寄问卷 109 份,其中先回问卷为 58 份,后回问卷为 51 份,对这两类问卷对应项目的均值和方差的独立样本 t 检验发现,除了少数问项存在显著性差异外,绝大多数问项均无明显差异。因此可以认为本研究的非响应偏差不是一个严重的问题。

(2) 邮寄方式、电子邮件方式与走访方式之间的差异。

对于以邮寄方式、电子邮件方式与走访方式获得的问卷,用单因素方差分析的方法对 3 类问卷对应问项进行对比检验。检验结果表明,除了极少数的问项存在显著性差异外,其他绝大多数的问项均没有显著性差异。由此可以推断,这两种调查方式所获取的问卷不存在显著性差异。

5.4.2 信度与效度分析方法

在进行正式的实证研究前,需要对样本数据进行必要的信度与效度分析,主要是为了保证测量的可信性与有效性。其中效度主要是指用于评估多重指标的测量情况的建构效度(construct validity),此类效度包括收敛效度与区分效度(Shook et al.,2004);信度主要考察测量工具的内部一致性信度。信度与效度分析的具体方法与标准可概括如下:

5.4.2.1 内部一致性信度

对测量条款之间的内部一致性信度,按照第 4 章中的分析方法,采用适合定距尺度的测试量表(如李克特量表)的 Cronbach α 系数法来检验问卷的内部一致性信度。具体的检验方法与标准按照第 4 章中的 4.3.3 节分析方法。

5.4.2.2 收敛效度

收敛效度是指同一概念不同项目之间应该具有显著的相关性。对于收敛效度的评价:

(1) 对一阶变量进行探索性因子分析,一般认为,当各测量项目被因子解释的方差比例超过 0.5,标准化因子负载超过 0.7,则可说明测量具有较高的内部一致性和收敛效度(王庆喜,2004)。

(2) 对二阶因子进行确定性因子分析,根据福内尔和拉克尔(Fornell &

Larcker，1981）提出的标准：潜在变量提取的平均方差（average variance extracted，AVE）应大于0.5。AVE评价了潜在构思变量相对于测量误差来说所解释的方差总量。

5.4.2.3 区分效度

区分效度所探讨的是排他性的问题（荣泰生，2005）。除了进行探索性因子分析，还可以通过验证性因子分析来进行。福内尔和拉克尔（1981）对构思变量区分效度的检验建议，具有良好的区分效度应使其本身构面的AVE值要大于本身构面与其他构面的相关系数平方值。借鉴该建议，本研究采用不同潜变量（或因子）的AVE值的均方根与不同变量（或因子）之间的相关系数比较的方法进行区分效度检验，即，如果两个潜变量（或因子）之间的相关系数小于这两个潜变量（或因子）的AVE均方根，则其就具有了区分性。

以上对二阶因子的收敛效度分析与变量区分效度的检验需要使用确定性因子分析，其中所采用的模型适配度检验指标主要有以下几种。

(1) χ^2/df。χ^2统计是一种差性适配指标，一般认为，当显著性水平高于0.05时，可以认为假设的模型和测量的数据具有较好的拟合度，但是，χ^2值对样本数通常相当敏感，样本越大时，χ^2值越容易达到显著，进而导致理论模式被拒绝（黄芳铭，2005；杨志蓉，2006）。因此，很多学者建议采用χ^2/df指标以降低样本量的影响（Bentler & Bonett，1980）。对于χ^2/df的取值，一些学者认为应该小于3，但也有学者认为其值只要不超过5就可以认为模型是可以接受的（侯杰泰，温忠麟和成子娟，2004）。因此，本研究以不超过5作为标准。

(2) 拟合优度指数（GFI）和调整拟合优度指数（AGFI）。GFI是一种非统计变量，其取值范围介于0与1之间，0代表最差适配，而1则表示完美的适配，此指标可以显现整体适配程度（黄芳铭，2005）。但是，GFI会受到样本大小的影响。而对AGFI而言，其目的正好在于利用自由度与变项个数之比率来调整GFI（黄芳铭，2005）。一般而言，GFI和AGFI的值超过0.9，表示假设模型拟合良好，可以接受（Bagozi & Yi，1988）。但在一些开拓性研究中，且拟合的变量较多、拟合的模型较复杂时，拟合指数大于0.85也是可接受的（Bollen，1989；Bacharach，Bamberger & Sonnenstuhl，2002）。因此，本研究以 0.85 作为最低标准。

（3）规范拟合指数（NFI）、修正拟合指数（IFI）和比较拟合指数（CFI）。NFI 是一种相对拟合指数（Bentler & Bonett，1980），是相对于基准模型的卡方，是理论模型的卡方减少的比例，但其值受样本容量大小的影响；而 IFI 就是对 NFI 的修正，以减低 NFI 对样本大小的依赖；CFI 则克服了 NFI 在套层模式上所产生的缺失，且对模型适合度的估计表现相当好（Bentler，1992；黄芳铭，2005；侯杰泰、温忠麟和成子娟，2004）。NFI、IFI、CFI 的取值范围在 0 与 1 之间，一般而言，当其取值超过 0.9，则表示假设模型拟合良好，可以接受（Bagozi & Yi，1988；Bollen，1989）。

（4）近似误差均方根（RMSEA）。斯泰格尔和林德（Steiger & Lind）在 1980 年提出了 RMSEA，并成为评鉴适合度的较好的指标，一般地，RMSEA 低于 0.1 表示好的拟合，低于 0.05 表示非常好的拟合（侯杰泰，温忠麟和成子娟，2004）。因此，本研究以小于 0.1 作为最低标准。

通过以上分析，本研究对模型拟合指标的取值范围及建议数值进行了归纳，如表 5.17 所示。

表 5.17　　结构方程模型常见拟合指标及其建议值

指标	取值范围	建议值
χ^2/df	0 以上	2 与 5 之间
GFI	0～1 之间，但可能出现负值	大于 0.9（大于 0.85 也可接受）
AGFI	0～1 之间，但可能出现负值	大于 0.9（大于 0.85 也可接受）
NFI	0～1 之间	大于 0.9
IFI	0 以上，大多在 0～1 之间	大于 0.9
CFI	0～1 之间	大于 0.9
RMSEA	0 以上	小于 0.10，小于 0.05 更佳

5.4.3　信度分析结果

（1）前因变量（沟通内容）的信度分析。

参照小规模样本中的 CITC 和信度分析方法，进行信度分析。根据 CITC 大于 0.3 和 α 系数大于 0.7 的标准，具体结果如表 5.18 所示。

表 5.18　前因变量（沟通内容）的信度分析结果

变量	测量条款	CITC	删除该条款后的 α 值	整体 α 系数
任务性沟通	TC01	0.6051	0.8160	0.8768
	TC02	0.6579	0.7630	
	TC03	0.7550	0.6618	
	TC04	0.6693	0.8540	
	TC05	0.7779	0.7549	
	TC06	0.7525	0.7796	
私人性沟通	PC01	0.6096	0.7806	0.8659
	PC02	0.7619	0.7014	
	PC03	0.5410	0.8027	
	PC04	0.6308	0.7631	
	PC05	0.6629	0.8459	
	PC06	0.7387	0.7769	
	PC07	0.7766	0.7324	
反应性沟通	CR01	0.6872	0.7828	0.8321
	CR02	0.6908	0.7739	
	CR03	0.7130	0.7477	

从表 5.18 看，任务性沟通的 6 个测量条款，私人性沟通的 7 个条款，以及反应性沟通的 3 个测量条款的 CITC 值均大于 0.3，整体 α 系数分别为 0.8786、0.8659 和 0.8321，均大于 0.7，说明测量量表符合信度要求。

（2）中介变量（交互记忆系统与共享心智模型）的信度分析。

参照小规模样本中的 CITC 和信度分析方法，对交互记忆系统和共享心智模型的测量条款进行信度分析，具体结果如表 5.19 所示。

表 5.19　中介变量（交互记忆系统与共享心智模型）的信度分析结果

变量	测量条款	CITC	删除该条款后的 α 值	整体 α 系数
交互记忆系统	TMS101	0.6129	0.8870	0.8954
	TMS103	0.5492	0.8897	
	TMS104	0.5467	0.8898	
	TMS105	0.5073	0.8917	

续表

变量	测量条款	CITC	删除该条款后的 α 值	整体 α 系数
交互记忆系统	TMS201	0.6076	0.8876	0.8954
	TMS202	0.7017	0.8829	
	TMS203	0.6692	0.8848	
	TMS205	0.5462	0.8898	
	TMS301	0.6594	0.8844	
	TMS302	0.6265	0.8861	
	TMS303	0.5300	0.8917	
	TMS304	0.6963	0.8832	
	TMS305	0.5578	0.8908	
共享心智模型	SMM02	0.7028	0.8934	0.9033
	SMM03	0.7773	0.8781	
	SMM04	0.8022	0.8722	
	SMM05	0.7241	0.8894	
	SMM06	0.7907	0.8756	

从表 5.19 看，交互记忆系统的 13 个测量条款和共享心智模型的 5 个测量条款的 CITC 值均大于 0.3，整体 α 系数分别为 0.8954 和 0.9033，均大于 0.7，说明测量量表符合信度要求。

（3）结果变量（知识转移与知识创造）的信度分析。

参照小规模样本中的 CITC 和信度分析方法，对知识转移与知识创造的测量条款进行信度分析，具体结果如表 5.20 所示。

表 5.20　结果变量（知识转移与知识创造）的信度分析结果

变量	测量条款	CITC	删除该条款后的 α 值	整体 α 系数
知识转移	KT02	0.6581	0.7712	0.8213
	KT03	0.7011	0.7276	
	KT04	0.6686	0.7610	
知识创造	KC01	0.5467	0.8292	0.8406
	KC02	0.7397	0.7942	
	KC03	0.6852	0.8009	

续表

变量	测量条款	CITC	删除该条款后的α值	整体α系数
知识创造	KC04	0.5553	0.8267	0.8406
	KC05	0.6320	0.8121	
	KC06	0.5824	0.8233	

从表5.20看，知识转移的3个测量条款和知识创造的6个测量条款的CITC值均大于0.3，整体α系数分别为0.8213和0.8406，均大于0.7，说明测量量表符合信度要求。

（4）控制变量、调节变量与干扰变量的信度分析。

本研究的控制变量包括了2个潜变量：民族文化（儒家价值文化倾向）和个人主义—集体主义；调节变量是沟通风格，干扰变量中包括了组织文化（官僚的、创新的和支持的）。参照小规模样本中的CITC和信度分析方法，对研究中的控制变量和干扰变量的测量条款进行信度分析。

表5.21是控制变量的信度分析结果，从该表看，民族文化（儒家价值文化倾向）的15个测量条款的CITC值均大于0.3，整体α系数为0.8446，大于0.7，说明测量量表符合信度要求。个人主义—集体主义的4个测量条款的CITC值均大于0.3，整体α系数为0.8232，大于0.7，说明测量量表符合信度要求。

表5.21　　　　　　　　控制变量的信度分析结果

变量	测量条款	CITC	删除该条款后的α值	整体α系数
儒家价值文化倾向	RJ01	0.6851	0.7355	0.8446
	RJ02	0.5761	0.8269	
	RJ03	0.6591	0.7651	
	RJ04	0.6035	0.7890	
	RJ05	0.6434	0.7712	
	RJ06	0.5106	0.8392	
	RJ07	0.5724	0.8286	
	RJ08	0.5902	0.8192	
	RJ09	0.6201	0.7784	
	RJ10	0.6218	0.7756	

续表

变量	测量条款	CITC	删除该条款后的 α 值	整体 α 系数
儒家价值文化倾向	RJ14	0.5578	0.8302	0.8446
	RJ15	0.5316	0.8382	
	RJ17	0.5781	0.8256	
	RJ18	0.6013	0.7898	
	RJ19	0.5796	0.8246	
个人主义—集体主义	CI01	0.6170	0.7920	0.8232
	CI02	0.7345	0.7355	
	CI03	0.6344	0.7833	
	CI04	0.6202	0.7958	

表5.22是调节变量和干扰变量的信度分析结果,由该可知,沟通风格的11个测量条款的CITC值均大于0.3,整体α系数为0.8389,大于0.7,说明测量量表符合信度要求。组织文化中,官僚的4个测量条款的CITC值均大于0.3,整体α系数为0.8386,大于0.7,说明测量量表符合信度要求;创新的3个测量条款的CITC值均大于0.3,整体α系数为0.8499,大于0.7,说明测量量表符合信度要求;支持的4个测量条款的CITC值均大于0.3,整体α系数为0.8975,大于0.7,说明测量量表符合信度要求。

表5.22　　　　　调节变量与干扰变量的信度分析结果

变量	测量条款	CITC	删除该条款后的 α 值	整体 α 系数
沟通风格	CS01	0.5728	0.8198	0.8389
	CS02	0.5707	0.8201	
	CS03	0.5776	0.8195	
	CS04	0.5782	0.8192	
	CS05	0.5415	0.8234	
	CS06	0.5299	0.8246	
	CS07	0.5149	0.8260	
	CS08	0.5525	0.8222	
	CS09	0.5105	0.8266	
	CS10	0.5578	0.8202	
	CS11	0.5702	0.8210	

续表

变量	测量条款	CITC	删除该条款后的 α 值	整体 α 系数
官僚的	OC101	0.7058	0.7802	0.8386
	OC102	0.6076	0.8267	
	OC103	0.7279	0.7723	
	OC104	0.6754	0.7940	
创新的	OC201	0.7729	0.7377	0.8499
	OC202	0.7801	0.7303	
	OC203	0.6175	0.8403	
支持的	OC301	0.7908	0.8609	0.8975
	OC302	0.8242	0.8481	
	OC303	0.7092	0.8912	
	OC304	0.7771	0.8676	

5.4.4 收敛效度分析结果

本研究中，对一阶变量进行探索性因子分析，对二阶因子（交互记忆系统）进行确定性因子分析。

（1）任务性沟通的收敛效度。

对任务性沟通的6个测量指标做探索性因子分析，仅得到1个特征值大于1的因子，该因子解释了77.838%的总变异，说明测量结构的一维性很好。各测量项目的标准化因子负载及被因子解释的方差比例如表5.23所示。从表中可以看出，各测量项目被因子解释的方差比例都超过了0.5，标准化因子负载也都超过了0.7，说明测量具有很高的内部一致性和收敛效度。

表5.23　任务性沟通测量条款的因子负载、共性方差及一维性检验

测量条款	初始方差	提取方差	因子负载	特征值	解释方差（%）
TC01	1.000	0.601	0.713	2.335	77.838
TC02	1.000	0.625	0.752		
TC03	1.000	0.717	0.804		
TC04	1.000	0.612	0.744		
TC05	1.000	0.725	0.808		
TC06	1.000	0.698	0.793		

(2) 私人性沟通的收敛效度。

对私人性沟通的 7 个测量指标做探索性因子分析，仅得到 1 个特征值大于 1 的因子，该因子解释了 77.215% 的总变异，说明测量结构的一维性很好。各测量项目的标准化因子负载及被因子解释的方差比例如表 5.24 所示。从表中可以看出，各测量项目被因子解释的方差比例都超过了 0.5，标准化因子负载也都超过了 0.7，说明测量具有很高的内部一致性和收敛效度。

表 5.24　私人性沟通测量条款的因子负载、共性方差及一维性检验

测量条款	初始方差	提取方差	因子负载	特征值	解释方差（%）
PC01	1.000	0.587	0.715		
PC02	1.000	0.687	0.787		
PC03	1.000	0.617	0.753		
PC04	1.000	0.592	0.721	2.316	77.215
PC05	1.000	0.610	0.742		
PC06	1.000	0.685	0.786		
PC07	1.000	0.722	0.806		

(3) 反应性沟通的收敛效度。

对反应性沟通的 3 个测量指标做探索性因子分析，仅得到 1 个特征值大于 1 的因子，该因子解释了 75.331% 的总变异，说明测量结构的一维性很好。各测量项目的标准化因子负载及被因子解释的方差比例如表 5.25 所示。从表中可以看出，各测量项目被因子解释的方差比例都超过了 0.5，标准化因子负载也都超过了 0.7，说明测量具有很高的内部一致性和收敛效度。

表 5.25　反应性沟通测量条款的因子负载、共性方差及一维性检验

测量条款	初始方差	提取方差	因子负载	特征值	解释方差（%）
CR01	1.000	0.742	0.861		
CR02	1.000	0.748	0.865	2.260	75.331
CR03	1.000	0.770	0.878		

(4) 交互记忆系统的收敛效度。

在本研究中,"交互记忆系统"是一个二阶因子,其测量包括 3 个一阶因子:"专长""可信"和"协调",每个一阶因子又对应若干测量条款。基于此测量结构,本研究对交互记忆系统的测量进行了确定性因子分析,确定性因子分析的模型与结果如图 5.1、表 5.26 所示。

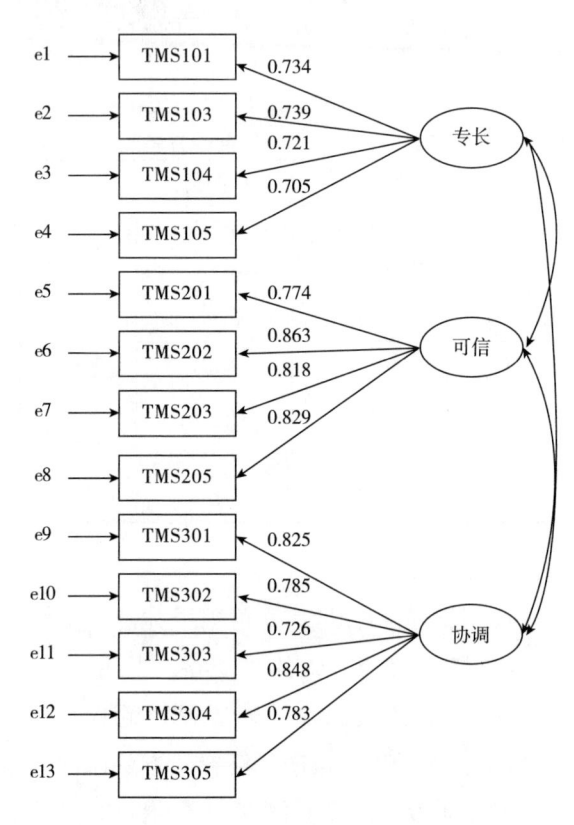

图 5.1 交互记忆系统确定性因子分析模型

表 5.26　　　　　交互记忆系统确定性因子分析结果

测量条款	标准化因负载	标准误差（S.E.）	临界比（C.R.）	AVE
TMS101	0.734	—	—	
TMS103	0.739	0.110	9.918	
TMS104	0.721	0.103	9.705	0.525
TMS105	0.705	0.109	9.030	

续表

测量条款	标准化因负载	标准误差（S.E.）	临界比（C.R.）	AVE
TMS201	0.774	—	—	0.675
TMS202	0.863	0.135	10.767	
TMS203	0.818	0.121	10.447	
TMS205	0.829	0.125	10.521	
TMS301	0.825	—	—	0.631
TMS302	0.785	0.075	13.024	
TMS303	0.726	0.088	11.805	
TMS304	0.848	0.063	14.304	
TMS305	0.783	0.093	12.665	
拟合优度指标值	χ^2/df = 2.311，GFI = 0.926，AGFI = 0.862，NFI = 0.911，IFI = 0.948，CFI = 0.947，RMSEA = 0.072			

就拟合优度指标而言，χ^2/df = 2.311，不仅小于 5，且小于更严格的标准 3；GFI = 0.926，AGFI = 0.862，NFI = 0.911，IFI = 0.948，CFI = 0.947，除 AGFI 外均大于 0.9，而 AGFI 也大于了 0.85 的上限；RMSEA = 0.072，小于 0.10，表明拟合效果非常理想。所有条款的标准化因子负载均大于 0.7。从各潜在变量提取的平均方差来看，"专长""可信"和"协调"三个因子的 AVE 值分别为 0.525、0.675 和 0.631，均超过 0.5 的下限，表明量表具有较好的收敛效度。

（5）共享心智模型的收敛效度。

对共享心智模型的 5 个测量指标做探索性因子分析，仅得到 1 个特征值大于 1 的因子，该因子解释了 72.265% 的总变异，说明测量结构的一维性很好。各测量项目的标准化因子负载及被因子解释的方差比例如表 5.27 所示。从表中可以看出，各测量项目被因子解释的方差比例都超过了 0.5，标准化因子负载也都超过了 0.7，说明测量具有很高的内部一致性和收敛效度。

表 5.27　共享心智模型测量条款的因子负载、共性方差及一维性检验

测量条款	初始方差	提取方差	因子负载	特征值	解释方差（％）
SMM02	1.000	0.654	0.809		
SMM03	1.000	0.745	0.863		
SMM04	1.000	0.773	0.879	3.613	72.265
SMM05	1.000	0.680	0.824		
SMM06	1.000	0.761	0.872		

（6）知识转移的收敛效度。

对知识转移的 3 个测量指标做探索性因子分析，仅得到 1 个特征值大于 1 的因子，该因子解释了 73.682% 的总变异，说明测量结构的一维性很好。各测量项目的标准化因子负载及被因子解释的方差比例如表 5.28 所示。从表中可以看出，各测量项目被因子解释的方差比例都超过了 0.5，标准化因子负载也都超过了 0.7，说明测量具有很高的内部一致性和收敛效度。

表 5.28　知识转移测量条款的因子负载、共性方差及一维性检验

测量条款	初始方差	提取方差	因子负载	特征值	解释方差（％）
KT02	1.000	0.718	0.847		
KT03	1.000	0.763	0.874	2.210	73.682
KT04	1.000	0.729	0.854		

（7）知识创造的收敛效度。

对知识创造的 6 个测量指标做探索性因子分析，仅得到 1 个特征值大于 1 的因子，该因子解释了 60.991% 的总变异，说明测量结构的一维性很好。各测量项目的标准化因子负载及被因子解释的方差比例如表 5.29 所示。

表 5.29　知识创造测量条款的因子负载、共性方差及一维性检验

测量条款	初始方差	提取方差	因子负载	特征值	解释方差（％）
KC01	1.000	0.510	0.714		
KC02	1.000	0.745	0.863		
KC03	1.000	0.677	0.823	3.659	60.991
KC04	1.000	0.613	0.783		
KC05	1.000	0.571	0.756		
KC06	1.000	0.543	0.737		

从表 5.29 中可以看出，各测量项目被因子解释的方差比例都超过 0.5，标准化因子负载也都超过了 0.7，说明测量具有很高的内部一致性和收敛效度。

（8）控制变量的收敛效度。

本研究中，"民族文化"和"个人主义—集体主义"是两个一阶潜变量，需分别对其进行探索性因子分析，结果如表 5.30 所示。

表 5.30　　控制变量测量条款的因子负载、共性方差及一维性检验

变量	测量条款	初始方差	提取方差	因子负载	特征值	解释方差（%）
儒家价值文化取向	RJ01	1.000	0.687	0.829	4.102	58.601
	RJ02	1.000	0.607	0.779		
	RJ03	1.000	0.593	0.770		
	RJ04	1.000	0.522	0.722		
	RJ05	1.000	0.573	0.757		
	RJ06	1.000	0.510	0.714		
	RJ07	1.000	0.611	0.781		
	RJ08	1.000	0.556	0.738		
	RJ09	1.000	0.612	0.785		
	RJ10	1.000	0.582	0.768		
	RJ14	1.000	0.560	0.742		
	RJ15	1.000	0.532	0.728		
	RJ17	1.000	0.605	0.775		
	RJ18	1.000	0.580	0.765		
	RJ19	1.000	0.575	0.760		
个人主义—集体主义	CI01	1.000	0.625	0.791	2.633	65.821
	CI02	1.000	0.760	0.872		
	CI03	1.000	0.630	0.794		
	CI04	1.000	0.617	0.786		

对民族文化（儒家价值文化取向）的 15 个测量指标做探索性因子分析，仅得到 1 个特征值大于 1 的因子，该因子解释了 58.601% 的总变异。对个人

主义—集体主义的 4 个测量指标做探索性因子分析，仅得到 1 个特征值大于 1 的因子，该因子解释了 65.821% 的总变异，分析结果说明测量结构的一维性很好。各测量项目的标准化因子负载及被因子解释的方差比例如表 5.30 所示。从表 5.30 中可以看出，各测量项目被因子解释的方差比例都超过了 0.5，标准化因子负载也都超过了 0.7，说明测量具有很高的内部一致性和收敛效度。

（9）调节变量——沟通风格的收敛效度。

对沟通风格的 11 个测量指标做探索性因子分析，仅得到 1 个特征值大于 1 的因子，该因子解释了 61.876% 的总变异，说明测量结构的一维性很好。各测量项目的标准化因子负载及被因子解释的方差比例如表 5.31 所示。从表 5.31 中可以看出，各测量项目被因子解释的方差比例都超过了 0.5，标准化因子负载也都超过了 0.7，说明测量具有很高的内部一致性和收敛效度。

表 5.31　　　沟通风格的因子负载、共性方差及一维性检验

测量条款	初始方差	提取方差	因子负载	特征值	解释方差（%）
CS01	1.000	0.504	0.712		
CS02	1.000	0.541	0.729		
CS03	1.000	0.621	0.787		
CS04	1.000	0.658	0.809		
CS05	1.000	0.599	0.763		
CS06	1.000	0.613	0.777	3.508	61.867
CS07	1.000	0.681	0.825		
CS08	1.000	0.704	0.839		
CS09	1.000	0.609	0.781		
CS10	1.000	0.586	0.750		
CS11	1.000	0.610	0.783		

（10）干扰变量——组织文化的收敛效度。

对反映组织文化的 3 个一阶变量：官僚的、创新的和支持的测量指标分别进行探索性因子分析，3 个变量均仅得到 1 个特征值大于 1 的因子，因子分别解释了 67.874%、76.939% 和 76.694% 的总变异，说明测量结构的一维性

很好。各测量项目的标准化因子负载及被因子解释的方差比例如表 5.32 所示。从表 5.32 中可以看出，各测量项目被因子解释的方差比例都超过了 0.5，标准化因子负载也都超过了 0.7，说明官僚的、创新的和支持的测量具有很高的内部一致性和收敛效度。

表 5.32　组织文化测量条款的因子负载、共性方差及一维性检验

变量	测量条款	初始方差	提取方差	因子负载	特征值	解释方差（%）
官僚的	OC101	1.000	0.709	0.842	2.715	67.874
	OC102	1.000	0.598	0.773		
	OC103	1.000	0.730	0.855		
	OC104	1.000	0.678	0.823		
创新的	OC201	1.000	0.821	0.906	2.308	76.939
	OC202	1.000	0.830	0.911		
	OC203	1.000	0.657	0.811		
支持的	OC301	1.000	0.784	0.886	3.068	76.694
	OC302	1.000	0.824	0.908		
	OC303	1.000	0.689	0.830		
	OC304	1.000	0.771	0.878		

5.4.5　区分效度分析结果

5.4.5.1　探索性因子分析

区分效度主要是评价测量数据的单维度性，以及不同变量测量项目的差异性，可以采用探索性因子分析（EFA）进行。

根据 4.3.3 节中关于探索性因子分析的要求，首先对样本数据作 KMO 和 Bartlett 球体检验，以验证样本数据是否适合作因子分析。其结果为：KMO 系数为 0.813，而 Bartlett 球体检验显著（显著概率为 0.000），根据因子分析的标准，样本数据适合进行因子分析。

从表 5.33 可以看出，总体来看，不同变量的测量项目，其最大负荷系数

（一般取大于0.5）。归属于不同因子，而同一变量的测量项目，其最大负荷系数也归属于同一因子，而且，分析中没有发现跨因子测量项目，即不存在同一测量项目在两个或两个以上因子中，负荷系数大于0.5的现象，以及测量项目最大负荷系数明显低于0.5的现象。因此，从EFA的分析结果来看，可以得出结论，本次采用通过小样本预测试修正后的测量量表，所调查的样本数据，具有较为显著的区分效度。

表5.33 样本数据探索性因子分析结果

变量	项目	因子 1	2	3	4	5	6	7
任务性沟通	TC01	0.741						
	TC02	0.741						
	TC03	0.752						
	TC04	0.721						
	TC05	0.693						
	TC06	0.752						
私人性沟通	PC01		0.695					
	PC02		0.778					
	PC03		0.693					
	PC04		0.749					
	PC05		0.578					
	PC06		0.663					
	PC07		0.658					
反应性沟通	CR01			0.785				
	CR02			0.771				
	CR03			0.806				
交互记忆系统	TMS101				0.626			
	TMS103				0.638			
	TMS104				0.608			
	TMS105				0.658			
	TMS201				0.556			

续表

变量	项目	因子						
		1	2	3	4	5	6	7
交互记忆系统	TMS202				0.685			
	TMS203				0.696			
	TMS205				0.535			
	TMS301				0.640			
	TMS302				0.674			
	TMS303				0.568			
	TMS304				0.685			
	TMS305				0.545			
共享心智模型	SMM02					0.794		
	SMM03					0.810		
	SMM04					0.825		
	SMM05					0.810		
	SMM06					0.832		
知识转移	KT02						0.514	
	KT03						0.587	
	KT04						0.597	
知识创造	KC01							0.580
	KC02							0.595
	KC03							0.645
	KC04							0.589
	KC05							0.581
	KC06							0.574
特征根 λ 值		8.145	6.967	4.638	3.442	2.466	2.223	1.311
方差解释量（%）		18.914	15.640	10.786	8.003	5.734	5.168	3.049

5.4.5.2 验证性因子分析

通过验证型因子分析，本研究主要对沟通内容、团队认知变量（交互记忆系统和共享心智模型）、知识转移和知识创造以及整体模型的各潜变量再次进行区分效度评估。

（1）沟通内容（前因变量）的区分效度分析。

任务性沟通、私人性沟通和反应性沟通这3个潜变量，其确定性因子分析的结果如表5.34所示。就拟合优度指标而言，$\chi^2/df = 2.974$，小于5的最低标准；GFI = 0.892，AGFI = 0.855，NFI = 0.906，IFI = 0.936，CFI = 0.935，均达到建议值；RMSEA = 0.088，小于0.10的上限，表明拟合效果较为理想。且任务性沟通的 AVE 为 0.640，私人性沟通的 AVE 为 0.593，反应性沟通的 AVE 为 0.630，均超过 0.5 的下限，表明具有较好的收敛效度。

表5.34　　　　沟通内容（前因变量）的确定性因子分析

变量	测量条款	标准化因负载	标准误差（S.E.）	临界比（C.R.）	AVE
任务性沟通	TC01	0.777	—	—	0.640
	TC02	0.747	0.084	11.299	
	TC03	0.809	0.084	12.313	
	TC04	0.729	0.093	12.253	
	TC05	0.867	0.110	12.202	
	TC06	0.861	0.099	12.155	
私人性沟通	PC01	0.703	—	—	0.593
	PC02	0.853	0.092	11.124	
	PC03	0.605	0.081	8.301	
	PC04	0.754	0.090	10.162	
	PC05	0.713	0.085	11.576	
	PC06	0.822	0.128	11.378	
	PC07	0.899	0.126	11.754	
反应性沟通	CR01	0.778	—	—	0.630
	CR02	0.778	0.071	11.538	
	CR03	0.825	0.076	12.126	
拟合优度指标值	$\chi^2/df = 2.974$，GFI = 0.892，AGFI = 0.855，NFI = 0.906，IFI = 0.936，CFI = 0.935，RMSEA = 0.088					

对其进行的区分效度检验结果如表 5.35 所示。该表显示了各因子间的相关系数，括号内数字为各因子 AVE 的平方根，表中显示各因子 AVE 的平方根均大于其所在行和列的相关系数值，说明量表具有很好的区分效度。

表 5.35　　沟通内容（前因变量）测量维度的区分效度分析结果

变量	均值	标准差	任务性沟通	私人性沟通	反应性沟通
任务性沟通	5.0071	0.9644	(0.800)		
私人性沟通	4.7947	0.9187	0.178**	(0.770)	
反应性沟通	4.9959	0.7940	0.177**	0.296**	(0.794)

注：** 表示在 0.01 水平显著相关。

（2）交互记忆系统和共享心智模型（中介变量）的区分效度分析。

从表 5.36 中可以看到团队层面的认知变量。交互记忆系统和共享心智模型的拟合效果比较好，各拟合优度指标均超过建议值，绝对拟合指数 χ^2/df = 2.419，不仅小于 5，且小于更严格的标准 3；GFI = 0.916，AGFI = 0.893，NFI = 0.913，IFI = 0.947，CFI = 0.946，均达到建议值；RMSEA = 0.074，小于 0.10 的上限，表明拟合效果非常理想。且交互记忆系统和共享心智模型的 AVE 分别为 0.589 和 0.667，均超过 0.5 的下限，表明具有较好的收敛效度。

表 5.36　　交互记忆系统和共享心智模型（中介变量）确定性因子分析

变量	测量条款	标准化因负载	标准误差（S.E.）	临界比（C.R.）	AVE
交互记忆系统	TMS101	0.707	—	—	0.589
	TMS103	0.751	0.103	10.349	
	TMS104	0.744	0.096	10.440	
	TMS105	0.747	0.103	9.594	
	TMS201	0.824	—	—	
	TMS202	0.865	0.125	11.216	
	TMS203	0.689	0.113	10.884	
	TMS205	0.711	0.118	11.012	
	TMS301	0.701	—	—	
	TMS302	0.853	0.074	13.232	
	TMS303	0.739	0.087	10.274	
	TMS304	0.787	0.062	14.646	
	TMS305	0.830	0.091	9.408	

续表

变量	测量条款	标准化因负载	标准误差（S.E.）	临界比（C.R.）	AVE
共享心智模型	SMM02	0.772	—	—	0.667
	SMM03	0.831	0.091	13.346	
	SMM04	0.855	0.087	13.812	
	SMM05	0.779	0.088	12.359	
	SMM06	0.842	0.080	13.566	
拟合优度指标值	$\chi^2/df=2.419$，GFI = 0.916，AGFI = 0.893，NFI = 0.913，IFI = 0.947，CFI = 0.946，RMSEA = 0.074					

对其进行的区分效度检验结果如表 5.37 所示。该表显示了各因子间的相关系数，括号内数字为各因子 AVE 的平方根，表中显示各因子 AVE 的平方根均大于其所在行和列的相关系数值，说明量表具有很好的区分效度。

表 5.37　交互记忆系统和共享心智模型（中介变量）区分效度分析结果

变量	均值	标准差	交互记忆系统	共享心智模型
交互记忆系统	5.2486	0.6508	(0.772)	
共享心智模型	5.1287	0.9059	0.437**	(0.817)

注：** 表示在 0.01 水平显著相关。

（3）知识转移和知识创造（结果变量）的区分效度分析。

从表 5.38 中可以看到知识转移和知识创造的拟合效果比较好，各拟合优度指标均超过建议值，绝对拟合指数 $\chi^2/df=2.190$，不仅小于 5，且小于更严格的标准 3；GFI = 0.957，AGFI = 0.925，NFI = 0.954，IFI = 0.974，CFI = 0.974，均达到建议值；RMSEA = 0.068，小于 0.10 的上限，表明拟合效果非常理想。且知识转移和知识创造的 AVE 分别为 0.606 和 0.579，均超过 0.5 的下限，表明具有较好的收敛效度。

表 5.38　知识转移和知识创造（结果变量）确定性因子分析

变量	测量条款	标准化因负载	标准误差（S.E.）	临界比（C.R.）	AVE
知识转移	KT02	0.732	—	—	0.606
	KT03	0.822	0.106	10.957	
	KT04	0.779	0.098	10.590	

续表

变量	测量条款	标准化因子负载	标准误差（S.E.）	临界比（C.R.）	AVE
知识创造	KC01	0.694	—	—	0.579
	KC02	0.857	0.092	11.583	
	KC03	0.815	0.102	11.106	
	KC04	0.723	0.089	9.979	
	KC05	0.735	0.108	10.029	
	KC06	0.727	0.110	10.004	
拟合优度指标值	$\chi^2/df = 2.190$，GFI = 0.957，AGFI = 0.925，NFI = 0.954 IFI = 0.974，CFI = 0.974，RMSEA = 0.068				

对其进行的区分效度检验结果如表5.39所示。该表显示了各因子间的相关系数，括号内数字为各因子AVE的平方根，表中显示各因子AVE的平方根均大于其所在行和列的相关系数值，说明量表具有很好的区分效度。

表5.39 交互记忆系统和共享心智模型（中介变量）区分效度分析结果

变量	均值	标准差	知识转移	知识创造
知识转移	5.0566	0.8399	(0.779)	
知识创造	4.8907	0.7762	0.395**	(0.761)

注：** 表示在0.01水平显著相关。

（4）整体模型的区分效度分析。

整体模型中7个潜变量的确定性因子分析结果如表5.40所示，就拟合优度指标而言，其中$\chi^2/df = 2.315$，不仅小于5，且小于更严格的标准3；GFI = 0.906，AGFI = 0.894，NFI = 0.912，IFI = 0.948，CFI = 0.948，均达到建议值；RMSEA = 0.072，小于0.10的上限，表明拟合效果较好。任务性沟通的AVE为0.756，私人性沟通的AVE为0.641，反应性沟通的AVE为0.684，交互记忆系统的AVE为0.556，共享心智模型的AVE为0.667，知识转移的AVE为0.606，知识创造的AVE为0.588，均超过0.5的下限，表明具有较好的聚合效度。

表 5.40　　　　　　　　　　整体模型的确定性因子分析

变量	测量条款	标准化因负载	标准误差（S.E.）	临界比（C.R.）	AVE
任务性沟通	TC01	0.765	—	—	0.756
	TC02	0.800	0.086	12.164	
	TC03	0.895	0.089	13.246	
	TC04	0.877	0.065	12.875	
	TC05	0.929	0.050	20.894	
	TC06	0.937	0.048	21.207	
私人性沟通	PC01	0.832	—	—	0.641
	PC02	0.857	0.074	14.195	
	PC03	0.731	0.074	11.843	
	PC04	0.730	0.077	11.796	
	PC05	0.709	0.068	10.685	
	PC06	0.826	0.130	11.364	
	PC07	0.897	0.126	11.737	
反应性沟通	CR01	0.810	—	—	0.684
	CR02	0.816	0.064	13.272	
	CR03	0.854	0.067	13.901	
交互记忆系统	TMS101	0.739	—	—	0.556
	TMS103	0.689	0.125	7.925	
	TMS104	0.687	0.116	7.891	
	TMS105	0.764	0.124	7.627	
	TMS201	0.765	0.109	8.790	
	TMS202	0.763	0.126	9.811	
	TMS203	0.746	0.115	9.636	
	TMS205	0.813	0.120	7.729	
	TMS301	0.770	0.139	9.574	
	TMS302	0.741	0.141	9.210	
	TMS303	0.706	0.146	7.319	
	TMS304	0.737	0.124	9.783	
	TMS305	0.762	0.157	7.755	

续表

变量	测量条款	标准化因负载	标准误差（S.E.）	临界比（C.R.）	AVE
共享心智模型	SMM02	0.772	—	—	0.667
	SMM03	0.828	0.092	13.265	
	SMM04	0.851	0.088	13.692	
	SMM05	0.783	0.088	12.423	
	SMM06	0.847	0.081	13.643	
知识转移	KT02	0.734	—	—	0.606
	KT03	0.805	0.099	11.500	
	KT04	0.794	0.093	11.290	
知识创造	KC01	0.712	—	—	0.588
	KC02	0.857	0.091	11.666	
	KC03	0.826	0.101	11.107	
	KC04	0.726	0.089	10.021	
	KC05	0.736	0.107	8.878	
	KC06	0.730	0.110	8.801	
拟合优度指标值	$\chi^2/df = 2.315$，GFI = 0.906，AGFI = 0.894，NFI = 0.912，IFI = 0.948，CFI = 0.948，RMSEA = 0.072					

整体模型区分效度的检验如表 5.41 所示。该表显示了潜变量之间的相关系数，其中括号内的值为各潜变量 AVE 的平方根。表中，各潜变量 AVE 的平方根值都大于其所在行和列的相关系数值，说明测量具有很好的区分效度。

表 5.41　　　　　整体模型的区分效度分析结果

变量	均值	标准差	任务性沟通	私人性沟通	反应性沟通	交互记忆系统	共享心智模型	知识转移	知识创造
任务性沟通	5.0071	0.9644	(0.869)						
私人性沟通	4.7947	0.9187	0.178**	(0.801)					
反应性沟通	4.9959	0.7940	0.177**	0.296**	(0.827)				
交互记忆系统	5.2486	0.6508	0.189**	0.350**	0.315**	(0.746)			
共享心智模型	5.1287	0.9059	0.181**	0.382**	0.236**	0.437**	(0.817)		
知识转移	5.0566	0.8399	0.225**	0.394**	0.241**	0.409**	0.391**	(0.778)	
知识创造	4.8907	0.7762	0.277**	0.274**	0.354**	0.437**	0.309**	0.395**	(0.767)

注：** 表示在 0.01 水平显著相关。

5.5 本章小结

本章主要关注研究数据的收集、描述性统计与数据的质量评估，包括了测量的信度与效度分析。首先，在数据收集方面，主要根据研究的内容，阐述对研究对象的选择考量，以获得更具实际意义的研究结果，在此基础上，说明数据收集的方式、过程与准则；其次，根据研究需要，对数据进行了团队层面的加总，说明加总的方法与团队分数的评定的相似性程度的评估标准，结果表明，团队成员答复的一致性程度较高，表示本研究将团队成员的答复汇总作为团队层面的分析是适当的；再其次，对研究数据进行人口统计特征的描述与团队、企业特征的描述，模型涉及变量的测量项目的描述性统计结果显示，测量条款的评价值均能够服从正态分布；最后，进行了调研方式的偏差分析与信度与效度分析。对研究样本数据从建构效度（包括收敛效度和区分效度）和信度两个方面进行评估。结果显示，大样本数据的数值质量是可以接受的，且具有良好的信度和效度，可以用于下一步的实证检验研究。

6 假设检验与结果分析

本章主要关注团队成员的沟通，以交互记忆系统和共享心智模型作为中介变量对知识转移和知识创造的影响，并研究沟通风格和组织文化对沟通内容、交互记忆系统和共享心智模型的影响，以及知识共享之间的关系。

6.1 控制变量影响分析

本研究将从个人层面和团队成员两方面研究控制变量对中介变量和因变量的影响效果。在个人层面上，本研究将关注团队成员的个体特征，如性别、年龄、学历、工作性质等变量，尤其引入了民族文化和个人主义—集体主义作为控制变量；而在团队层面上，本研究将关注企业层面和团队层面的变量，如团队规模、团队寿命、企业性质、企业所属行业、企业发展阶段等。数据分析采用独立样本 t 检验法（两组）和单因素方差分析法（两组以上）相结合。对于不可直接观测的潜变量，通常的赋值方法有两类：其一是采用因子分析方法，计算它们的因子值作为潜变量的计算值；其二是通过采用均值的方法，直接计算潜变量的计算值（转自谢荷锋，2007）。在普通相关分析中，通常采用的是后者，本书也遵循这一传统，在以下的方差分析中，均采用均值赋值的原则。在进行因素方差分析时，先对方差齐性进行检验，对于方差为齐性的采用 LSD 的两两 t 检验结果判断均值是否存在显著差异，对于方差非齐性的采用 Tamhane 的两两 t 检验结果判断均值是否存在显著差异（马庆国，2002）。

6.1.1　团队成员个体属性对中介变量和结果变量的影响分析

（1）性别对中介变量和结果变量的影响分析。

由表 6.1 可知，以团队成员性别为对象的独立样本 t 检验中，交互记忆系统、共享心智模型、知识转移与知识创造四个变量的显著性概率分别为 0.004、0.013、0.002 与 0.004，均小于 0.05。因此，这意味着，团队成员的性别对于其交互记忆系统、共享心智模型的影响，以及对知识转移与知识创造的影响均有显著差异，且均为男性高于比女性。

表 6.1　团队成员性别对中介变量和结果变量影响的方差分析

变量名	均值差（男－女）	F 值	方差齐性检验 Sig.	是否齐性	显著性概率	是否显著
交互记忆系统	0.1964	0.003	0.954	是	0.004	是
共享心智模型	0.1813	0.656	0.418	是	0.013	是
知识转移	0.2367	1.186	0.276	是	0.002	是
知识创造	0.1959	0.105	0.746	是	0.004	是

注：方差齐性检验的显著性水平为 0.05。

（2）年龄对中介变量和结果变量的影响分析。

采用单因素方差分析法判断团队成员的年龄对中介变量和结果变量的影响是否存在显著性差异，结果见表 6.2。可以看出，在置信度为 95% 的水平下，员工年龄对交互记忆系统、共享心智模型、知识转移和知识创造的影响均无显著差异。

表 6.2　员工年龄对中介变量和结果变量影响的方差分析

变量名	总变差	F 值	df	方差齐性检验 Sig.	是否齐性	显著性概率	是否显著
交互记忆系统	1126.334	1.025	975	0.479	是	0.543	否
共享心智模型	1250.500	1.093	975	0.946	是	0.492	否
知识转移	1326.158	0.983	975	0.881	是	0.483	否
知识创造	1092.434	0.818	975	0.860	是	0.614	否

注：方差齐性检验的显著性水平为 0.05。

（3）学历对中介变量和结果变量的影响分析。

本研究采用单因素方差分析法进行分析，判断员工学历对中介变量和结果变量的影响是否存在显著性差异，结果见表6.3。可以看出，在置信度为95%的水平下，员工学历对交互记忆系统和共享心智模型的影响均无显著差异，而对知识转移和知识创造的影响则存在显著差异。

表6.3　　　　　学历对中介变量和结果变量影响的方差分析

变量名	总变差	F值	df	方差齐性检验 Sig.	方差齐性检验 是否齐性	显著性概率	是否显著
交互记忆系统	1126.334	5.828	975	0.000	否	0.232	否
共享心智模型	1250.500	7.013	975	0.001	否	0.176	否
知识转移	1326.158	4.768	975	0.000	否	0.001	是
知识创造	1092.434	6.855	975	0.001	否	0.000	是

注：方差齐性检验的显著性水平为0.05。

表6.4是多重比较的结果，知识转移与知识创造的方差齐性概率分别为0.000与0.001，均小于0.05，从而拒绝了方差齐性的假设，因此，在多重比较中，采用Tamhane的分析方法。可以看到，对于知识转移和知识创造而言，硕士学历与大专以下、大专以及本科学历的员工间存在显著差异。相对于大专以下、大专以及本科学历的员工，硕士学历的员工的知识转移和知识创造水平较高。而大专以及本科学历的员工比大专以下学历的员工有更高的知识转移和知识创造水平。

表6.4　　　　　　　基于学历的多重比较结果

变量名	分析方法	(I)学历	(J)学历	均值差(I-J)	Sig.
知识转移	Tamhane	硕士	大专以下	0.8861*	0.000
			大专	0.4369*	0.035
			本科	1.4335*	0.035
		大专以下	大专	-0.4492*	0.004
			本科	-0.4527*	0.003
知识创造	Tamhane	硕士	大专以下	0.9052*	0.000
			大专	0.5030*	0.008
			本科	0.5836*	0.001
		大专以下	大专	-0.4022*	0.003
			本科	-0.3216*	0.037

注：*表示$p<0.05$。

(4) 工作性质对中介变量和结果变量的影响分析。

本研究采用单因素方差分析法进行分析，判断工作性质对中介变量和结果变量的影响是否存在显著性差异，结果见表 6.5。可以看出，在置信度为 95% 的水平下，工作性质对交互记忆系统、共享心智模型、知识转移和知识创造的影响均无显著差异。

表 6.5　工作性质对中介变量和结果变量影响的方差分析

变量名	总变差	F 值	df	方差齐性检验 Sig.	是否齐性	显著性概率	是否显著
交互记忆系统	1126.334	1.228	975	0.138	是	0.450	否
共享心智模型	1250.500	1.384	975	0.224	是	0.370	否
知识转移	1326.158	1.531	975	0.151	是	0.303	否
知识创造	1092.434	1.092	975	0.007	否	0.512	否

注：方差齐性检验的显著性水平为 0.05。

(5) 职位对中介变量和结果变量的影响分析。

本研究采用单因素方差分析法进行分析，判断员工职位对中介变量和结果变量的影响是否存在显著性差异，结果见表 6.6。可以看出，在置信度为 95% 的水平下，职位对共享心智模型和知识转移的影响均无显著差异，而对交互记忆系统和知识创造的影响则存在显著差异。

表 6.6　职位对中介变量和结果变量影响的方差分析

变量名	总变差	F 值	df	方差齐性检验 Sig.	是否齐性	显著性概率	是否显著
交互记忆系统	1126.334	3.249	975	0.066	是	0.038	是
共享心智模型	1250.500	2.102	975	0.174	是	0.241	否
知识转移	1326.158	2.827	975	0.005	否	0.113	否
知识创造	1092.434	3.393	975	0.233	是	0.014	是

注：方差齐性检验的显著性水平为 0.05。

表 6.7 是多重比较的结果，交互记忆系统和知识创造的方差齐性概率分别为 0.066 与 0.233，均大于 0.05，从而接受了方差齐性的假设，因此，在多

重比较中，采用 LSD 的检验方法。对于交互记忆系统和知识创造而言，基层管理人员与普通员工间存在显著差异。相对于普通员工，基层管理人员有更高的交互记忆系统和知识创造水平。

表 6.7　基于职位的多重比较结果

变量名	分析方法	（I）职位	（J）职位	均值差（I-J）	Sig.
交互记忆系统	LSD	基层管理	普通员工	0.1688*	0.028
知识创造	LSD	基层管理	普通员工	0.1924*	0.011

注：* 表示 $p<0.05$。

（6）工作时间对中介变量和结果变量的影响分析。

本研究采用单因素方差分析法进行分析，判断工作时间对中介变量和结果变量的影响是否存在显著性差异，结果见表 6.8。可以看出，在置信度为 95% 的水平下，工作时间对交互记忆系统、共享心智模型、知识转移和知识创造的影响均无显著差异。

表 6.8　工作时间对中介变量和结果变量影响的方差分析

变量名	总变差	F 值	df	方差齐性检验 Sig.	是否齐性	显著性概率	是否显著
交互记忆系统	1126.334	2.104	975	0.209	是	0.144	否
共享心智模型	1250.500	1.660	975	0.035	否	0.116	否
知识转移	1326.158	1.432	975	0.215	是	0.130	否
知识创造	1092.434	1.799	975	0.011	否	0.166	否

注：方差齐性检验的显著性水平为 0.05。

（7）月收入水平对中介变量和结果变量的影响分析。

本研究采用单因素方差分析法进行分析，判断月收入水平对中介变量和结果变量的影响是否存在显著性差异，结果见表 6.9。可以看出，在置信度为 95% 的水平下，月收入水平对交互记忆系统、共享心智模型、知识转移和知识创造的影响均无显著差异。

表6.9　　　收入水平对中介变量和结果变量影响的方差分析

变量名	总变差	F值	df	方差齐性检验 Sig.	方差齐性检验 是否齐性	显著性概率	是否显著
交互记忆系统	1126.334	3.093	975	0.000	否	0.126	否
共享心智模型	1250.500	1.482	975	0.018	否	0.218	否
知识转移	1326.158	1.773	975	0.009	否	0.151	否
知识创造	1092.434	2.156	975	0.002	否	0.192	否

注：方差齐性检验的显著性水平为0.05。

（8）民族文化（儒家价值文化取向）对中介变量和结果变量的影响分析。

由于儒家价值文化取向是潜变量，因此，本研究先将其聚类为儒家价值文化取向分为较高和较低2组，再采用独立样本t检验，结果见表6.10，得出知识创造在儒家价值文化取向上无显著差异，交互记忆系统、共享心智模型、知识转移在儒家价值文化取向上有显著差异，儒家价值文化取向较高的团队成员更易于形成交互记忆系统、共享心智模型和知识转移。

表6.10　　儒家价值文化取向对中介变量和结果变量影响的方差分析

变量名	均值差（高－低）	F值	方差齐性检验 Sig.	方差齐性检验 是否齐性	显著性概率	是否显著
交互记忆系统	0.3813	4.958	0.026	否	0.000	是
共享心智模型	0.3872	5.235	0.022	否	0.000	是
知识转移	0.3884	3.196	0.074	是	0.000	是
知识创造	0.0296	1.074	0.300	是	0.121	否

注：方差齐性检验的显著性水平为0.05。

（9）个人主义—集体主义对中介变量和结果变量的影响分析。

由于个人主义—集体主义是潜变量，因此，本研究先将其聚类为个人主义较高和集体主义较高两组，再采用独立样本t检验，结果见表6.11，得出集体主义较高的员工更易于形成交互记忆系统、共享心智模型和知识转移；而个人主义较高的员工有更高的知识创造。

表 6.11　个人主义—集体主义对中介变量和结果变量影响的方差分析

变量名	均值差（个人—集体）	F 值	方差齐性检验 Sig.	是否齐性	显著性概率	是否显著
交互记忆系统	-0.2802	0.980	0.322	是	0.000	是
共享心智模型	-0.3848	10.303	0.001	否	0.000	是
知识转移	-0.4165	16.154	0.000	否	0.000	是
知识创造	0.3115	1.125	0.289	是	0.000	是

注：方差齐性检验的显著性水平为 0.05。

6.1.2　团队层面变量对中介变量和结果变量的影响分析

（1）团队规模对中介变量和结果变量的影响分析。

本研究将团队规模分为"较小规模""中等规模"和"较大规模"3 类，采用单因素方差分析法进行分析，判断团队规模对中介变量和结果变量的影响是否存在显著性差异，结果见表 6.12。可以看出，在置信度为 95% 的水平下，团队规模对交互记忆系统、知识转移和知识创造的影响均无显著差异，而对共享心智模型的影响则存在显著差异。

表 6.12　团队规模对中介变量和结果变量影响的方差分析

变量名	总变差	F 值	df	方差齐性检验 Sig.	是否齐性	显著性概率	是否显著
交互记忆系统	72.724	0.422	255	0.033	否	0.750	否
共享心智模型	181.284	2.535	255	0.035	否	0.029	是
知识转移	158.539	0.174	255	0.070	是	0.912	否
知识创造	137.174	0.630	255	0.469	是	0.628	否

注：方差齐性检验的显著性水平为 0.05。

表 6.13 是多重比较的结果，共享心智模型的方差齐性概率为 0.035，小于 0.05，从而拒绝了方差齐性的假设，因此，在多重比较中，采用 Tamhane 的分析方法。对于共享心智模型而言，随着团队规模的增大，共享心智模型

会减弱，较小规模的团队比中等规模的团队更易形成共享心智模型，中等规模团队则比大规模团队更易形成共享心智模型。一般来说，团队规模对团队成员一致性观念的形成的影响作用是：当团队规模过大时，不利于一致性观念的形成，也就阻碍了共享心智模型的形成。

表6.13　　　　　　　　基于团队规模的多重比较结果

变量名	分析方法	(I) 团队规模	(J) 团队规模	均值差 (I-J)	Sig.
共享心智模型	Tamhane	较小规模	中等规模	0.1761*	0.034
		中等规模	较大规模	0.2171*	0.022

注：*表示 $p<0.05$。

（2）企业性质对中介变量和结果变量的影响分析。

本研究采用单因素方差分析法进行分析，判断企业性质对中介变量和结果变量的影响是否存在显著性差异，结果见表6.14。可以看出，在置信度为95%的水平下，团队所在的企业性质对交互记忆系统、共享心智模型、知识转移和知识创造的影响均无显著差异。

表6.14　　　　企业性质对中介变量和结果变量影响的方差分析

变量名	总变差	F值	df	方差齐性检验 Sig.	是否齐性	显著性概率	是否显著
交互记忆系统	72.724	3.850	255	0.010	否	0.117	否
共享心智模型	181.284	5.771	255	0.095	是	0.123	否
知识转移	158.539	3.692	255	0.049	否	0.200	否
知识创造	137.174	2.527	255	0.518	是	0.496	否

注：方差齐性检验的显著性水平为0.05。

（3）企业所属行业对中介变量和结果变量的影响分析。

本研究采用单因素方差分析法进行分析，判断企业所属行业对中介变量和结果变量的影响是否存在显著性差异，结果见表6.15。可以看出，在置信度为95%的水平下，团队所在企业所属行业对交互记忆系统、共享心智模型、知识转移和知识创造的影响均无显著差异。

表 6.15　企业所属行业对中介变量和结果变量影响的方差分析

变量名	总变差	F 值	df	方差齐性检验 Sig.	方差齐性检验 是否齐性	显著性概率	是否显著
交互记忆系统	72.724	1.158	255	0.035	否	0.267	否
共享心智模型	181.284	1.409	255	0.172	是	0.181	否
知识转移	158.539	1.422	255	0.008	否	0.111	否
知识创造	137.174	0.825	255	0.531	是	0.739	否

注：方差齐性检验的显著性水平为 0.05。

（4）企业所属发展阶段对中介变量和结果变量的影响分析。

本研究采用单因素方差分析法进行分析，判断企业所属发展阶段对中介变量和结果变量的影响是否存在显著性差异，结果见表 6.16。可以看出，在置信度为 95% 的水平下，企业所属发展阶段对交互记忆系统和知识转移的影响均无显著差异，而对共享心智模型和知识创造的影响则存在显著差异。

表 6.16　企业所属发展阶段对中介变量和结果变量影响的方差分析

变量名	总变差	F 值	df	方差齐性检验 Sig.	方差齐性检验 是否齐性	显著性概率	是否显著
交互记忆系统	72.724	1.052	255	0.221	是	0.381	否
共享心智模型	181.284	2.670	255	0.676	是	0.033	是
知识转移	158.539	1.054	255	0.809	是	0.385	否
知识创造	137.174	3.629	255	0.759	是	0.007	是

注：方差齐性检验的显著性水平为 0.05。

表 6.17 是多重比较的结果，共享心智模型和知识创造的方差齐性概率分别为 0.676 与 0.759，均大于 0.05，从而接受了方差齐性的假设，因此，在多重比较中，采用 LSD 的检验方法。对于共享心智模型和知识创造而言，处于衰退期的团队与其他阶段（创业期、发展期、迅速扩张期和成熟期）相比，共享心智模型会显著减弱，一般认为，在团队的衰退期，由于成员们对任务的专注力减弱，比较难形成共享的心智模型。

表6.17　　　　　基于企业所属发展阶段的多重比较结果

变量名	分析方法	(I) 发展阶段	(J) 发展阶段	均值差（I-J）	Sig.
共享心智模型	LSD	衰退期	创业期	-1.1815*	0.004
			发展期	-0.9598*	0.006
			迅速扩张期	-0.9422*	0.007
			成熟期	-0.7517*	0.036
知识创造	LSD	衰退期	创业期	-1.2176*	0.001
			发展期	-1.0772*	0.000
			迅速扩张期	-1.0303*	0.001
			成熟期	-0.9402*	0.003

注：* 表示 $p < 0.05$。

（5）团队寿命对中介变量和结果变量的影响分析。

本研究采用单因素方差分析法进行分析，判断团队寿命对中介变量和结果变量的影响是否存在显著性差异，结果见表6.18。可以看出，在置信度为95%的水平下，团队寿命对交互记忆系统、共享心智模型、知识转移和知识创造的影响均无显著差异。

表6.18　　　　团队寿命对中介变量和结果变量影响的方差分析

变量名	总变差	F 值	df	方差齐性检验 Sig.	是否齐性	显著性概率	是否显著
交互记忆系统	72.724	0.034	255	0.450	是	0.853	否
共享心智模型	181.284	0.075	255	0.755	是	0.784	否
知识转移	158.539	0.685	255	0.191	是	0.409	否
知识创造	137.174	1.410	255	0.322	是	0.231	否

注：方差齐性检验的显著性水平为0.05。

6.2　中介效应研究

为了检验共享心智模型与交互记忆系统对沟通内容和知识共享的中介作用，本研究采用结构方程建模技术来进行分析。因为采用结构方程模型检验中介作用的方法可以得到逐步回归分析法的效果，而且还能综合考虑测量误差项目造成的影响，目前越来越多的学者赞同并采用这种做法（侯杰泰、温忠麟和成子娟，2004；周劲波，2005；周明建，2005；Allen, Shore & Griffeth，2003，转自于杨志蓉，2006）。

判定中介作用的相关条件是（Baron & Kenny，1986）：

（1）中介变量对前因变量的回归分析，回归系数达到显著性水平。

（2）因变量对前因变量的回归，回归系数达到显著性水平。

（3）因变量对中介变量的回归，回归系数达到显著性水平。

（4）因变量同时对前因变量和中介变量的回归，中介变量的回归系数达到显著性水平，前因变量的回归系数减小。

中介作用的判断标准是：当前因变量的回归系数减小到不显著水平，说明中介变量起到完全中介作用，前因变量完全通过中介变量影响因变量；当前因变量的回归系数减少，但仍然达到显著性水平时，中介变量只起到部分中介作用，即前因变量一方面通过中介变量影响因变量，同时也直接对因变量起作用。

6.2.1　前因变量（沟通内容）对中介变量的影响关系

前因变量对中介变量的影响关系见表6.19和图6.1。

表6.19　前因变量对中介变量的影响关系模型拟合指标

χ^2/df	GFI	AGFI	NFI	IFI	CFI	RMSEA
2.820	0.881	0.863	0.901	0.934	0.934	0.084

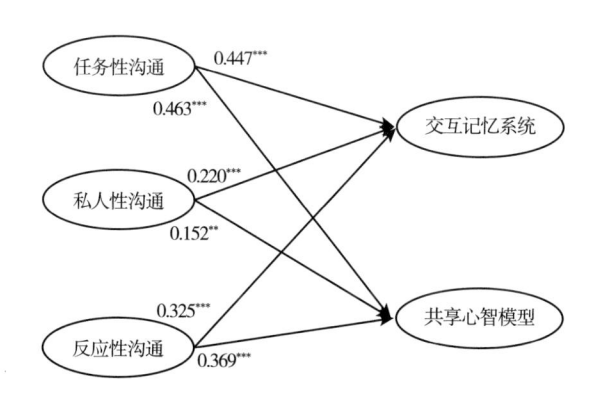

图6.1　前因变量对中介变量的影响关系模型

注：** 表示 $p<0.01$，*** 表示 $p<0.001$。

由表 6.19 知，$\chi^2/df=2.820$，不仅小于 5，且小于更严格的标准 3；GFI = 0.881，AGFI = 0.863，虽然略小于 0.9，但大于 0.85 的最低标准；NFI = 0.901，IFI = 0.934，CFI = 0.934，均大于 0.9；RMSEA = 0.084，小于 0.10，表明拟合效果尚可接受。

图 6.1 可以看到，交互记忆系统和共享心智模型这两个中介变量对前因变量——任务性沟通、私人性沟通和反应性沟通的回归系数均达到显著性水平，即任务性沟通、私人性沟通和反应性沟通不仅会对交互记忆系统产生显著影响，而且会对共享心智模型产生显著影响。任务性沟通、私人性沟通和反应性沟通与交互记忆系统之间的标准化路径系数分别为 0.447、0.220 与 0.325，显著性概率 p 值均小于 0.001；与共享心智模型之间的标准化路径系数则分别为 0.463、0.152 与 0.369，其中私人性沟通与共享心智模型之间的标准化路径系数的显著性概率 p 值小于 0.01，其余路径系数的显著性概率 p 值均小于 0.001，因此判定中介作用的条件（1）得到了满足。

6.2.2 前因变量（沟通内容）对结果变量的影响关系

前因变量对结果变量的影响关系见表 6.20 和图 6.2。

表 6.20　前因变量对结果变量的影响关系模型拟合指标

χ^2/df	GFI	AGFI	NFI	IFI	CFI	RMSEA
2.108	0.913	0.894	0.905	0.948	0.947	0.066

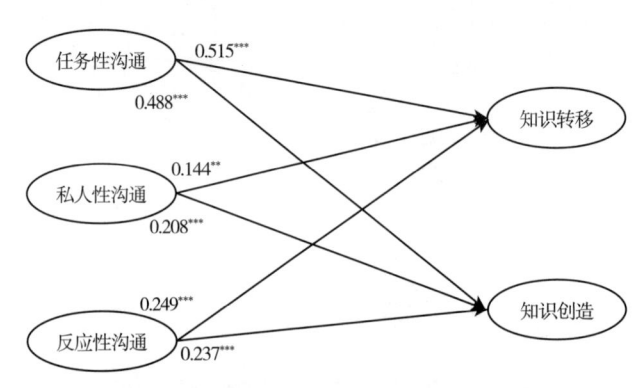

图 6.2　前因变量对结果变量的影响关系模型

注：** 表示 p<0.01，*** 表示 p<0.001。

从表 6.20 看，$\chi^2/df = 2.108$，不仅小于 5，且小于更严格的标准 3；AGFI = 0.894，虽然略小于 0.9，但大于 0.85 的最低标准；GFI = 0.913，NFI = 0.905，IFI = 0.948，CFI = 0.947，均大于 0.9；RMSEA = 0.066，小于 0.10，表明拟合效果尚可接受。

图 6.2 表明，知识转移和知识创造这两个结果变量对前因变量——任务性沟通、私人性沟通和反应性沟通的回归系数均达到显著性水平，即任务性沟通、私人性沟通和反应性沟通不仅会对知识转移产生显著影响，而且会对知识创造产生显著影响。任务性沟通、私人性沟通和反应性沟通与知识转移之间的标准化路径系数分别为 0.515、0.144 与 0.249，其中私人性沟通与知识转移之间的标准化路径系数的显著性概率 p 值小于 0.01，其余路径系数的显著性概率 p 值均小于 0.001；与知识创造之间的标准化路径系数则分别为 0.488、0.208 与 0.237，路径系数的显著性概率 p 值均小于 0.001，因此判定中介作用的条件（2）得到了满足。

6.2.3 中介变量对结果变量的影响关系

中介变量对结果变量的影响关系见表 6.21 和图 6.3。

表 6.21　　　　中介变量对结果变量的影响关系模型拟合指标

χ^2/df	GFI	AGFI	NFI	IFI	CFI	RMSEA
3.245	0.878	0.855	0.892	0.922	0.922	0.094

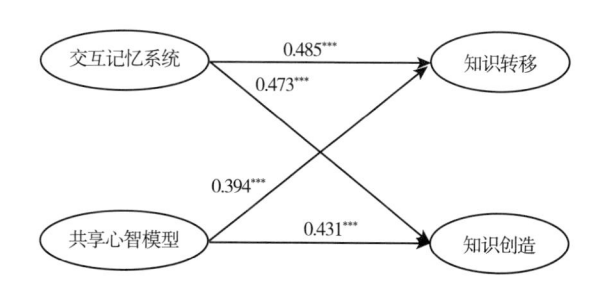

图 6.3　中介变量对结果变量的影响关系模型

注：*** 表示 p < 0.001。

从表 6.21 看，$\chi^2/df = 3.245$，虽然大于 3，但小于 5 的最低标准；GFI = 0.878，AGFI = 0.855，虽然小于 0.9，但大于 0.85 的最低标准；NFI = 0.892，虽然小于 0.9，但较为接近，IFI = 0.922，CFI = 0.922，均大于 0.9；RMSEA = 0.094，小于 0.10，表明拟合效果尚可接受。

图 6.3 表明，知识转移和知识创造这两个结果变量对中介变量——交互记忆系统和共享心智模型的回归系数均达到显著性水平，即交互记忆系统和共享心智模型不仅会对知识转移产生显著影响（标准化路径系数分别为 0.485 和 0.394），而且会对知识创造产生显著影响（标准化路径系数分别为 0.473 和 0.431），显著性概率 p 值均小于 0.001，因此判定中介作用的条件（3）得到了满足。

判定交互记忆系统和共享心智模型在沟通内容与知识共享关系中起中介作用的条件得到证实后，本研究对条件（4）进行分析，以确定部分中介模型和完全中介模型何者成立。

6.2.4 交互记忆系统和共享心智模型的中介作用模型

同时考虑任务性沟通、私人性沟通和反应性沟通对知识共享的直接和间接作用，得到交互记忆系统和共享心智模型的中介作用模型，分析结果见表 6.22 和图 6.4。

表 6.22 中介作用模型的拟合指标

χ^2/df	GFI	AGFI	NFI	IFI	CFI	RMSEA
2.535	0.896	0.883	0.901	0.938	0.937	0.078

从表 6.22 看，$\chi^2/df = 2.535$，不仅小于 5，且小于更严格的标准 3；GFI = 0.896，AGFI = 0.883，虽然略小于 0.9，但大于 0.85 的最低标准；NFI = 0.901，IFI = 0.938，CFI = 0.937，均大于 0.9；RMSEA = 0.078，小于 0.10，表明中介作用模型拟合基本符合要求。

在将中介变量"交互记忆系统"与"共享心智模型"引入模型后，前因变量对结果变量的直接影响路径中，私人性沟通和反应性沟通对知识转移与知识创造的回归系数减少到不显著，直接影响作用变得不显著，任务性沟通

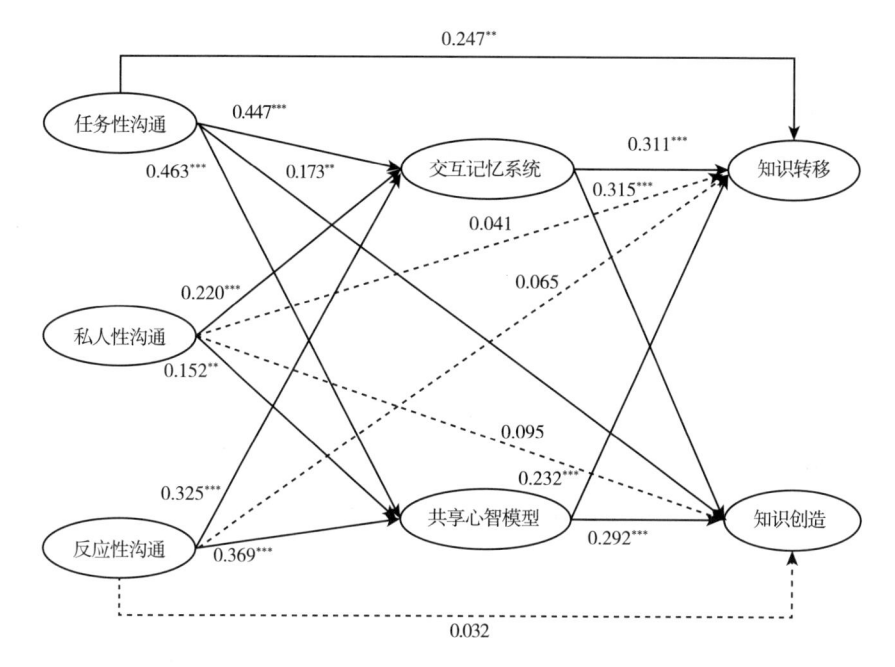

图 6.4　中介作用模型分析结果

注：** 表示 p＜0.01，*** 表示 p＜0.001。

对知识转移与知识创造的回归系数均有所降低，直接影响作用的显著性有所降低，引入前后回归系数的变化对比见表6.23。

表 6.23　　　　引入中介变量前后前因变量对结果变量回归系数对照

作用路径	回归系数（中介变量引入前）	回归系数（中介变量引入后）
知识转移←──任务性沟通	0.515 ***	0.247 **
知识创造←──任务性沟通	0.488 ***	0.173 **
知识转移←──私人性沟通	0.144 **	0.041
知识创造←──私人性沟通	0.208 ***	0.095
知识转移←──反应性沟通	0.249 ***	0.065
知识创造←──反应性沟通	0.237 ***	0.032

注：** 表示 p＜0.01，*** 表示 p＜0.001。

根据前文判定中介作用的4个条件和判断中介效应程度的方法，从图6.1～图6.4可以看出：

条件（1）：前因变量（任务性沟通、私人性沟通和反应性沟通）会显著影响中介变量——交互记忆系统（标准化路径系数分别为0.447、0.220和0.325，p值均小于0.001）和共享心智模型（标准化路径系数分别为0.463、0.152和0.369，p值均小于0.01）。

条件（2）：前因变量（任务性沟通、私人性沟通和反应性沟通）会显著影响结果变量——知识转移（标准化路径系数分别为0.515、0.144和0.249，p值均小于0.01）和知识创造（标准化路径系数分别为0.488、0.208和0.237，p值均小于0.001）。

条件（3）：交互记忆系统与共享心智模型会显著影响因变量知识转移（标准化路径系数分别为0.485和0.394，p值均小于0.001）和知识创造（标准化路径系数分别为0.473和0.431，p值均小于0.001）。

因此，条件（1）、（2）、（3）均符合。

条件（4）：通过图6.4与图6.2显示的结果相比，以及表6.23的总结，可以发现，在加入交互记忆系统和共享心智模型后，任务性沟通对结果变量——知识转移与知识创造的标准化路径系数分别降低为0.247和0.173，回归系数减小，p值从小于0.001变为小于0.01，但仍然达到显著水平；私人性沟通与知识转移、知识创造的标准化路径系数分别降低为0.041和0.095，均不显著；反应性沟通与知识转移、知识创造的标准化路径系数分别降低为0.065和0.032，也均不显著。

也就是说，交互记忆系统和共享心智模型在任务性沟通与知识转移，知识创造关系中起部分中介作用；在私人性沟通和反应性沟通与知识转移、知识创造的关系中起完全中介作用。因此，将交互记忆系统和共享心智模型作为模型的中介变量是合适的。

6.3 结构方程模型检验

6.3.1 结构方程模型简述与分析步骤

结构方程分析，也常称为结构方程模型（ctructural equation model，SEM），

是用基于变量的协方差矩阵来分析变量之间关系的一种统计方法，所以也称为协方差结构分析（侯杰泰等，2004）。而相对于一般回归模型，结构方程模型具有下列优点：可同时处理多个因变量；容许自变量和因变量含测量误差；能够同时统计因子结构和因子关系；容许更大弹性的测量模型；能够估计整个模型的拟合程度（侯杰泰等，2004）。因而，结构方程模型方法为研究者检验模型、修正模型以及选择最佳的研究模型提供依据。

与因子分析和路径分析相似，结构方程分析也遵循了一定的步骤，特别需要考虑模型的识别问题。本研究借鉴了黄铭芳（2005）、查金祥（2006）等人的总结，结构方程模型分析通常按照以下5个步骤进行。

（1）模型界定：此步骤是将理论所呈现的假设以 SEM 的形式加以表达，可以是模型路径图，也可以是一系列方程式。依据第 3 章中的理论依据，本研究得到了初始的研究概念模型。

（2）模型识别：模型是否是可识别的，决定了模型中的每个参数是否皆可导出一个唯一的估计值。本研究参照了查金祥（2006）对模型识别的条件总结，根据第 3 章中所设立的模型（为便于后文表述的方便，笔者将第 3 章的初始结构模型称作模型 1，后续各种修正模型分别称作模型 2、模型 3、模型 4），可以从三个标准对之进行识别：

一是 t 规则：要求 $t \leqslant (p+q)(p+q+1)/2$，其中 t 为模型中未知参数的个数，$p+q$ 为可观测变量数。本研究模型中，共涉及的测量指标共有 43 个，因此 $(p+q)(p+q+1)/2 = 946$，而模型要估计的因子负荷为 43 个，指标测量误差为 43 个，回归系数为 12 个，因子间相关系数 3 个，因此 $t = 43 + 43 + 12 + 3 = 101 < 946$，满足模型可识别的 t 规则。

二是三指标法则：即所有潜变量均有三个或三个以上指标，且一个指标只测量一个特质，所有测量残差的协方差矩阵为对角矩阵。在本研究模型中每一个潜变量都具有三个或者以上的测量指标，而且每一个观测指标均只测量一个特质，且所有的测量残差被假设为不相关，即所有测量残差的协方差矩阵为对角矩阵，因此，本模型的测量模型符合三指标规则。

三是递归模型：即模型必须是一个递归模型。显然，模型 1 是一个典型的递归模型，不存在内生变量双向的因果情况。

综合上述分析，可以得出的结论是：本结构方程模型是可以识别的，可以进行到以下的步骤。

（3）估计方法主要有：最大似然法 ML、广义最小二乘法 GLS 等迭代法，最常采用的软件有 LISREL、EQS 和 AMOS 等，本书采用 AMOS5.0 和最大似然法 ML。

（4）模型评价：使用拟合指标来评价理论预测模型与数据之间适配的程度。拟合评估中通常采用的参数有卡方 χ^2 统计量、RMSEA、GFI、AGFI、CFI 以及 NFI 等指标，其意义与标准详见 5.4.2 节与表 5.17 的介绍。

（5）模型修正：根据分析结果和拟合评估结果，对模型进行必要的修正，即删除、增加或修改模型的参数，以获得最佳的模型。

在交互记忆系统和共享心智模型的中介效应得到验证后，本研究将依据上述方法对交互记忆系统和共享心智模型作为中介变量的理论模型做进一步的完善与分析，并通过对不同理论模型的分析与比较，确定本研究的最终理论模型，同时对本研究提出的假设进行检验。

6.3.2 研究假设的初始结构模型检验（模型1）

初始的理论结构模型（模型1），如图 6.5 所示，不仅考虑了完全中介作用模型所包含的变量间的关系，还考虑了交互记忆系统和共享心智模型间、结果变量、知识转移与知识创造间的关系，即增添了"交互记忆系统→共享心智模型"和"知识转移→知识创造"的路径，在依照 6.3.1 节中对此模型的识别的基础上，对模型进行了估计，估计的参数结果如表 6.24 和图 6.5 所示。

表 6.24　　　　　　　模型1的参数估计结果

作用路径	标准化因负载	显著性概率	评价
H1：交互记忆系统←——任务性沟通	0.442	0.000	显著，支持假设
H2：共享心智模型←——任务性沟通	0.295	0.000	显著，支持假设
H3：交互记忆系统←——私人性沟通	0.224	0.000	显著，支持假设
H4：共享心智模型←——私人性沟通	0.072	0.126	不显著，拒绝假设

续表

作用路径	标准化因负载	显著性概率	评价
H5：交互记忆系统←——反应性沟通	0.326	0.000	显著，支持假设
H6：共享心智模型←——反应性沟通	0.253	0.000	显著，支持假设
H7：共享心智模型←——交互记忆系统	0.366	0.000	显著，支持假设
H8：知识转移←——交互记忆系统	0.481	0.000	显著，支持假设
H9：知识创造←——交互记忆系统	0.305	0.000	显著，支持假设
H10：知识转移←——共享心智模型	0.397	0.000	显著，支持假设
H11：知识创造←——共享心智模型	0.294	0.000	显著，支持假设
H12：知识创造←——知识转移	0.347	0.000	显著，支持假设
优度拟合指标	$\chi^2/df = 2.483$，GFI = 0.898，AGFI = 0.886，NFI = 0.903，IFI = 0.940，CFI = 0.940，PNFI = 0.845，RMSEA = 0.076			

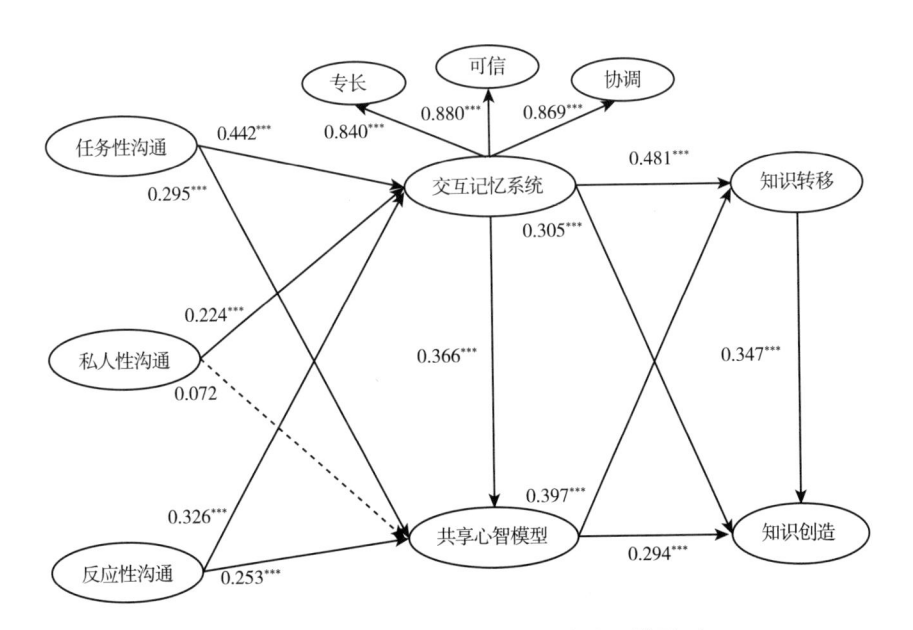

图 6.5 研究假设的初始结构模型检验（模型 1）

注：*** 表示 $p < 0.001$。

从表 6.24 看，$\chi^2/df = 2.483$，不仅小于 5，且小于更严格的标准 3；GFI = 0.898，AGFI = 0.886，虽然略小于 0.9，但大于 0.85 的最低标准；NFI = 0.903，

IFI = 0.940，CFI = 0.940，均大于 0.9；RMSEA = 0.076，小于 0.10，根据表 5.16，可以接受。综上，表明初始的理论结构模型（模型 1）拟合基本符合要求。

同时，图 6.5 和表 6.24 也显示了路径的拟合情况结果，模型 1 中的大部分假设获得了支持。但是私人性沟通对共享心智模型的影响并不显著（$p > 0.05$），因此，H4 没有获得数据的支持，私人性沟通与共享心智模型之间的因果关系并不显著。图 6.5 还显示了一阶因子和二阶因子间的标准化路径系数，对于交互记忆系统而言，可信的路径系数最大，协调次之，专长最小。

6.3.3 修正模型的结构模型检验（模型 2）

对初始假设理论模型的分析表明，部分变量间的路径系数并不显著，因此，将变量间关系不显著的路径予以删除，得到假设理论模型的修正模型（模型 2），如图 6.6 所示。模型 2 也满足可识别的条件，具体识别的过程就不再赘述了。对模型 2 进行估计计算，结果如图 6.6 与表 6.25 所示。

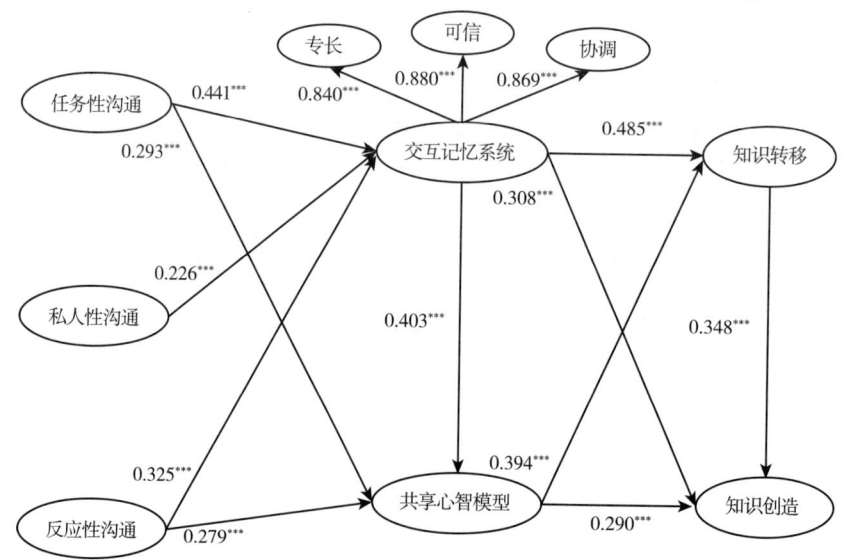

图 6.6　初始理论模型的修正模型（模型 2）

注：*** 表示 $p < 0.001$。

表 6.25　模型 2 的参数估计结果

作用路径	标准化因负载	显著性概率	评价
H1：交互记忆系统←任务性沟通	0.441	0.000	显著，支持假设
H2：共享心智模型←任务性沟通	0.293	0.000	显著，支持假设
H3：交互记忆系统←私人性沟通	0.226	0.000	显著，支持假设
H5：交互记忆系统←反应性沟通	0.325	0.000	显著，支持假设
H6：共享心智模型←反应性沟通	0.279	0.000	显著，支持假设
H7：共享心智模型←交互记忆系统	0.403	0.000	显著，支持假设
H8：知识转移←交互记忆系统	0.485	0.000	显著，支持假设
H9：知识创造←交互记忆系统	0.308	0.000	显著，支持假设
H10：知识转移←共享心智模型	0.394	0.000	显著，支持假设
H11：知识创造←共享心智模型	0.290	0.000	显著，支持假设
H12：知识创造←知识转移	0.348	0.000	显著，支持假设
优度拟合指标	\multicolumn{3}{l}{$\chi^2/df = 2.482$，GFI = 0.898，AGFI = 0.886，NFI = 0.903，IFI = 0.940，CFI = 0.940，PNFI = 0.846，RMSEA = 0.076}

从表 6.25 看，$\chi^2/df = 2.482$，不仅小于 5，且小于更严格的标准 3；GFI = 0.898，AGFI = 0.886，虽然略小于 0.9，但大于 0.85 的最低标准；NFI = 0.903，IFI = 0.940，CFI = 0.940，均大于 0.9；RMSEA = 0.076，小于 0.10，与初始模型相比，并没有很大的变化，因此，本模型也是可以接受的。

从路径系数的显著性来看，与初始模型 1 的估计结果相比，模型 2 没有太大的变化，由于删去了不显著的路径，剩余的各假设均获得了强支持（$p < 0.001$）。从系数的数值来看，与初始模型相比，波动也不大，这进一步反映了研究假设成立具有相当的稳定性。

6.3.4　考虑直接效应的修正模型检验（模型 3）

在 6.2 节中，本研究对交互记忆系统与共享心智模型这两个团队认知变量的中介效应进行了验证，得到了这两个中介变量在任务性沟通与知识转移、知识创造之间起部分中介的作用。在本研究的初始模型中，考虑了交互记忆系统与共享心智模型，以及知识转移与知识创造之间的影响关系，但模型中可能由于缺少一些显著关系而影响到拟合优度。因此，再次考察前因变量对结果变量的直接效应，将这种直接效应进行考察，在6.3.3节中的修正模型（模型2）的基础上，逐步增加考虑前因变量与结果变量间的直接效应，新增了6条回归路径，得到考虑直接效应的修正模型（模型3），对研究假设和研究模型作进一步的估计和检验，以探求可能存在的拟合度更优的模型。同样，模型3也是可识别的，对模型3进行估计计算，结果如图6.7与表6.26所示。

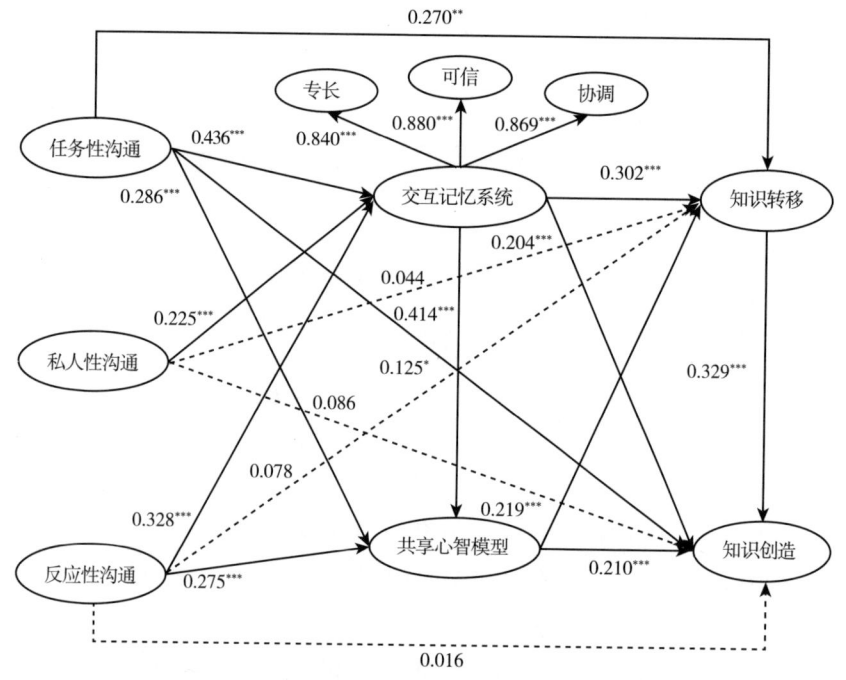

图6.7 考虑直接效应的修正模型（模型3）

注：$*p<0.05$，$**p<0.01$，$***p<0.001$。

表6.26　　　　　　　　　模型3的参数估计结果

作用路径	标准化因负载	显著性概率	评价
H1：交互记忆系统←——任务性沟通	0.436	0.000	显著，支持假设
H2：共享心智模型←——任务性沟通	0.286	0.000	显著，支持假设
H3：交互记忆系统←——私人性沟通	0.225	0.000	显著，支持假设
H5：交互记忆系统←——反应性沟通	0.328	0.000	显著，支持假设
H6：共享心智模型←——反应性沟通	0.275	0.000	显著，支持假设

续表

作用路径	标准化因负载	显著性概率	评价
H7：共享心智模型←——交互记忆系统	0.414	0.000	显著，支持假设
H8：知识转移←——交互记忆系统	0.302	0.000	显著，支持假设
H9：知识创造←——交互记忆系统	0.204	0.000	显著，支持假设
H10：知识转移←——共享心智模型	0.219	0.000	显著，支持假设
H11：知识创造←——共享心智模型	0.210	0.000	显著，支持假设
H12：知识创造←——知识转移	0.329	0.000	显著，支持假设
新增的回归路径图			
知识转移←——任务性沟通	0.270	0.002	显著
知识创造←——任务性沟通	0.125	0.042	显著
知识转移←——私人性沟通	0.044	0.510	不显著
知识创造←——私人性沟通	0.086	0.145	不显著
知识转移←——反应性沟通	0.078	0.370	不显著
知识创造←——反应性沟通	0.016	0.832	不显著
优度拟合指标	$\chi^2/df = 2.486$, GFI = 0.899, AGFI = 0.886, NFI = 0.904, IFI = 0.940, CFI = 0.940, PNFI = 0.841, RMSEA = 0.076		

从表6.26看，$\chi^2/df = 2.486$，不仅小于5，且小于更严格的标准3；GFI = 0.899，AGFI = 0.886，虽然略小于0.9，但大于0.85的最低标准；NFI = 0.904，IFI = 0.940，CFI = 0.940，均大于0.9；RMSEA = 0.076，小于0.10，因此，本模型基本上也是可以接受的。

从路径系数的显著性来看，与模型3与模型2的估计结果相比，原假设路径没有太大的变化，各个研究假设，均获得了强支持。而就新增的6条回归路径，即任务性沟通、私人性沟通与反应性沟通对知识转移和知识创造的直接影响效果，从显著性水平来看，在模型3中有2条路径显著，分别是任务性沟通对知识转移和知识创造的直接作用，其中，任务性沟通对知识转移产生显著影响，标准化路径系数为0.270，显著性概率p值小于0.01，而对知识创造的标准化路径系数为0.125，显著性概率p值小于0.05。其他4条新添加的路径，均不显著。这也进一步说明了6.2节中中介效应分析的结果，也就是说私人性沟通、任务性沟通与反应性沟通除了通过交互记忆系统与共享心智模型间接影响知识转移，还对知识转移产生直接影响。

6.3.5 修正模型再检验（模型4）

在模型3中，有4条新增加的路径不显著，因此，从模型的简约性出发，我们进一步考虑删除这4条路径后，模型的拟合情况，以进一步简化模型，得到模型4如图6.8所示，根据判断可识别模型的标准，该模型也是可以识别的。

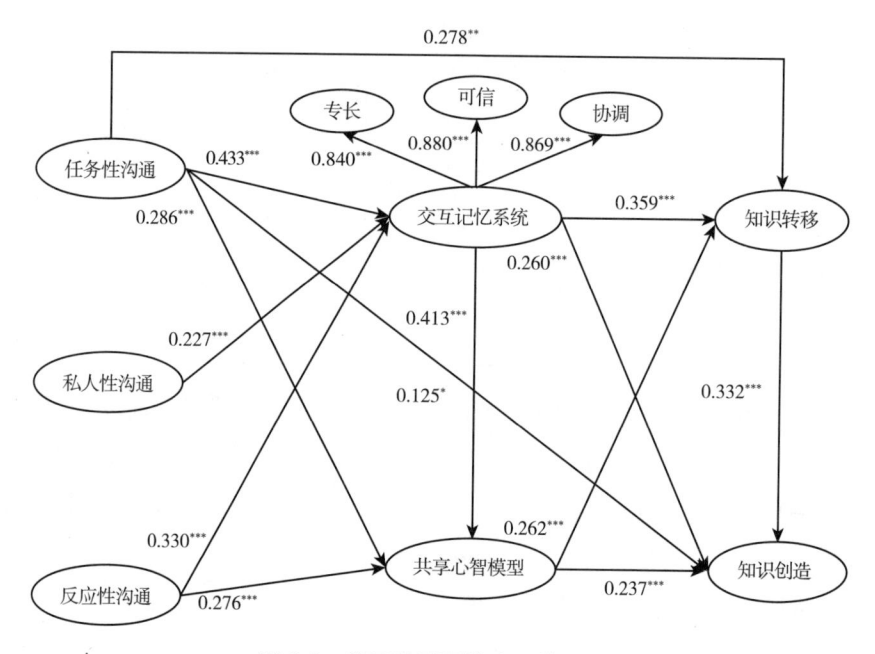

图6.8 修正模型再检验（模型4）

注：*p<0.05，**p<0.01，***p<0.001。

对模型4进行估计计算，结果如表6.27与图6.8所示。从表6.27看，$\chi^2/df=2.475$，不仅小于5，且小于更严格的标准3；GFI = 0.899，AGFI = 0.887，虽然略小于0.9，但大于0.85的最低标准；NFI = 0.904，IFI = 0.940，CFI = 0.940，均大于0.9；RMSEA = 0.076，小于0.10，与初始模型相比，并没有很大的变化，因此，本模型也是可以接受的。

表 6.27　　　　　　　　　　模型 4 的参数估计结果

作用路径	标准化因负载	显著性概率	评价
H1：交互记忆系统←──任务性沟通	0.433	0.000	显著，支持假设
H2：共享心智模型←──任务性沟通	0.286	0.000	显著，支持假设
H3：交互记忆系统←──私人性沟通	0.227	0.000	显著，支持假设
H5：交互记忆系统←──反应性沟通	0.330	0.000	显著，支持假设
H6：共享心智模型←──反应性沟通	0.276	0.000	显著，支持假设
H7：共享心智模型←──交互记忆系统	0.413	0.000	显著，支持假设
H8：知识转移←──交互记忆系统	0.359	0.000	显著，支持假设
H9：知识创造←──交互记忆系统	0.260	0.000	显著，支持假设
H10：知识转移←──共享心智模型	0.262	0.000	显著，支持假设
H11：知识创造←──共享心智模型	0.237	0.000	显著，支持假设
H12：知识创造←──知识转移	0.332	0.000	显著，支持假设
新增的回归路径图			
知识转移←──任务性沟通	0.278	0.002	显著
知识创造←──任务性沟通	0.125	0.041	显著
优度拟合指标	\multicolumn{3}{l}{$\chi^2/df = 2.475$, GFI = 0.899, AGFI = 0.887, NFI = 0.904, IFI = 0.940, CFI = 0.940, PNFI = 0.845, RMSEA = 0.076}

从路径系数的显著性来看，模型 4 没有太大的变化，各个研究假设，均获得了支持。而新增加的路径中，即："任务性沟通→知识转移"与"任务性沟通→知识创造"，任务性沟通对知识转移的影响系数，是在 0.01 的概率水平下显著的，任务性沟通对知识创造的影响系数，是在 0.05 的概率水平下显著的。

6.3.6　模型拟合效果比较

为了从上述模型中确定最优的拟合模型，需要对模型 1～模型 4 的拟合指标进行比较，各模型的拟合指标值总结于表 6.28。

表 6.28　　　　　　　　　　模型 1~模型 4 拟合比较

模型	χ^2/df	GFI	AGFI	NFI	IFI	CFI	PNFI	RMSEA
1	2.483	0.898	0.886	0.903	0.940	0.940	0.845	0.076
2	2.482	0.898	0.886	0.903	0.940	0.940	0.846	0.076
3	2.486	0.898	0.886	0.904	0.940	0.940	0.841	0.076
4	2.475	0.899	0.887	0.904	0.940	0.940	0.845	0.076

从表 6.28 可以看出，模型 1~模型 4 中的相关拟合参数均在可以接受的范围内，相差并不大，说明研究模型具有相当的稳定性。模型 2 相对于模型 1，各个拟合指标没有太大的变化，因模型 2 删除了不显著的路径，因此模型 2 略优于模型 1。模型 3 是在模型 2 的基础上，进一步考察了前因变量与结果变量之间的直接效应。结果显示，在增加了 6 条新路径的模型 3 中，模型的拟合状况没有太大的变化，而得出了 2 个重要的结论，即任务性沟通对知识转移具有显著的影响（$p < 0.01$），对知识创造也具有显著的影响（$p < 0.05$），但由于新增了路径，模型 3 的反映模型简约性的指标 PNFI 较低。模型 4 是在模型 3 的基础上，删除其中不显著的 4 条直接路径，进行改进的。改进后的模型 4 的拟合指标 χ^2/df 优于模型 1~模型 3，而且 PNFI 指标也优于模型 3，因此更为简洁。侯杰泰、温忠麟和成子娟（2004）认为一个好模型应该尽可能准确且相对简洁，若一个模型中的简化关系能够相当准确地描述原有的复杂关系，则该模型为一个既简单又准确的好模型；而 PNFI 具备惩罚复杂模型的原则，比较复杂的模型对应的简约指数会较低。因此模型 4 是本研究的最终模型，其回归结果，也可以作为得到本研究实证研究结论的基础之一。

在此基础上，本研究进一步总结前因变量对中介变量，以及前因变量、中介变量对结果变量的直接影响、间接影响和总体影响，如表 6.29 和表 6.30 所示。

表 6.29　　　　　　　　前因变量对中介变量的影响效果

前因变量	交互记忆系统			共享心智模型		
	直接影响	间接影响	总体影响	直接影响	间接影响	总体影响
任务性沟通	0.433	—	0.433	0.286	0.179	0.465
私人性沟通	0.227	—	0.227	—	0.094	0.094
反应性沟通	0.330	—	0.330	0.276	0.136	0.412

表 6.30　　　　　　前因变量、中介变量对结果变量的影响效果

前因变量	知识转移			知识创造		
	直接影响	间接影响	总体影响	直接影响	间接影响	总体影响
任务性沟通	0.279	0.277	0.556	0.125	0.407	0.532
私人性沟通	—	0.106	0.106	—	0.117	0.117
反应性沟通	—	0.226	0.226	—	0.258	0.258
交互记忆系统	0.359	0.108	0.467	0.260	0.253	0.513
共享心智模型	0.262	—	0.262	0.237	0.087	0.324

由表 6.29 可以看出，任务性沟通、私人性沟通与反应性沟通这 3 个前因变量对团队成员间交互记忆系统的形成有直接影响，其中，任务性沟通对交互记忆系统的形成的影响最大，其次为反应性沟通，私人性沟通最小。

对于团队成员间的共享心智模型的形成，任务性沟通与反应性沟通对其有直接与间接的影响，其中任务性沟通对共享心智模型的形成的影响较大，但是私人性沟通对团队成员间的共享心智模型的形成没有直接效应。

由表 6.30 可以看出，团队成员间的私人性沟通与反应性沟通，均通过交互记忆系统与共享心智模型对知识转移、知识创造产生间接影响，但是任务性沟通可直接影响知识转移与知识创造，其中任务性沟通对知识转移的影响主要通过直接影响，而任务性沟通对知识创造的影响主要通过间接影响来实现，以间接路径为主。从总效应来看，前因变量中，任务性沟通对知识转移的总影响效应最大，影响最小的为私人性沟通；任务性沟通对知识创造的总影响效应也最大，影响最小的为私人性沟通。中介变量中，成员间交互记忆系统的形成对知识转移、知识创造的总影响效应要大于共享心智模型对其的影响。

6.3.7　假设检验结果

根据对模型 1～模型 4，特别是对模型 4 的假设检验，以及表 6.27～表

6.30中，前因变量、中介变量与结果变量之间的影响效应，关于本书的研究假设可以得到如下的检验情况：

（1）前因变量对中介变量的假设检验结果。

H1：团队成员间的任务性沟通对团队交互记忆系统的形成有正向作用。

从表6.27看，团队成员间的任务性沟通对团队成员间的交互记忆系统的形成的标准化路径系数为0.433，p值为0.000，在0.001水平上显著，假设H1得到支持。

H2：团队成员间的任务性沟通对团队共享心智模型的形成有正向作用。

从表6.27看，团队成员间的任务性沟通对团队成员间的共享心智模型的形成的标准化路径系数为0.286，p值为0.000，在0.001水平上显著，假设H2得到支持。

H3：团队成员间的私人性沟通对团队交互记忆系统的形成有正向作用。

从表6.27看，团队成员间的私人性沟通对团队成员间的交互记忆系统的形成的标准化路径系数为0.227，p值为0.000，在0.001水平上显著，假设H3得到支持。

H4：团队成员间的私人性沟通对团队共享心智模型的形成有正向作用。

从表6.24看，团队成员间的私人性沟通对团队成员间的共享心智模型的形成的标准化路径系数为0.072，p值为0.126，没有通过显著性检验，没有获得数据证据的支持，假设H4没有得到支持。

H5：团队成员间的反应性沟通对团队交互记忆系统的形成有正向作用。

从表6.27看，团队成员间的反应性沟通对团队成员间的交互记忆系统的形成的标准化路径系数为0.330，p值为0.000，在0.001水平上显著，假设H5得到支持。

H6：团队成员间的反应性沟通对团队共享心智模型的形成有正向作用。

从表6.27看，团队成员间的反应性沟通对团队成员间的共享心智模型的形成的标准化路径系数为0.276，p值为0.000，在0.001水平上显著，假设H6得到支持。

（2）中介变量间的假设检验结果。

H7：团队交互记忆系统对团队共享心智模型的形成有正向作用。

从表6.27看，团队成员间的交互记忆系统对团队成员间的共享心智模型的形成的标准化路径系数为0.413，p值为0.000，在0.001水平上显著，假设H7得到支持。

（3）中介变量对结果变量的假设检验结果。

H8：团队交互记忆系统对团队成员间的知识转移有正向作用。

从表6.27看，团队成员间的交互记忆系统对团队成员间的知识转移的标准化路径系数为0.359，p值为0.000，在0.001水平上显著，假设H8得到支持。

H9：团队交互记忆系统对团队成员的知识创造有正向作用。

从表6.27看，团队成员间的交互记忆系统对团队成员间的知识创造的标准化路径系数为0.260，p值为0.000，在0.001水平上显著，假设H9得到支持。

H10：团队共享心智模型对团队成员间的知识转移有正向作用。

从表6.27看，团队成员间的共享心智模型对团队成员间的知识转移的标准化路径系数为0.262，p值为0.000，在0.001水平上显著，假设H10得到支持。

H11：团队共享心智模型对团队成员的知识创造有正向作用。

从表6.27看，团队成员间的共享心智模型对团队成员间的知识创造的标准化路径系数为0.237，p值为0.000，在0.001水平上显著，假设H11得到支持。

（4）结果变量间的假设检验结果。

H12：团队成员间的知识转移对团队成员的知识创造有正向作用。

从表6.27看，团队成员间的知识转移对团队成员间的知识创造的标准化路径系数为0.332，p值为0.000，在0.001水平上显著，假设H12得到支持。

（5）新增的路径。

在增加的路径中，笔者发现，团队成员间的任务性沟通对于知识转移、知识创造具有积极的直接影响，标准化路径系数分别为0.278和0.125，p值分别为 0.002 和 0.041，分别在 0.01 水平上和 0.05 水平上显著。

上述研究结果可以用表 6.31 予以总结。

表 6.31　　　　　研究假设 H1~H16 的结构方程检验结果

序号	假设路径	评价
H1	交互记忆系统←——任务性沟通	支持
H2	共享心智模型←——任务性沟通	支持
H3	交互记忆系统←——私人性沟通	支持
H4	共享心智模型←——私人性沟通	不支持
H5	交互记忆系统←——反应性沟通	支持
H6	共享心智模型←——反应性沟通	支持
H7	共享心智模型←——交互记忆系统	支持
H8	知识转移←——交互记忆系统	支持
H9	知识创造←——交互记忆系统	支持
H10	知识转移←——共享心智模型	支持
H11	知识创造←——共享心智模型	支持
H12	知识创造←——知识转移	支持
新增的研究结论		
1	知识转移←——任务性沟通	显著
2	知识创造←——任务性沟通	显著

6.4　调节作用检验

为了检验团队的沟通风格在沟通内容与团队认知间的调节作用，本书采用逐级回归方法。回归方法主要采用的是强行进入的方法"enter"。根据本研究的设计要求，分三个步骤来进行。第一步，首先加入 3 个前因变量，即：

任务性沟通、私人性沟通与反应性沟通，分别对交互记忆系统与共享心智模型这两个团队认知变量进行回归；第二步，加入调节变量，即团队的沟通风格；第三步，将团队的沟通风格与各个沟通内容变量的交叉项加入回归方程，通过观察交叉项所带来的 ΔR^2 的显著性来判断团队的沟通风格是否对沟通内容、对交互记忆系统与共享心智模型的影响产生调节作用。

在对调节结果进行分析前，首先需要对模型进行评估，主要包括两个方面：序列相关性评估和多重共线性评估。

（1）序列相关性评估。

在回归中，采用 DW（Durbin-Watson）统计量作为样本序列相关问题的检验，D-W 取值范围在 0～4 之间。当 DW = 2 时，样本数据不存在序列相关现象，因此，一般建议，如果 D-W 值约等于 2 时，可以认定样本数据不存在序列相关性（马庆国，2002）。

（2）共线性诊断。

共线性（multicollinearity）是指多元回归模型中各自变量之中至少有两个完全或高度相关。共线性问题不会影响它们的回归系数的大小，但会扩大回归系数相对应的标准误差，可能导致参数高估，因此，需要进行诊断。在经济管理中，诊断的方法通常可以参照两个参数：容许度（tolerance）和方差膨胀因子（variance inflation factor，VIF）。Tolerance = 1 − R^2，其中 R^2 是以某变量为因变量、以其他所有变量为自变量的回归方程的 R^2 值，即反映该变量与其他变量的相关（或共线性）程度。VIF 则是 Tolerance 的倒数，即 Tolerance 越小、VIF 越大，因此在表 6.32 与表 6.33 中，仅列出 VIF 值。一般认为，当容许度大于 0.1，即方差膨胀因子小于 10 时，变量间的共线性不大，可以接受（谢凤华，2005）。

6.4.1 沟通风格对沟通内容与交互记忆系统关系的调节作用

团队沟通风格对沟通内容与交互记忆系统之间关系的调节作用如表 6.32 所示。表 6.32 表明，模型的 D-W 值为 1.979，接近于 2，这说明被解释变量的残差之间不存在自相关。模型 1、模型 2 与模型 3 的共线性诊断指标：VIF 值均小于 10，最大为 4.107，这说明各变量间不存在多重共线性。模型 1、模型 2 与模型 3 的 F 统计值的显著性概率都小于 0.01，说明模型回归效果显著。

表 6.32　　　　　　　对交互记忆系统的回归分析结果

变量	交互记忆系统 模型1 回归系数	模型2 回归系数	模型3 回归系数	共线性诊断 模型1 VIF_1	模型2 VIF_2	模型3 VIF_3
第一步：前因变量						
任务性沟通	0.419***	0.418***	0.403***	4.022	4.034	4.107
私人性沟通	0.190***	0.191***	0.200***	2.718	2.725	2.742
反应性沟通	0.326***	0.326***	0.328***	3.168	3.184	3.211
第二步：调节变量						
沟通风格		0.003	0.006		1.014	1.067
第三步：交叉项						
沟通风格×任务性沟通			0.113*			3.905
沟通风格×私人性沟通			−0.127**			3.681
沟通风格×反应性沟通			0.061			2.604
序列相关性评估：D-W 值	1.979					
R^2	0.755	0.755	0.763			
F	259.242***	78.391***	45.589***			
ΔR^2	0.755	0.000	0.008			
ΔF	259.242***	0.006	2.666**			
Sig.	0.000	0.936	0.048			

注：*p<0.1，**p<0.05，***p<0.01。

从表 6.32 可以看出，任务性沟通、私人性沟通与反应性沟通共同解释了团队成员间交互记忆系统方差的 77.5%（p<0.01），其中，任务性沟通、私人性沟通与反应性沟通对交互记忆系统的回归系数分别为 0.419、0.190 与

0.326，均在 0.01 水平下显著。

为了在检验调节效应之前滤除沟通风格本身可能存在的对交互记忆系统的形成后的影响，笔者在第二步将团队成员的沟通风格放入回归方程，结果发现该变量对团队成员间交互记忆系统的形成不具有任何解释能力，这意味着沟通风格本身对交互记忆系统的形成没有影响。

为了检验团队成员的沟通风格对沟通内容与交互记忆系统形成之间的调节效应，笔者在第三步将沟通风格与各个沟通内容变量的交叉项放入回归方程，结果发现这组变量的进入后，使模型对交互记忆系统形成的解释能力显著地增加了 8%（$\Delta F = 2.666$，$p < 0.05$）。

其中，有两个交互作用的影响显著，第一个是沟通风格与任务性沟通的交叉项（$\beta = 0.113$，$p < 0.1$），第二个是沟通风格与私人性沟通的交叉项（$\beta = -0.127$，$p < 0.05$）。需要注意的是，沟通风格与任务性沟通的交互项的回归系数是正数，意味着团队成员更倾向于直接沟通的沟通风格，他们的任务性沟通促成团队成员间交互记忆系统的形成的关系相应变得更强，这支持了假设 H13a。而沟通风格与私人性沟通的交互项的回归系数是负数，意味着团队成员更倾向于间接沟通的沟通风格，则他们的私人性沟通促成团队成员间交互记忆系统的形成的关系相应变得更强，这支持了假设 H14a。而团队成员的沟通风格对反应性沟通与交互记忆系统的形成之间的关系没有调节作用。

为了具体体现团队成员的沟通风格对任务性沟通与私人性沟通和交互记忆系统之间关系的调节作用，本书以沟通风格的得分为分类标准，以沟通风格得分均值加减一个标准差为分类点，把整个样本划分为直接沟通与间接沟通两大类样本，然后对每个样本分别回归作图（参见张一驰等，2005；Aiken & West，1991），如图 6.9 与图 6.10 所示。图 6.9 与图 6.10 分别表示团队成员的沟通风格与任务性沟通和私人性沟通在交互记忆系统形成中的调节效应。其中，横轴分别代表任务性沟通和私人性沟通，纵轴都是交互记忆系统的形成。实线反映团队成员更倾向于直接沟通的情况，虚线反映团队成员更倾向于间接沟通的情况。

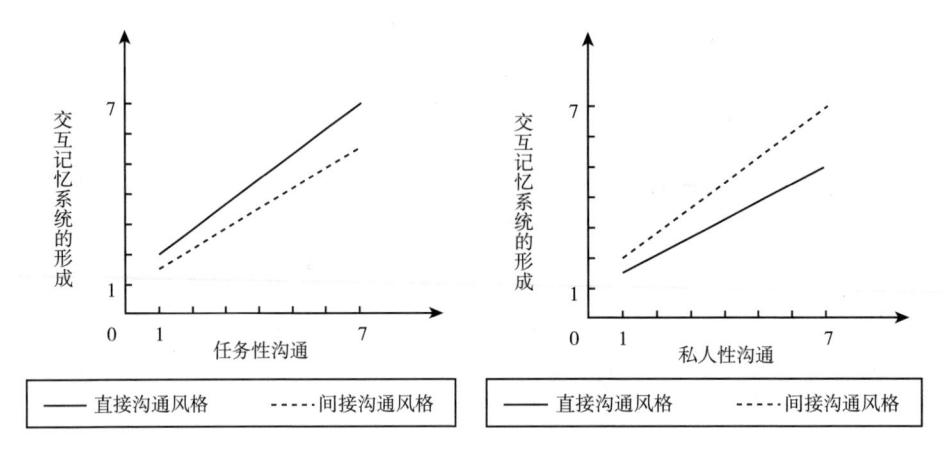

图 6.9　沟通风格对任务性沟通与交互记忆系统之间关系的调节效应

图 6.10　沟通风格对私人性沟通与交互记忆系统之间关系的调节效应

图 6.9 表明，任务性沟通促成团队成员间交互记忆系统的形成对于那些更倾向于直接沟通风格的团队成员更加显著，也就是说，对于更倾向于间接沟通风格的团队成员，他们的任务性沟通的提高促成交互记忆系统的形成会弱于那些倾向于直接沟通风格的团队成员。

图 6.10 则表明，私人性沟通促成团队成员间交互记忆系统的形成对于那些更倾向于间接沟通风格的团队成员更加显著，也就是说，对于更倾向于间接沟通风格的团队成员，他们的任务性沟通的提高促成交互记忆系统的形成会强于那些倾向于直接沟通风格的团队成员。

6.4.2　沟通风格对沟通内容与共享心智模型关系的调节作用

团队沟通风格对沟通内容与共享心智模型之间关系的调节作用如表 6.33 所示。表 6.33 表明，模型的 D-W 值为 1.857，接近于 2，这说明被解释变量的残差之间不存在自相关。模型 1、模型 2 与模型 3 的共线性诊断指标也表明各变量间不存在多重共线性。模型 1、模型 2 与模型 3 的 F 统计值的显著性概率都小于 0.01，说明模型回归效果显著。

表 6.33　　对共享心智模型的回归分析结果

变量	共享心智模型			共线性诊断		
	模型1 回归系数	模型2 回归系数	模型3 回归系数	模型1 VIF_1	模型2 VIF_2	模型3 VIF_3
第一步：前因变量						
任务性沟通	0.332***	0.338***	0.320***	4.022	4.034	4.107
私人性沟通	0.246***	0.241***	0.252***	2.718	2.725	2.742
反应性沟通	0.226***	0.219***	0.224***	3.168	3.184	3.211
第二步：调节变量						
沟通风格		-0.054	-0.061		1.014	1.067
第三步：交叉项						
沟通风格×任务性沟通			0.145*			3.905
沟通风格×私人性沟通			-0.049			3.681
沟通风格×反应性沟通			-0.038			2.604
序列相关性评估：D-W值	1.857					
R^2	0.553	0.553	0.561			
F	103.719***	193.667***	114.013***			
ΔR^2	0.553	0.000	0.008			
ΔF	103.719***	0.062	1.379*			
Sig.	0.000	0.203	0.068			

注：*$p<0.1$，**$p<0.05$，***$p<0.01$。

从表 6.33，可以看出，任务性沟通、私人性沟通与反应性沟通共同解释了团队成员间共享心智模型方差的 55.3%（$p<0.01$），其中，任务性沟通、私人性沟通与反应性沟通对共享心智模型的回归系数分别为 0.332、0.246 与 0.226，均在 0.01 水平下显著。

为了在检验调节效应之前滤除沟通风格本身可能存在的对共享心智模型的形成的影响，笔者在第二步将团队成员的沟通风格放入回归方程，结果发现该变量对团队成员间共享心智模型的形成不具有任何解释能力，这意味着沟通风格本身对共享心智模型的形成没有影响。

为了检验团队成员的沟通风格对沟通内容与共享心智模型的形成之间的

调节效应，笔者在第三步将沟通风格与各个沟通内容变量的交叉项放入回归方程，结果发现这组变量进入后，使模型对共享心智模型的形成的解释能力显著地增加了 8%（$\Delta F = 1.379$，$p < 0.1$）。

其中，有一个交互作用的影响显著，即：沟通风格与任务性沟通的交叉项（$\beta = 0.145$，$p < 0.1$），这意味着团队成员更倾向于直接沟通的沟通风格，他们的任务性沟通促成团队成员间共享心智模型的形成的关系相应变得更强，这支持了假设 H13b。而团队成员的沟通风格对私人性沟通与共享心智模型的形成之间的关系没有调节作用，这拒绝了假设 H14b。沟通风格对反应性沟通与共享心智模型的形成之间的关系也没有调节作用。

为了具体体现团队成员的沟通风格对任务性沟通与共享心智模型的形成之间关系的调节作用，笔者按照 6.4.1 节所阐述的调节效应作图方法画图，如图 6.11 所示。其中，横轴代表任务性沟通，纵轴代表共享心智模型的形成。实线反映团队成员更倾向于直接沟通的情况，虚线反映团队成员更倾向于间接沟通的情况。

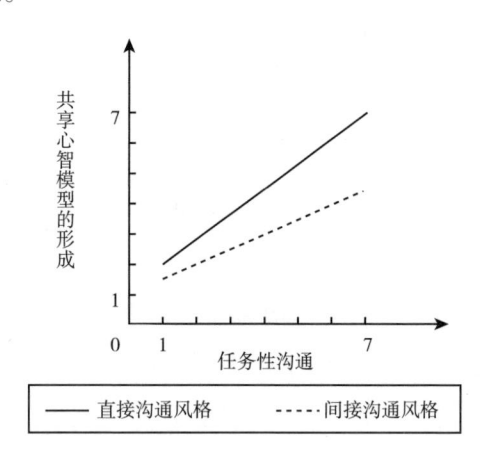

图 6.11　沟通风格对任务性沟通与共享心智模型之间关系的调节效应

图 6.11 表明，任务性沟通促成团队成员间共享心智模型的形成对于那些更倾向于直接沟通风格的团队成员更加显著，也就是说，对于更倾向于间接沟通风格的团队成员，他们的任务性沟通的提高促成共享心智模型的形成会弱于那些倾向于直接沟通风格的团队成员。

6.4.3　假设检验结果

H13a：团队的直接沟通风格，在团队任务性沟通对团队交互记忆系统形成的作用中起了正向调节作用。

通过表 6.32 的分析结果，可以得出直接沟通风格会显著加强团队任务性沟通对团队交互记忆系统形成的作用（$p<0.1$），这表明，直接沟通风格在任务性沟通与交互记忆系统起了正向调节作用，假设 H13a 获得了支持。

H13b：团队的直接沟通风格，在团队任务性沟通对团队共享心智模型形成的作用中起了正向调节作用。

通过表 6.33 的分析结果，可以得出直接沟通风格会显著加强团队任务性沟通对团队共享心智模型形成的作用（$p<0.1$），这表明，直接沟通风格在任务性沟通与共享心智模型形成之间起了正向调节作用，假设 H13b 获得了支持。

H14a：团队的间接沟通风格，在团队私人性沟通对团队交互记忆系统形成的作用中起了正向调节作用。

通过表 6.32 的分析结果，可以得出间接沟通风格会显著加强团队私人性沟通对团队交互记忆系统形成的作用（$p<0.05$），这表明，间接沟通风格在私人性沟通与团队交互记忆系统形成之间起了正向调节作用，假设 H14a 获得了支持。

H14b：团队的间接沟通风格，在团队私人性沟通对团队共享心智模型形成的作用中起了正向调节作用。

通过表 6.33 的分析结果，可以得出沟通风格不会影响团队私人性沟通对共享心智模型的形成，这表明，沟通风格在任务性沟通与团队共享心智模型的形成之间没有交互作用，假设 H14b 未获得支持。

6.5　干扰效应检验

本问题的研究仍然基于本书的核心框架，以研究组织文化在沟通内容、共享心智模型、交互记忆系统与知识共享之间的干扰作用为主。整个研究思路分三步走：

第一步，分别根据组织文化三个维度（官僚的、创新的与支持的）的测量指标将团队分成两组。

第二步，基于假设模型，分不同组别估计出沟通内容各维度、团队认知（共享心智模型与交互记忆系统）和知识共享之间的路径系数。

第三步，比较不同组别路径系数的大小，判断组织文化如何影响沟通内容、共享心智模型和交互记忆系统与知识共享之间的关系。

6.5.1 团队组织文化的聚类与检验方法

分组的方法通常有两种。一是按照测量指标简单平均，分别将平均值以上与平均值以下的团队分为两组；二是利用测量指标之间的相关性，运用聚类分析（cluster analysis）将团队分为两类。本研究中，组织文化的三个维度分别是用多个测量指标来测量团队的沟通风格，因此，对于相关的多指标测量的分类，采用聚类分析比较恰当。

因此，本研究运用聚类分析将官僚的、创新的与支持的组织文化分别分为2组，聚类分析结果如表6.34所示。

表6.34　　　　组织文化的初始和最终聚类中心

测试项目		初始聚类中心		最终聚类中心	
		第一类	第二类	第一类	第二类
官僚的	OC101	2.33	6.00	3.89	5.54
	OC102	2.00	7.00	5.23	6.16
	OC103	2.00	7.00	3.89	5.67
	OC104	2.33	7.00	4.46	5.72
创新的	OC201	2.00	7.00	3.76	5.32
	OC202	2.00	7.00	3.52	5.29
	OC203	2.00	7.00	3.90	5.02
支持的	OC301	1.00	7.00	4.57	5.93
	OC302	1.00	7.00	4.69	6.13
	OC303	2.00	7.00	4.87	6.06
	OC304	2.00	7.00	4.52	6.16

从表6.34中可以看出，最终的聚类中心结果显示，对应第一类中心的官僚化的4个测量指标的值分别低于第二类中心的官僚化的4个测量指标值，由此可以判断，聚类至第一类的为较低官僚化的团队，聚类至第二类的为较高官僚化的团队。类似的，就创新性而言，聚类至第一类的为创新程度较低的团队，聚类至第二类的为创新程度较高的团队。就支持程度而言，聚类至第一类的为支持程度较低的团队，聚类至第二类的为支持程度较高的团队。

表6.35是聚类的最终结果。

表6.35　　　　　　　　　团队沟通风格的聚类分析结果

类别		样本数（团队）	比重（%）	备注
官僚的	1	139	54.30	较低官僚的团队
	2	117	45.70	较高官僚的团队
创新的	1	115	44.92	创新程度较低的团队
	2	141	55.08	创新程度较高的团队
支持的	1	119	46.48	支持程度较低的团队
	2	137	53.52	支持程度较高的团队

从表6.35中可以看出，聚类的结果是较低官僚的团队有139个，所占比例为54.30%，较高官僚的团队有117个，所占比例为45.70%；创新程度较低的团队有115个，所占比例为44.92%，创新程度较高的团队有141个，所占比例为55.08%；支持程度较低的团队有119个，所占比例为46.48%，支持程度较高的团队有137个，所占比例为53.52%。

为了验证组织文化是否影响到沟通内容与团队认知、知识共享之间的关系，本研究依据上述聚类结果分组后，就假设模型分别做一次参数估计，以比较其相应路径系数的大小和方向。在进行参数估计之前，我们需要明确以下几点：

首先，在本书6.3部分，已经对原假设模型结构进行了识别检验，所以在此不再进行此项工作。

其次，前述研究已经证明了3个前因变量主要是通过影响团队的交互记忆系统和共享心智模型，来影响到知识共享的，即交互记忆系统和共享心智模型起到了完全中介或部分中介的作用，因此在此比较研究中，主要考虑3个前因变量与交互记忆系统、共享心智模型之间的关系，交互记忆系统、共享心智模型与知识共享之间的关系。

在进行多组比较时，从参数估计结果来看：存在一些路径在不同组别中，路径系数一个显著，一个不显著，可直接比较；但也存在一些路径，在不同组别中，结构模型相应路径系数虽然大小有别，但均基本通过了显著性检验，假设关系均得到了支持。因此不能直接比较两组之间相应系数的差异性。具有相同因子结构的不同样本之间路径系数的比较要区分以下几种情况：

（1）若不同样本之间的路径系数一个显著，一个不显著，则可以直接比较和判断。

（2）若不同样本之间的路径系数皆显著，但影响方向不同，一个是正向显著影响，一个是负向显著影响，则可以直接比较和判断。

（3）若不同样本之间的路径系数皆显著，且影响方向一致，此时要对不同样本的路径系数进行统计检验，判断它们之间有无显著性差异，结构方程模型（SEM）的多样本分析可应用于此。

结构方程模型可进行多样本比较分析，即可以对不同组别的因子结构是否一致进行比较，也可以就不同样本之间的路径系数、均值和截距的差异进行比较。其比较的原理就是假设不同样本中某一路径系数相等，则假设某一路径系数相等的模型和没有如此假设的模型之间差一个自由度，而且，相对没有假设路径系数相等的模型而言，假设相等后的卡方值要上升，此时自由度上升，卡方值也上升，看谁上升得快，此时看 p 值，若显著，则认为两组之间该路径系数有显著性差异，若不显著，则表明两组之间的该系数没有显著性差异。

6.5.2　高低官僚化程度团队的模型检验与差异比较

本节验证团队官僚化程度是否影响到沟通内容与知识共享的关系。运用

AMOS 5.0 统计软件，不同组别的结构模型统计分析结果如图 6.12 和图 6.13 所示。

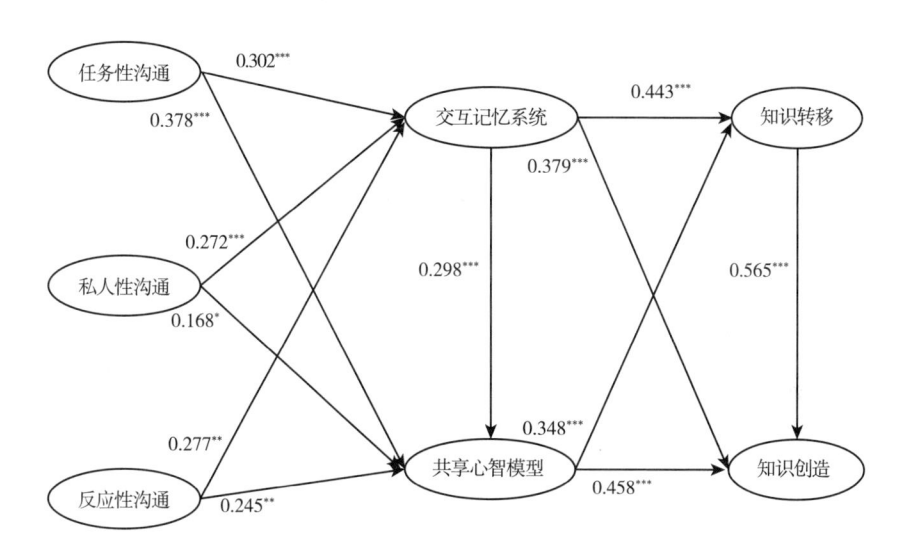

图 6.12 团队官僚化程度与知识共享的关系模型估计图（组 1：较低官僚化的团队）
注：* p < 0.05，** p < 0.01，*** p < 0.001。

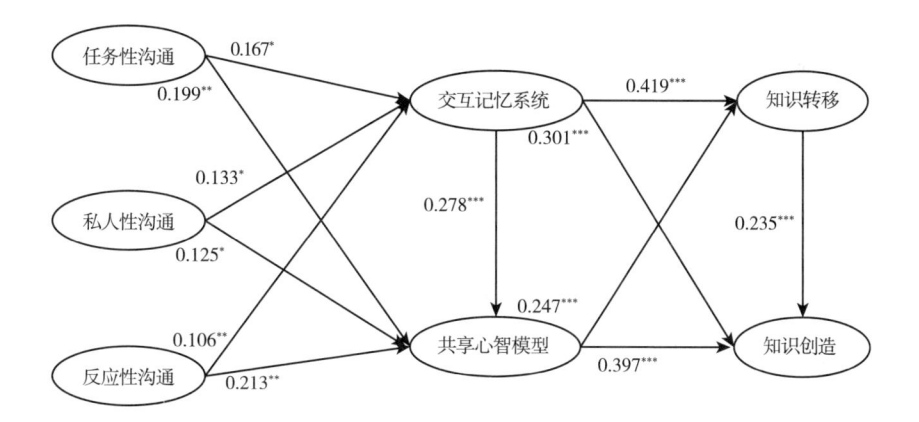

图 6.13 团队官僚化程度与知识共享的关系模型估计图（组 2：较高官僚化的团队）
注：* p < 0.05，** p < 0.01，*** p < 0.001。

不同组结构模型估计详细结果见表 6.36。

表 6.36　　　基于不同官僚化程度团队的结构模型估计结果

模型参数估计	较低官僚化的团队		较高官僚化的团队	
假设与路径	标准化回归系数	是否支持假设	标准化回归系数	是否支持假设
交互记忆系统←任务性沟通	0.302***	显著，支持	0.167*	显著，支持
共享心智模型←任务性沟通	0.378***	显著，支持	0.199**	显著，支持
交互记忆系统←私人性沟通	0.272***	显著，支持	0.133*	显著，支持
共享心智模型←私人性沟通	0.168*	显著，支持	0.125*	显著，支持
交互记忆系统←反应性沟通	0.277***	显著，支持	0.106	显著，支持
共享心智模型←反应性沟通	0.245**	显著，支持	0.213**	显著，支持
共享心智模型←交互记忆系统	0.298***	显著，支持	0.278***	显著，支持
知识转移←交互记忆系统	0.443***	显著，支持	0.419***	显著，支持
知识创造←交互记忆系统	0.379***	显著，支持	0.301***	显著，支持
知识转移←共享心智模型	0.348***	显著，支持	0.247**	显著，支持
知识创造←共享心智模型	0.458***	显著，支持	0.397***	显著，支持
知识创造←知识转移	0.565***	显著，支持	0.235**	显著，支持
解释力 R^2	0.682		0.660	
拟合优度指标	$\chi^2/df = 2.319$		$\chi^2/df = 2.568$	
	GFI = 0.875	AGFI = 0.858	GFI = 0.872	AGFI = 0.857
	NFI = 0.890	IFI = 0.934	NFI = 0.886	IFI = 0.927
	CFI = 0.934	RMSEA = 0.072	CFI = 0.927	RMSEA = 0.078

注：$*p<0.05$，$**p<0.01$，$***p<0.001$。

从表 6.36 中可以看出：

（1）从两组结构模型的拟合情况来看，两个模型基本上符合要求。对于较低官僚化的团队组来说，$\chi^2/df = 2.319$，小于 5 的最低标准；GFI = 0.875，AGFI = 0.858，NFI = 0.890，虽然小于 0.9，但大于 0.85 的最低标准；IFI = 0.934，CFI = 0.934，均大于 0.9；RMSEA = 0.072，小于 0.10。总体而言，模型拟合情况尚好。对于较高官僚化的团队组来说，$\chi^2/df = 2.568$，也小于 5 的最低标准；GFI = 0.872，AGFI = 0.857，NFI = 0.886，虽然小于 0.9，但大于 0.85 的最低标准；IFI = 0.927，CFI = 0.927，均大于 0.9；RMSEA = 0.078，小于 0.10。因此，总体而言，基于两组样本的结构模型的拟合情况均可以接受，较低官僚化的团队组的拟合情况稍优于较高官僚化的团队组。

（2）从解释力来讲，较低官僚化的团队组对知识关系的解释力 R^2 为 0.682，较高官僚化的团队组对知识关系的解释力 R^2 为 0.660，可以看到，较低官僚化的团队组比较高官僚化的团队组更具备解释力。

（3）从回归系数上来看，在两个组别中，各个路径系数皆显著，且影响方向一致，因此，以下章节对不同样本的路径系数进行统计检验，判断它们之间有无显著性差异。

使用 AMOS 5.0 进行结构方程模型多样本比较，检验的结果如表 6.37 所示。

表 6.37　　　不同官僚化程度团队组之间的路径系数比较

路径与假设	路径系数（低官僚）	路径系数（高官僚）	比较结果（*p<0.05）$\Delta\chi^2$	Δdf	p 值	差异是否显著
交互记忆系统←任务性沟通	0.302	0.167	4.062	1	0.041	显著
共享心智模型←任务性沟通	0.378	0.199	4.386	1	0.039	显著
交互记忆系统←私人性沟通	0.272	0.133	4.032	1	0.043	显著
共享心智模型←私人性沟通	0.168	0.125	1.951	1	0.221	不显著
交互记忆系统←反应性沟通	0.277	0.106	4.412	1	0.036	显著
共享心智模型←反应性沟通	0.245	0.213	1.506	1	0.156	不显著
共享心智模型←交互记忆系统	0.298	0.278	1.044	1	0.263	不显著
知识转移←交互记忆系统	0.443	0.419	1.431	1	0.188	不显著
知识创造←交互记忆系统	0.379	0.301	2.940	1	0.105	不显著
知识转移←共享心智模型	0.348	0.247	3.040	1	0.095	不显著
知识创造←共享心智模型	0.458	0.397	2.065	1	0.129	不显著
知识创造←知识转移	0.565	0.235	6.549	1	0.019	显著

从表 6.37 中可以看出，在不同组别之间，私人性沟通和反应性沟通对共享心智模型，团队认知对知识转移、知识创造以及交互记忆系统和共享心智模型之间的影响均无显著差异。而在不同组别中，任务性沟通对团队认知（$p<0.05$）的影响存在显著差异，低官僚化的组织文化下，任务性沟通对团队认知的显著影响得到加强，因此，假设 H15a 获得了部分支持；私人性沟通

和反应性沟通对交互记忆系统的形成也存在显著差异（$p<0.05$），因此，假设 H15b 与假设 H15c 也获得了部分支持。另外，知识转移对知识创造的影响也存在显著差异（$p<0.05$）。

6.5.3　高低创新程度团队的模型检验与差异比较

本节验证团队创新化程度是否影响到沟通内容与知识共享的关系。运用 AMOS 5.0 统计软件，不同组别的结构模型统计分析结果如图 6.14 和图 6.15 所示。

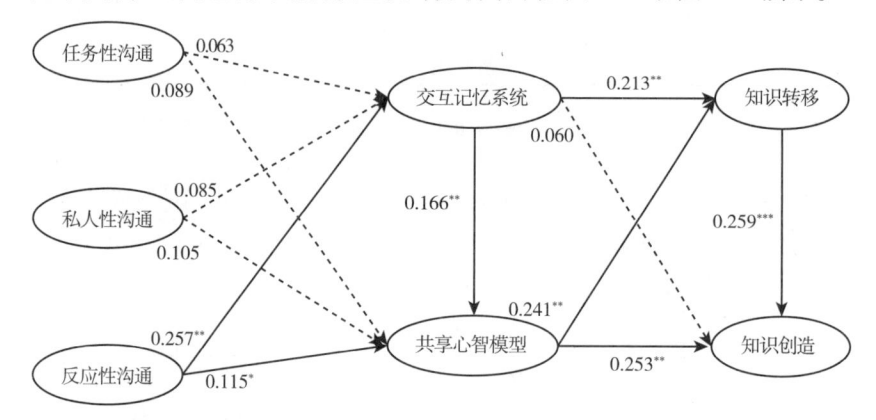

图 6.14　团队创新程度与知识共享的关系模型估计图（组 1：创新程度较低的团队）
注：$*p<0.05$，$**p<0.01$，$***p<0.001$。

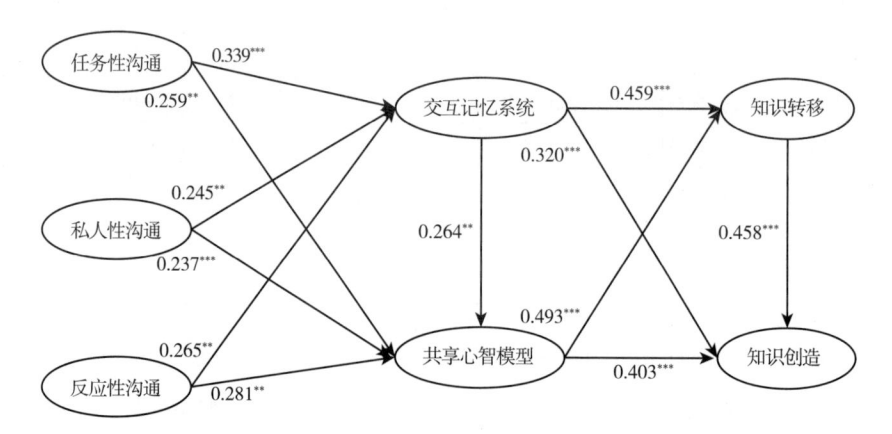

图 6.15　团队创新程度与知识共享的关系模型估计图（组 2：创新程度较高的团队）
注：$*p<0.05$，$**p<0.01$，$***p<0.001$。

不同组结构模型估计详细结果见表6.38。

表6.38　　　　基于不同创新程度团队的结构模型估计结果

模型参数估计	创新程度较低的团队		创新程度较高的团队	
假设与路径	标准化回归系数	是否支持假设	标准化回归系数	是否支持假设
交互记忆系统←任务性沟通	0.063	不显著，拒绝	0.339***	显著，支持
共享心智模型←任务性沟通	0.089	不显著，拒绝	0.259**	显著，支持
交互记忆系统←私人性沟通	0.085	不显著，拒绝	0.245**	显著，支持
共享心智模型←私人性沟通	0.105	不显著，拒绝	0.237***	显著，支持
交互记忆系统←反应性沟通	0.257**	显著，支持	0.265**	显著，支持
共享心智模型←反应性沟通	0.115*	显著，支持	0.281**	显著，支持
共享心智模型←交互记忆系统	0.166**	显著，支持	0.264**	显著，支持
知识转移←交互记忆系统	0.213**	显著，支持	0.459***	显著，支持
知识创造←交互记忆系统	0.060	不显著，拒绝	0.320***	显著，支持
知识转移←共享心智模型	0.241**	显著，支持	0.493***	显著，支持
知识创造←共享心智模型	0.253**	显著，支持	0.403***	显著，支持
知识创造←知识转移	0.259***	显著，支持	0.458***	显著，支持
解释力 R^2	0.645		0.728	
拟合优度指标	$\chi^2/df = 2.755$		$\chi^2/df = 2.415$	
	GFI = 0.877	AGFI = 0.862	GFI = 0.889	AGFI = 0.876
	NFI = 0.896	IFI = 0.931	NFI = 0.914	IFI = 0.948
	CFI = 0.931	RMSEA = 0.083	CFI = 0.948	RMSEA = 0.074

注：* $p<0.05$，** $p<0.01$，*** $p<0.001$。

从表6.38中可以看出：

（1）从两组结构模型的拟合情况来看，两个模型基本上符合要求。对于创新程度较低的团队组来说，$\chi^2/df = 2.755$，不仅小于5，且小于更严格的标准3；GFI = 0.877，AGFI = 0.862，NFI = 0.896，虽然小于0.9，但大于0.85的最低标准；IFI = 0.931，CFI = 0.931，均大于0.9；RMSEA = 0.083，小于0.10。总体而言，模型拟合情况尚好。对于创新程度较高的团队组来说，$\chi^2/df = 2.415$，不仅小于5，且小于更严格的标准3；GFI = 0.889，AGFI = 0.876，虽然小于0.9，但大于0.85的最低标准；NFI = 0.914，IFI = 0.948，

CFI=0.948，均大于0.9；RMSEA=0.074，小于0.10。因此，总体而言，基于两组样本的结构模型的拟合情况均可以接受，创新程度较高的团队组的拟合情况稍优于创新程度较低的团队组。

（2）从解释力来讲，创新程度较低的团队组对知识关系的解释力 R^2 为 0.645，创新程度较高的团队组对知识关系的解释力 R^2 为 0.728，可以看到，创新程度较高的团队组比创新程度较低的团队组更具备解释力。

（3）从回归系数上来看，在创新程度较低的团队组中，任务性沟通、私人性沟通对团队认知的影响由创新程度较高的团队组中的显著影响变为不显著；两个组别中，反应性沟通对团队认知的影响均显著；而交互记忆系统对知识创造的影响亦由创新程度较高的团队组中的显著影响变为不显著。

对于不同样本之间的路径系数皆显著，且影响方向一致的情况，需要对不同样本的路径系数进行统计检验，判断它们之间有无显著性差异，结构方程模型（SEM）的多样本分析可应用于此。多样本检验的结果如表6.39所示。

表6.39　不同创新程度团队组之间的路径系数比较

路径与假设	路径系数（低创新）	路径系数（高创新）	$\Delta\chi^2$	Δdf	比较结果（*p<0.05）p值	差异是否显著
交互记忆系统←任务性沟通	0.063	0.339	—	—	—	显著
共享心智模型←任务性沟通	0.089	0.259	—	—	—	显著
交互记忆系统←私人性沟通	0.085	0.245	—	—	—	显著
共享心智模型←私人性沟通	0.105	0.237	—	—	—	显著
交互记忆系统←反应性沟通	0.257	0.265	0.010	1	0.892	不显著
共享心智模型←反应性沟通	0.115	0.281	3.965	1	0.046	显著
共享心智模型←交互记忆系统	0.166	0.264	2.751	1	0.186	不显著
知识转移←交互记忆系统	0.213	0.459	4.507	1	0.043	显著
知识创造←交互记忆系统	0.060	0.320	—	—	—	显著
知识转移←共享心智模型	0.241	0.493	4.899	1	0.039	显著
知识创造←共享心智模型	0.253	0.403	3.751	1	0.056	不显著
知识创造←知识转移	0.259	0.458	4.076	1	0.048	显著

从表6.39中可以看出，在不同创新性的组别之间，任务性沟通与私人性沟通对团队认知、交互记忆系统与知识创造之间的影响均存在显著差异，可直接比较。高创新性组织文化下，任务性沟通与私人性沟通对团队认知的显著影响得到加强，因此，假设H15d与假设H15e获得了部分支持。而在不同组别中，反应性沟通对共享心智模型的影响也存在显著差异（$p < 0.05$），高创新性组织文化下，显著影响得到加强，因此，假设H15f获得了部分支持。我们还发现，两个组别中，尽管交互记忆系统与共享心智模型对知识转移的路径系数都显著，但不同创新程度的团队之间，交互记忆系统与共享心智模型对知识转移的回归系数有显著性差异，在创新程度较高的团队中，交互记忆系统与共享心智模型对知识转移的显著影响得到加强。另外，不同创新程度的团队之间，知识转移对知识创造的回归系数亦有显著性差异，在创新程度较高的团队中，知识转移对知识创造的显著影响得到加强。

6.5.4 高低支持程度团队的模型检验与差异比较

本节验证支持程度是否影响到沟通内容与知识共享的关系。运用AMOS 5统计软件，不同组别的结构模型统计分析结果如图6.16和图6.17所示。

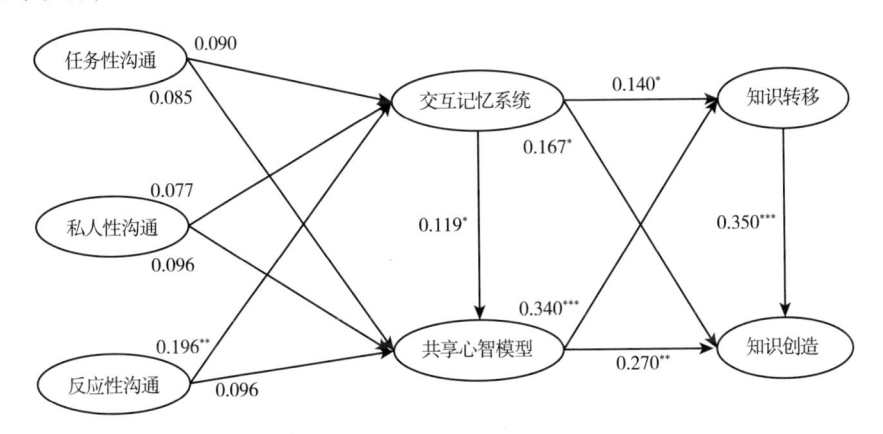

图6.16 团队支持程度与知识共享的关系模型估计图（组1：支持程度较低的团队）
注：$*p < 0.05$，$**p < 0.01$，$***p < 0.001$。

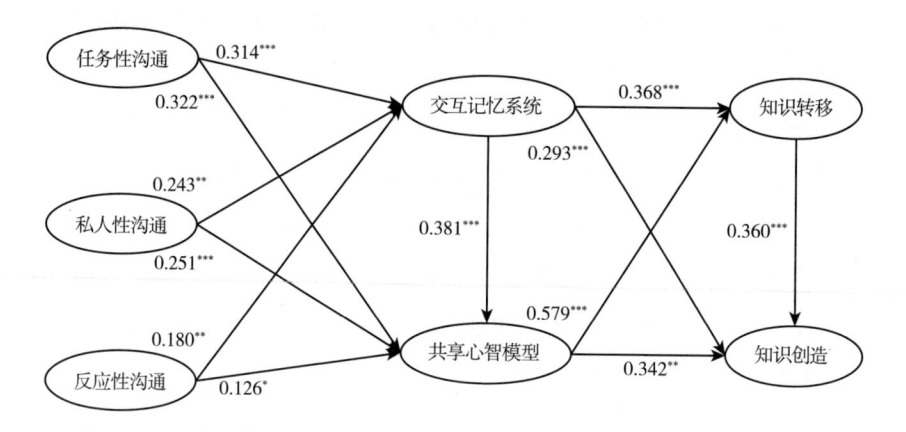

| 团队沟通对团队知识共享的作用机制研究：认知和文化嵌入双重视角 |

图 6.17　团队支持程度与知识共享的关系模型估计图（组 2：支持程度较高的团队）
注：* p<0.05，** p<0.01，*** p<0.001。

不同组结构模型估计详细结果见表 6.40。

表 6.40　　　基于不同支持程度团队的结构模型估计结果

模型参数估计 假设与路径	支持程度较低的团队 标准化回归系数	是否支持假设	支持程度较高的团队 标准化回归系数	是否支持假设
交互记忆系统←——任务性沟通	0.090	不显著，拒绝	0.314 ***	显著，支持
共享心智模型←——任务性沟通	0.085	不显著，拒绝	0.322 ***	显著，支持
交互记忆系统←——私人性沟通	0.077	不显著，拒绝	0.243 **	显著，支持
共享心智模型←——私人性沟通	0.096	不显著，拒绝	0.251 ***	显著，支持
交互记忆系统←——反应性沟通	0.196 **	显著，支持	0.180 **	显著，支持
共享心智模型←——反应性沟通	0.096	不显著，拒绝	0.126 *	显著，支持
共享心智模型←——交互记忆系统	0.119 *	显著，支持	0.381 ***	显著，支持
知识转移←——交互记忆系统	0.140 *	显著，支持	0.368 ***	显著，支持
知识创造←——交互记忆系统	0.167 *	显著，支持	0.293 ***	显著，支持
知识转移←——共享心智模型	0.340 ***	显著，支持	0.579 ***	显著，支持
知识创造←——共享心智模型	0.270 ***	显著，支持	0.342 **	显著，支持
知识创造←——知识转移	0.350 ***	显著，支持	0.360 ***	显著，支持
解释力 R^2	0.623		0.758	
拟合优度指标	χ^2/df = 2.349　　　　　　　　　GFI = 0.870　　AGFI = 0.854　NFI = 0.881　　IFI = 0.928　CFI = 0.928　RMSEA = 0.073		χ^2/df = 2.129　　　　　　　　　GFI = 0.881　　AGFI = 0.867　NFI = 0.893　　IFI = 0.940　CFI = 0.940　RMSEA = 0.067	

注：* p<0.05，** p<0.01，*** p<0.001。

从表 6.40 中可以看出：

（1）从两组结构模型的拟合情况来看，两个模型基本上符合要求。对于支持程度较低的团队组来说，$\chi^2/df = 2.349$，不仅小于5，且小于更严格的标准3；GFI = 0.870，AGFI = 0.854，NFI = 0.881，虽然小于0.9，但大于0.85的最低标准；IFI = 0.928，CFI = 0.928，均大于0.9；RMSEA = 0.073，小于0.10。总体而言，模型拟合情况尚好。对于支持程度较高的团队组来说，$\chi^2/df = 2.129$，不仅小于5，且小于更严格的标准3；GFI = 0.881，AGFI = 0.867，NFI = 0.893，虽然小于0.9，但大于0.85的最低标准；IFI = 0.940，CFI = 0.940，均大于0.9；RMSEA = 0.067，小于0.10。因此，总体而言，基于两组样本的结构模型的拟合情况均可以接受，支持程度较高的团队组的拟合情况稍优于支持程度较低的团队组。

（2）从解释力来讲，支持程度较低的团队组对知识关系的解释力 R^2 为 0.623，支持程度较高的团队组对知识关系的解释力 R^2 为 0.758，可以看到，支持程度较高的团队组比支持程度较低的团队组更具备解释力。

（3）从回归系数上来看，在支持程度较低的团队组中，任务性沟通、私人性沟通对团队认知的影响，反应性沟通对共享心智模型的影响，均由支持程度较高的团队组中的显著影响变为不显著，而其他路径在两个组别中的路径系数皆显著，需要作进一步的判断。

对于不同样本之间的路径系数皆显著，且影响方向一致的情况，需要对不同样本的路径系数进行统计检验，判断它们之间有无显著性差异。多样本检验的结果如表 6.41 所示。

表 6.41　　不同支持程度团队组之间的路径系数比较

路径与假设	路径系数 (低支持)	路径系数 (高支持)	路径系数 $\Delta\chi^2$	Δdf	比较结果 ($^*p<0.05$) p 值	差异是否显著
交互记忆系统←——任务性沟通	0.090	0.314	—	—	—	显著
共享心智模型←——任务性沟通	0.085	0.322	—	—	—	显著
交互记忆系统←——私人性沟通	0.077	0.243	—	—	—	显著
共享心智模型←——私人性沟通	0.096	0.251	—	—	—	显著

续表

路径与假设	路径系数（低支持）	路径系数（高支持）	比较结果 ($^*p<0.05$) $\Delta\chi^2$	Δdf	p 值	差异是否显著
交互记忆系统←反应性沟通	0.196	0.180	0.048	1	0.827	不显著
共享心智模型←反应性沟通	0.096	0.126	—	—	—	显著
共享心智模型←交互记忆系统	0.119	0.381	5.640	1	0.018	显著
知识转移←交互记忆系统	0.140	0.368	4.229	1	0.028	显著
知识创造←交互记忆系统	0.167	0.293	4.021	1	0.045	显著
知识转移←共享心智模型	0.340	0.579	4.419	1	0.024	显著
知识创造←共享心智模型	0.270	0.342	2.201	1	0.173	不显著
知识创造←知识转移	0.350	0.360	0.043	1	0.874	不显著

从表 6.41 中可以看出，在不同支持性的组别之间，任务性沟通与私人性沟通对交互记忆系统和共享心智模型的影响，反应性沟通对共享心智模型的影响，均存在显著差异，可直接比较；高支持性组织文化下，任务性沟通与私人性沟通对交互记忆系统和共享心智模型的影响，反应性沟通对共享心智模型的影响，均得到加强，假设 H15g、假设 H15h、假设 H15i 均获得了部分支持。

除了可以直接比较的不同组别路径系数存在显著差异外，我们还发现，尽管两个组别中，交互记忆系统对共享心智模型的路径系数都显著，但不同支持程度的团队之间，交互记忆系统对共享心智模型的回归系数有显著性差异；同样的，交互记忆系统对 2 个结果变量，以及共享心智模型对知识转移的回归系数有显著性差异，在不同支持程度的团队之间，存在显著性差异，在支持程度较高的团队中，这种显著影响性得到加强。

6.5.5 假设检验结果与初步结论

（1）H15a：低官僚化的组织文化，会正向影响团队任务性沟通对团队交互记忆系统和共享心智模型形成的作用，从而影响对团队的知识转移和创造的作用；H15b：低官僚化的组织文化，会正向影响团队私人性沟通对团队交互记忆系统和共享心智模型形成的作用，从而影响对团队的知识转移和创造的作用；H15c：低官僚化的组织文化，会正向影响团队反应性沟通对团队交互记忆系统和共享心智模型形成的作用，从而影响对团队的知识转移和创造的作用。

从表6.36中可以看出，组织文化中，不同的官僚化程度，会部分地影响团队沟通对团队交互记忆系统和共享心智模型形成的作用，从而影响对团队的知识转移和创造的作用。其中，低官僚化的组织文化，会正向影响团队任务性沟通对团队交互记忆系统和共享心智模型形成的作用，以及私人性沟通、反应性沟通对交互记忆系统形成的作用。这表明，团队的官僚化程度的高低在任务性沟通与团队认知之间，知识转移与知识创造之间有交互负作用。因此假设H15a、假设H15b、假设H15c均获得了部分支持。

（2）H15d：创新性组织文化，会正向影响团队任务性沟通对团队交互记忆系统和共享心智模型形成的作用，从而影响对团队的知识转移和创造的作用；H15e：创新性组织文化，会正向影响团队私人性沟通对团队交互记忆系统和共享心智模型形成的作用，从而影响对团队的知识转移和创造的作用；H15f：创新性组织文化，会正向影响团队反应性沟通对团队交互记忆系统和共享心智模型形成的作用，从而影响对团队的知识转移和创造的作用。

从表6.38中可以看出，组织文化中，不同的创新程度，会部分地影响团队沟通对团队交互记忆系统和共享心智模型形成的作用，从而影响对团队的知识转移和创造的作用。其中，高创新性的组织文化，会正向影响团队任务性沟通与私人性沟通对团队交互记忆系统和共享心智模型形成的作用，以及反应性沟通对共享心智模型形成的作用，这表明，团队的创新程度的高低在任务性沟通、私人性沟通与团队认知之间，团队认知与知识共享之间，知识转移与知识创造之间有交互正作用。因此假设H15e、假设H15d、假设H15f均获得了部分支持。

（3）H15g：支持性组织文化，会正向影响团队任务性沟通对团队交互记忆系统和共享心智模型形成的作用，从而影响对团队的知识转移和创造的作用；H15h：支持性组织文化，会正向影响团队私人性沟通对团队交互记忆系统和共享心智模型形成的作用,从而影响对团队的知识转移和创造的作用;H15i:支持性组织文化,会正向影响团队反应性沟通对团队交互记忆系统和共享心智模型形成的作用,从而影响对团队的知识转移和创造的作用。

从表 6.40 中可以看出,组织文化中,不同的支持程度,会部分地影响团队沟通对团队交互记忆系统和共享心智模型形成的作用,从而影响对团队的知识转移和创造的作用。其中,高支持性的组织文化,会正向影响团队任务性沟通与私人性沟通对团队交互记忆系统和共享心智模型形成的作用,以及反应性沟通对共享心智模型形成的作用,这表明,团队的支持程度的高低在任务性沟通、私人性沟通与团队认知之间,团队认知与知识共享之间有交互正作用。因此假设 H15g、假设 H15h、假设 H15i 均获得了部分支持。

上述研究结果可以用表 6.42 予以总结。

表 6.42　　　　　研究假设 H15 的结构方程检验结果

假设序号	假设内容	评价
H15a	低官僚化的组织文化,会正向影响团队任务性沟通对团队交互记忆系统和共享心智模型形成的作用,从而影响对团队的知识转移和创造的作用	部分支持
H15b	低官僚化的组织文化,会正向影响团队私人性沟通对团队交互记忆系统和共享心智模型形成的作用,从而影响对团队的知识转移和创造的作用	部分支持
H15c	低官僚化的组织文化,会正向影响团队反应性沟通对团队交互记忆系统和共享心智模型形成的作用,从而影响对团队的知识转移和创造的作用	部分支持
H15d	创新性组织文化,会正向影响团队任务性沟通对团队交互记忆系统和共享心智模型形成的作用,从而影响对团队的知识转移和创造的作用	部分支持
H15e	创新性组织文化,会正向影响团队私人性沟通对团队交互记忆系统和共享心智模型形成的作用,从而影响对团队的知识转移和创造的作用	部分支持
H15f	创新性组织文化,会正向影响团队反应性沟通对团队交互记忆系统和共享心智模型形成的作用,从而影响对团队的知识转移和创造的作用	部分支持
H15g	支持性组织文化,会正向影响团队任务性沟通对团队交互记忆系统和共享心智模型形成的作用,从而影响对团队的知识转移和创造的作用	部分支持
H15h	支持性组织文化,会正向影响团队私人性沟通对团队交互记忆系统和共享心智模型形成的作用,从而影响对团队的知识转移和创造的作用	部分支持
H15i	支持性组织文化,会正向影响团队反应性沟通对团队交互记忆系统和共享心智模型形成的作用,从而影响对团队的知识转移和创造的作用	部分支持

6.6 本章小结

本章通过大样本调查数据对理论模型和相关假设进行检验，主要工作包括：首先对模型中相关的控制效应进行了检测，包括团队成员个体属性与团队层面变量；然后对中介变量——交互记忆系统与共享心智模型，进行了中介效应验证；在此基础上，运用结构方程模型，对研究假设进行了检验；再验证了沟通风格对于部分沟通内容与团队认知之间的调节作用；最后，验证了组织文化对前因、中介、结果变量之间关系的干扰作用，完成所有假设的验证。

（1）控制效应的检测中，发现性别、学历、职位、儒家价值文化倾向、个人主义—集体主义（个人层面）与团队规模和企业所处发展阶段（团队层面）均对团队认知、知识共享具有部分的控制效应。

（2）采用结构方程建模技术，对判定中介作用的四个条件进行分析，结果表明，交互记忆系统与共享心智模型在团队沟通内容与知识共享的关系中起完全和部分的中介作用。

（3）运用结构方程建模技术，对原始假设模型和各个修正模型的拟合程度进行比较，得到最佳匹配模型，进一步证实交互记忆系统与共享心智模型的中介作用，同时，删除了1条不显著的路径（共享心智模型←——私人性沟通），增添了2条新的路径，即"知识转移←——任务性沟通"和"知识转移←——任务性沟通"。

（4）采用逐级回归方法，检验了团队的沟通风格在沟通内容与团队认知间的调节作用，得到了：直接沟通会加强任务性沟通到团队认知的作用，同理，间接沟通会使得任务性沟通到团队认知的显著影响降低；间接沟通会加强私人性沟通对交互记忆系统的影响。

（5）再次运用结构方程建模技术，研究组织文化在沟通内容、共享心智模型、交互记忆系统与知识共享之间的干扰作用。得到了：低官僚化的组织文化会部分地正向影响团队沟通内容对团队交互记忆系统和共享心智模型形成的作用，从而影响对团队的知识转移和创造的作用；创新性与支持性的组织文化，会部分地正向影响团队沟通内容对团队交互记忆系统和共享心智模型形成的作用，从而影响对团队的知识转移和创造的作用。

7 结论与展望

7.1 研究结论

根据第 6 章的实证检验，在本书第 3 章提出的 15 个研究假设，有 14 个获得实证的支持，有 1 个研究假设没有获得支持，其中，有 11 个探索性研究结论。另外，本书还对来自调研方本身的个体特征，对团队认知和团队知识共享的控制效应，进行了必要的讨论。研究假设汇总见表 7.1。

表 7.1　　　　　　　　研究假设结果汇总

序号	假设内容	假设类型	检验结果	沟通风格调节 直接	沟通风格调节 间接	组织文化的干扰作用 官僚的	组织文化的干扰作用 创新的	组织文化的干扰作用 支持的
H1	团队成员间的任务性沟通对团队交互记忆系统的形成有正向作用	验证性	支持	加强	减弱	负干扰	正干扰	正干扰
H2	团队成员间的任务沟通对团队共享心智模型的形成有正向作用	验证性	支持	加强	减弱	负干扰	正干扰	正干扰
H3	团队成员间的私人性沟通对团队交互记忆系统的形成有正向作用	开拓性	支持	减弱	加强	负干扰	正干扰	正干扰
H4	团队成员间的私人性沟通对团队共享心智模型的形成有正向作用	开拓性	不支持	无	无	不干扰	正干扰	正干扰
H5	团队成员间的反应性沟通对团队交互记忆系统的形成有正向作用	开拓性	支持			负干扰	不干扰	不干扰
H6	团队成员间的反应性沟通对团队共享心智模型的形成有正向作用	开拓性	支持			不干扰	正干扰	正干扰
H7	团队交互记忆系统对团队共享心智模型的形成有正向作用	开拓性	支持			不干扰	不干扰	正干扰

续表

序号	假设内容	假设类型	检验结果	沟通风格调节 直接	沟通风格调节 间接	组织文化的干扰作用 官僚的	组织文化的干扰作用 创新的	组织文化的干扰作用 支持的
H8	团队交互记忆系统对团队成员间的知识转移有正向作用	开拓性	支持			不干扰	正干扰	正干扰
H9	团队交互记忆系统对团队成员的知识创造有正向作用	开拓性	支持			不干扰	正干扰	正干扰
H10	团队共享心智模型对团队成员间的知识转移有正向作用	开拓性	支持			不干扰	正干扰	正干扰
H11	团队共享心智模型对团队成员的知识创造有正向作用	开拓性	支持			不干扰	不干扰	不干扰
H12	团队成员间的知识转移对团队成员的知识创造有正向作用	验证性	支持			负干扰	正干扰	不干扰
H13	团队成员的不同沟通风格，会影响团队任务性沟通对团队交互记忆系统和共享心智模型形成的作用	开拓性	支持					
H14	团队成员的不同沟通风格，会影响私人性沟通对团队交互记忆系统和团队共享心智模型形成的作用	开拓性	部分支持					
H15	不同特点的组织文化，会影响团队沟通对团队交互记忆系统和共享心智模型形成的作用，从而影响对团队的知识转移和创造的作用	开拓性	支持					

7.1.1 结论一

关于知识共享中的沟通研究，往往将沟通作为一个单一维度的变量进行研究。例如：从沟通技术媒介角度考察，将沟通作为单维度，分别为："信息和沟通技术 ICT""计算机介入的沟通技术 CMC"（Hendriks，1999；Hooff & Ridder，2004）；从沟通的工具性角度，将沟通确定为"沟通和冲突的解决"单维度，借助案例进行定性分析（Tsai & Chang，2005）；从沟通风格角度研究，将团队沟通风格分为"惬意的"和"外向的"两个维度（Vries，Hooff & Ridder，2006）。这样考察沟通变量，一是比较片面，二是缺乏夸文化的移植性和比较。

沟通不仅涉及"沟通什么",还涉及"如何沟通",所以对沟通的考察从沟通内容和沟通风格两个方面来进行比较贴近实践,也比较全面。文化是沟通的基础,爱德华·T. 霍尔(Edward T. Hall, 1959)甚至提出"文化就是沟通,沟通就是文化",所以,在进行沟通维度设计时,必须考虑文化因素,能够反映出不同文化背景的特点。

根据社会网络理论,项目团队既是"信息网络"又是"情感网络",所以,团队成员间的关系具有多重性,既是朋友又是工作伙伴。多重性关系也代表了两个行动者在多方面的社会活动中被捆绑在一起,而中国文化又是强关系导向的。根据黄光国(1987)的关系观点,可以推断团队成员间是一种混合性关系,既有工具性的一面又有情感性的一面,沟通原则遵循"人情"法则,所以日常沟通内容除了与任务相关的话题外,必然会有涉及私人问题的话题。团队成员在这种"人情"法则指引下,沟通时会互相顾及"脸面",在队友提问或者谈话时会予以及时、恰当的反应,这与中国传统文化期望一致:以"礼"来维护"关系"。因此,本研究将沟通内容划分为三个维度:任务性沟通、私人性沟通和反应性沟通。

关于沟通风格,霍尔(1959)根据文化与沟通的关系,将文化划分为高情境文化和低情境文化两个维度,进而将沟通风格对应地划分为高情境沟通和低情境沟通两个维度。古德昆斯特和丁托米(Gudykunst & Ting-Toomey)在后续研究中进一步指出,高情境沟通主要发生在集体主义文化中;低情境沟通主要发生在个人主义文化中;并进而提出"直接沟通风格"与"间接沟通风格"。在东方的儒家文化中,人们会从没有说出来的东西——某种沉默、某种姿态、某种状态以及其他情境之中去寻找其本质含义,所以,中国属于典型的高情境沟通的国家。由此,在本研究中沟通风格采纳"直接沟通风格"与"间接沟通风格"的划分方法。

基于此,本书提出的沟通内容可以划分为三个维度,即任务性沟通、私人性沟通和反应性沟通,并通过小样本的探索性因子分析(EFA)及大样本的确定性因子分析(CFA),验证了其有效性。此外,三个维度间存在显著的相关性,任务性沟通和私人性沟通正向相关($r = 0.178$,$p = 0.01$),任务性沟通和反应性沟通正向相关($r = 0.177$,$p = 0.01$),私人性沟通和反应性沟通正向相关（r = 0.296，p = 0.01）。从对团队认知以及团队的知识共享的作用来看，他们的作用方向也是基本一致的。

基于理论分析和实证数据检验，本书对沟通内容设计的三维度划分是符合逻辑且有效和可信的，也能反映我国的传统文化的特点，符合沟通的社会文化理论观点和原理，拓宽了团队知识共享中的沟通结构维度设计的研究。

7.1.2　结论二

关于团队层面的沟通与共享心智模型和交互记忆系统、知识共享的关系，是本书研究的一个核心内容。在以往的关于知识共享问题的研究中，沟通一直被认为是解决共享中各类问题的一个关键所在。本书的实证研究在很大程度上支持了这个认识，并进一步揭示了其作用机制。

其一，本书的研究表明，团队在团队共享心智模型、交互记忆系统在团队沟通与团队知识转移、创造中起了中介传导作用，其中在任务性沟通—知识转移（H1、H2、H8、H10）、任务性沟通—知识创造关系（H1、H2、H9、H11）中起了部分中介作用，在私人性沟通—知识转移（H3、H8、H10）、私人性沟通—知识创造（H3、H9、H11）、反应性沟通—知识转移（H5、H6、H8、H10）和反应性沟通—知识创造（H1、H2、H9、H11）中起了完全中介作用。该结论为诺塞克（2004）、考萨尔和保罗（Kausar & Paul，2006）、张钢和倪旭东（2005）以及武欣和吴志明（2006）的观点提供了实证基础。知识是行为能力，包括概念化能力；认知是行为能力获得和构建的心智程序（Churchman，1971；Denning，2002）。环境作用于个体对现实的映像和对未来的构想的认知，从而影响知识的运动（Gibson，1979；Heft，2001；Clanay，1997；Bloor，1983；Brand，1979；Wilson，1998）。所以，团队共享心智模型和交互记忆系统在团队的知识共享中扮演了核心的角色，要促进团队知识共享，首先要考虑的是如何培育团队一致的认知以及建立团队的记忆系统。

以往的知识共享理论研究往往认为沟通对知识共享有直接促进作用（Fang et al.，2005；Alberts，2007；Greenfield & Campbell，2006；Kelly & Jones，2001；Miller，1999），本书的经验数据不支持这个观点，本研究发现任务性沟通部分直接作用于知识共享，部分通过团队共享心智模型和交互记忆系统（H1、H2）中介传导促进知识共享，即团队认知在任务性沟通和知识共享关系中起到部分中介传导作用。在围绕任务的沟通中，来自不同学科、具有不同专长的队员们，所传递出来的含有学科视角的观点、言论、信息的碰撞，有利于显性知识输出以及隐性知识的显性化，直接促进一些显性知识的转移，知识接受方接收到不同视角的知识，与自己原有的知识整合，就有可能创造出新知识。由此可见，团队任务性沟通在团队知识共享中的重要作用，反映了团队沟通在团队知识共享中的工具性作用。这个结果也为海德斯和普菲弗（Hinds & Pfeffer，2003）辨别出来的知识共享中的认知因素——主要是涉及个体的共享能力（如，使专家知识能被门外汉理解，将隐性知识显性化）的理论推断提供了经验支持；同时，也从理论上解释了管理实践中，人们经常针对任务、问题，尤其复杂问题，采用"头脑风暴"的有效性。

团队私人性沟通和反应性沟通虽然不能直接促进团队知识共享，但通过培育、促进团队共享心智模型和交互记忆系统（H3、H4、H5、H6），能间接促进团队知识共享的发生。团队私人性维度反映了沟通在知识共享中的情感性作用，与已有的关于知识共享氛围、组织文化对知识共享的作用的研究成果是一致的：高关怀的组织氛围和开放的沟通氛围有利于知识共享的实现（Ardichvili，Page & Wentling，2003；Bock & Kim，2002；Hall，2001；Hinds & Pfeffer，2003；Inkpen & Tsang，2005；Moffett，McAdam & Parkinson，2003；Reagans & McEvily，2003；Hooff & Ridder，2004；Zárraga & García-Falcón，2003）。团队反应性沟通维度的作用，显示了人际互动在知识共享中的作用，这与正向的社会交往文化对知识共享有促进作用（Kelloway，2003），组织内的社会交往能促进知识共享（Lin，2008）以及个体的亲社会行为能促进个体对知识共享活动的涉入（Bartol，2002）等是一致的。由此可见，和邻近的人沟通能增进感情和凝聚力（Levine & Moreland，1990；Lott & Lott，1965）。一般来说，积极的个体和团队关系是基于人们相互之间的沟通（Camden & Kennedy，1986；Inglis，1993；Jones，2004；Williams，Weinman & Dale，1998；Wong & Tjosvold，1995），而这些积极的关系对于团队中的知识共享是非常重要的（Zakaria，Amelinckx & Wilemon，2004）。

其二，本书研究表明沟通三个维度对交互记忆系统均有显著正向作用（H1、H3、H5），任务性沟通和反应性沟通对团队共享心智模型有显著正向作用（H2、H6），私人性沟通对促进团队共享心智模型的形成作用不显著（H4）。这说明，总体上无论沟通什么内容，团队成员间的沟通对团队交互记忆系统和共享心智模型的形成都有正面的影响。

团队私人性沟通围绕着团队成员的私人主题进行交流，它能增进相互理解，增加团队凝聚力，与团队任务策略没有太直接的关系，但它有助于团队交互记忆系统的形成（H3），通过团队的记忆能促进团队心智模型的形成，因而，这样的结果也是符合逻辑的。

本议题里的上述两个结果都验证了学习认知理论和社会网络理论的观点和原理，也构成了本书的团队学习的社会/文化—认知视角。

其三，本研究表明团队交互记忆系统对团队共享心智模型有正向促进作用（H7）。交互记忆系统与共享心智模型作为两个分析群体知识处理过程的途径，均采用了群体认知的观点。本研究在现有文献（Lewis, 2003; Smith-Jentsch et al., 2005; Swaab et al., 2002）的基础上，进行了一定的理论延伸与实践考量，探索了团队成员间的交互记忆系统与共享心智模型的关系。实证研究发现，团队成员间的交互记忆系统与团队共享心智模型的形成存在着非常密切的关系。结果表明，在团队中，交互记忆系统对团队共享心智模型的形成的影响系数达到0.413（$p<0.001$），作用显著。这说明，交互记忆系统作为一种团队成员互相间的才能与关系的认知，有助于更好地理解共享心智模型中任务策略性的认知机制。成员间交互记忆系统的形成，代表了成员们互相了解对方的才能，并知晓谁拥有这些才能，这种不断的学习行为与以此形成的组织记忆，有助于团队共享心智模型的形成。共享心智模型的形成代表了一种团队情境中的高阶学习的产物（Yoo, 2001）。刘易斯（2003）也提出了交互记忆系统与共享心智模型息息相关，但是这些研究都没有进行实证研究以验证。因此，本书的研究较以往观点是，具有显著的进步与理论意义。

其四，本研究表明团队知识转移对知识创造有正向促进作用（H12）。本研究在萨拉加和福尔肯（2003）与柯林斯和史密斯（2006）的基础上，进行了一定的理论扩展与整合，探索了以团队作为研究对象的知识共享的二维结构，即在知识共享过程中，团队成员涉及"如何转移知识"和"如何创造知识"两个方面，它们构成了较为完整的知识共享系统。本书通过实证研究发现，团队成员间的知识共享的两个维度具有较好的信度与效度，对这种维度划分提供了进一步的验证，对量表的改进也弥补了萨拉加和福尔肯（2003）量表信度较低的缺憾。另外，本研究还进一步发现了两个维度间，存在着非常密切的关系。结果表明，在团队中，知识转移对知识创造的影响系数达到 0.332（$p<0.001$），作用显著。成员间知识的转移程度越高，团体实践中的更多的知识在成员间交换、转化与分享，并进一步整合，则团队成员更可能创造出新知识。知识的扩散与转移，在整个知识管理环节中，效率越高，范围越广，知识增值量就越大。这一观点也进一步证实了阿罗毗（Alavi，2000）与艾伯特（Alberts，2007）的观点。

本研究以一个整合理论的新视角，研究了团队知识共享的发生机制，使得研究更加科学、合理，同时也拓宽了从团队认知视角揭示团队知识共享的发生机制的研究领域，首次考察了多维度结构团队沟通在团队知识共享中的作用机理，因此，本研究在团队知识共享研究领域具有一定的理论意义。

7.1.3 结论三

本研究表明，沟通内容与沟通风格在沟通内容对团队认知的关系中有交互作用（H13、H14）。结果显示，团队沟通风格对任务性沟通—交互记忆系统有正向调节作用（H13a），对任务性沟通—共享心智模型有正向调节作用（H13b），对私人性沟通—交互记忆系统有负向调节作用（H14a），对私人性沟通—共享心智模型没有调节作用（H14b）。也就是说，团队直接沟通风格能加强任务性沟通对团队交互记忆系统和共享心智模型的正向促进作用；而团队间接沟通风格能加强私人性沟通对团队交互记忆系统的正向促进作用。虽然没有类似的相关研究，但是这个结果与中国人的人格特征是一致的。这个结论提示我们在知识共享管理实践中要注重企业所在的本土文化影响，根据不同传统文化文化特点，采用不同的沟通方式，以实现管理的预期。

7.1.4 结论四

本研究表明,组织文化对"团队沟通—团队认知—团队知识共享"的关系有干扰作用(H15)。结果显示:低官僚化、高创新、高支持的组织文化对"团队沟通—团队认知—团队知识共享"的关系有正向加强作用。从认知理论视角看,认知受环境因素包括文化的影响(班杜拉,1987),沟通与文化密切相关,文化情境的切入性很强,是认知形成的基础,所以在"团队沟通—团队认知—团队知识共享"的作用路径中必然受到团队所在组织文化的干扰。

本研究是从组织文化与前因和中介变量的交互作用角度来考察知识共享的发生机制。组织文化对于组成成员来说如同空气,渗透到各个环节、各个层面,而不是简单地对某一种行为产生直接的影响,所以,本研究考察在团队知识共享中,团队沟通、团队认知与团队所处的组织文化的交互作用,更科学合理,也更贴近实践。

本结论对知识共享的实践提示是:注重建设一个支持的、创新的文化,而不要过于集权和官僚。

7.1.5 结论五

(1) 儒家价值文化取向和个人主义—集体主义价值取向的控制效应。

本研究表明,不同的文化价值取向,对团队成员认知和知识共享有控制效应。结果显示:团队成员的儒家价值文化倾向越高,越倾向于形成交互记忆系统、共享心智模型和发生知识转移,而在知识创造上没有显著差异;个人主义倾向越高的团队成员显示出更高的知识创造能力,而集体主义倾向高的团队成员越容易形成交互记忆系统、共享心智模型和发生知识转移。根据文化和认知理论我们知道,民族文化对认知和行为都会有影响,儒家文化作为中国的传统文化,必然会影响团队成员的认知和知识共享行为。而在民族文化和沟通的影响研究中,普遍的结论是集体主义和个人主义取向对沟通影响最大，知识共享和沟通关系非常密切，集体主义和个人主义的价值取向必然也影响团队成员的知识共享和认知。

这个结论对知识管理实践的最大启示是：在中国文化背景下，以团队这种组织结构来促进知识的分享和创造是行之有效的。而目前，团队在本土企业的应用并不如国际跨国企业、西方大企业使用得普遍，本研究建议中国企业可以大胆地使用团队这种工作方式。所以，我们应该对我国传统有信心，企业应该注重对员工儒家文化的传播和熏陶。

（2）其他控制变量的控制效应。

首先，团队成员个体层面的属性：团队成员的性别、学历、职位对中介变量和结果变量有控制效应。

团队成员的性别对于其交互记忆系统、共享心智模型的影响，以及对知识转移与知识创造的影响均有显著差异，且均为男性高于女性。员工学历对交互记忆系统和共享心智模型的影响均无显著差异，而对知识转移和知识创造的影响则存在显著差异。对于知识转移和知识创造而言，硕士学历与大专以下、大专以及本科学历的员工间存在显著差异。相对于大专以下、大专以及本科学历的员工，硕士学历的员工的知识转移和知识创造水平较高。而大专以及本科学历的员工比大专以下学历的员工有更高的知识转移和知识创造水平。由此可见，受教育程度高，其知识转移和创造能力相对要高。

对于交互记忆系统和知识创造而言，基层管理人员与普通员工间存在显著差异。相对于普通员工，基层管理人员有更高的交互记忆系统和知识创造水平。交互记忆系统的建立有赖于对任务和团队成员的一个整体把握，管理者由于看问题所站的层面高于普通员工，所以在这方面会表现出较高水平，也因为对全局的把握和接触的知识面相对广泛，所以比之普通员工，会表现出较高的知识创造的能力。

其次，团队/企业属性：团队规模、企业所属发展阶段对中介变量和结果变量有控制效应。

团队规模对交互记忆系统、知识转移和知识创造的影响均无显著差异，而对共享心智模型的影响则存在显著差异。较小规模的团队比中等规模的团队更易形成共享心智模型，中等规模团队则比大规模团队更易形成共享心智模型。一般来说，随着团队规模的增大，成员们的互相交流和沟通的机会就相对减少，团队成员对任务策略的一致性观念的形成相对来说就比较困难，也就阻碍了共享心智模型的形成。

企业所属发展阶段对交互记忆系统和知识转移的影响均无显著差异，而对共享心智模型和知识创造的影响则存在显著差异。对于共享心智模型和知识创造而言，处于衰退期的团队与其他阶段（创业期、发展期、迅速扩张期和成熟期）相比，共享心智模型会显著减弱，一般认为，在团队的衰退期，由于成员们对任务的专注力度减弱，比较难形成共享的心智模型。

7.2 理论进展与实践意义

本书的相关研究结论，不仅在团队知识共享发生机制的问题研究中具有一定的理论发现和进展，而且对于中国文化背景下的企业知识共享管理实践，亦具有重要的意义。

7.2.1 理论进展

根据研究内容和研究设计，本书共研究了与团队知识共享有关的五个问题，即：前因变量团队沟通的维度结构，团队沟通对团队知识共享的作用机制，团队沟通内容和团队沟通风格对团队知识共享的认知的交互作用，组织文化在本研究中的干扰作用，以及团队成员的民族文化取向对团队认知和团队知识共享的控制效应。

上述研究均是基于已有的相关文献的基础，通过理论分析和实践调查，并遵循规范的科学研究方法，逐步展开的。因此，本书的研究结论，对于进一步深入揭示团队知识共享发生机理和规律，无疑具有重要的理论意义。

总体来看，本书的理论进展，体现在如下几个方面：

（1）构建了团队知识共享研究的新理论视角。

（2）识别了团队沟通内容的维度构成，并揭示了其对团队知识共享的作用机理。

(3) 将团队共享心智模型和交互记忆系统引入"团队沟通—团队知识共享"模型中,构建并验证了"团队沟通—团队认知—团队知识共享"的研究框架。

(4) 探明了团队沟通内容和沟通风格在团队共享心智模型和交互记忆系统形成中的交互作用。

(5) 拓宽了组织文化对团队知识共享发生机制全过程影响的思路。

(6) 证明了团队成员的儒家文化和个人主义—集体主义价值取向对团队共享心智模型和交互记忆系统以及知识共享的控制效应。

7.2.2 实践意义

本书的研究不仅在团队知识共享的理论上取得了一定进展,同时,对具有中国文化背景下的企业知识共享管理,也具有实践参考意义,具体地说主要有以下几个方面:

(1) 团队沟通维度的设计、实证的实践启示。

本研究发现团队任务性沟通对知识共享的作用强度最大,所以,我们在任务团队活动管理中,注重围绕任务开展沟通。譬如:围绕任务的头脑风暴法;经常性地组织小群体会议,讨论成员们工作上的问题或计划(Pedler, 1983);根据任务内容组织实验练习,在模拟的任务情境下,团队成员开展沟通;针对任务内容,收集相关文献资料,组织读书会(Revnolds, 1994);等等。

团队反应性沟通对团队知识共享的促进作用也很显著。在团队中倡导传统文化中的"礼",互相尊重,形成良好的互动关系。团队私人性沟通对团队知识共享的促进作用也是显著的。可见,团队成员间除了围绕任务的沟通,也需要针对私人问题开展沟通,互相关心,形成良好的人际关系。所以,团队有必要在工作之余组织一些活动,为团队成员创造私人性沟通的机会。

需注意的是,尽管团队私人性沟通对团队知识共享有显著促进作用,但是它并非作用最强的维度,所以不可在这上面分配过重的时间和精力,重点还是任务性沟通。

（2）团队认知在团队沟通和团队知识共享中的中介作用的实践启示。

研究结果表明，团队共享心智模型和交互记忆系统在团队沟通和团队知识共享中起了中介传导作用，因此，在团队建设时，要关注团队的一致性认知的形成。

任务性沟通、反应性沟通对团队共享心智模型和交互记忆系统的形成有正向作用。所以在管理团队活动时，要多开展针对任务的讨论和互动。不仅要鼓励团队成员把个人的看法、问题、思路讲出来，更要善于倾听队友的意见，帮助队友解决问题，这样有利于团队成员的相互了解、信任，便于工作协调，有利于对任务策略达成共识。

私人性沟通虽然不能促进团队共享心智模型的形成，但能促进团队交互记忆系统的形成，进而促进团队知识共享的实现，所以，管理实践中也需要给团队成员创造私人交流的时间和空间，如举行聚会、公司里设咖啡吧和喝咖啡时间等，以促进团队成员的私人性沟通，增进团队成员的感情和了解，有利于团队建立信任。

管理者要意识到交互记忆系统对培养共享心智模型的重要性，应不断加强交互记忆系统的建设与维护，注重各成员才能差异化互补，保持团队稳定性，当出现成员对实际状况所持的心智模式无法凝聚时，交互记忆系统可以为问题诊断提供可能的思路。另外，知识转移是知识创造的基础，要努力打破知识转移的障碍，改进知识转移过程，促进知识转移的有效性。

（3）团队沟通内容和沟通风格交互作用的实践启示。

在团队管理实践中，针对任务的沟通可以组织开放的、直接的沟通，从而有利于对任务的理解和执行，以及对团队成员的差异和所具有的专长的认识；针对私人性的沟通，注意中国人的"私我"观念，需要采用婉转、间接的沟通风格，有利于团队成员的互相了解和信任，有利于任务执行中的协调。

（4）组织文化在团队知识共享发生过程中的干扰作用的实践启示。

在知识经济时代，组织集权决策，强调垂直权力控制、过于注重规则，不利于团队成员交互作用，阻碍组织内的知识共享。组织应该建立一种宽松的工作环境，鼓励成员参与公司决策，多创造成员们水平沟通和交互作用的机会，多使用跨职能部门的任务团队。

建设创新性组织文化。组织设立创新体系，并以具体的激励措施来支持；给团队设定的任务可以具有一定的挑战性，让团队成员感受到来自工作的压力，并能够被这种压力激励，从而挑战自我；鼓励团队成员积极沟通和讨论，增进相互之间的关心及对任务的理解和对任务策略达致共识，从而促进团队知识共享。

建设支持性组织文化。拥有一个关怀和安全的工作环境，融洽的成员关系，成员间有许多合作机会，团队凝聚力强，在这种组织文化下的团队，成员间的沟通和互动会很自然地产生，成员们乐于合作，互相之间容易了解和理解，对任务的关键策略的认识也容易产生共鸣。

（5）儒家文化等价值取向的控制效应的实践启示。

中国的儒家文化有利于团队成员形成团队共享心智模型和交互记忆系统，并能促进团队成员间的知识转移。因此，我国企业在学习和实践西方管理思想时，要注意保留和宣扬我国的儒家文化。

集体主义价值观有利于团队一致认知的形成以及知识转移的发生，但不能促进知识创造，而个人主义倾向越高的团队，成员显示出更高的知识创造能力。所以，在团队建设时，既要注重团队整体利益，注重团队凝聚力，也要注意个人导向的奖赏和业绩识别，关注团队成员个人目标的实现。企业尽可能让团队成员个人的目标与团队的目标一致，以有效促进团队的知识共享和创造。

7.3 研究局限与研究展望

本书的研究涉及管理学、心理学、哲学和社会学等几大学科的知识和理论，以一个整合的新视角研究团队知识共享的发生机理，大部分是开拓性研究，前人的可参照成果有限，加上笔者时间、精力以及知识结构的有限，所以，尽管笔者在研究中，努力遵循规范的科学研究范式，但还有许多重要的理论和实践问题尚待深入探讨，造成了本研究的一些局限，这些局限既限制了本研究部分研究结论的效度，也是未来关于本主题进一步探索和改进的方向。

本研究的核心是团队的知识共享发生机理，选择团队沟通为起点，从团队认知视角揭示其形成路径，虽然在研究视角上有一定的创新，但对团队的知识共享发生机理还是挖掘得不够全面。实际情境的前因一定是更丰富，团队的认知也不仅仅是团队共享心智模型和交互记忆系统，所以这方面亟待后续研究的扩展。

对团队沟通分类及维度结构的研究也有待深入。本研究考察了沟通内容和沟通风格的交互作用，在沟通风格的维度设计上比较简单化，只是从直接—间接沟通风格考察，而我们实践情境的沟通风格是很丰富的。另外沟通方式、沟通媒介、沟通方向等沟通的不同层面，对本研究模型可能都会有影响，所以后续研究可以在本模型的基础上，进一步细化、扩展沟通的内涵。

本研究在考察组织文化的干扰作用时，只考察了官僚的、创新的和支持的组织文化的干扰作用，而组织文化是很多样的，后续研究可以进一步考察不同组织文化的干扰作用。还可以将团队氛围纳入研究范围。

另外，本书只验证了模型在中国文化背景下的各种关系，不同民族文化情境下，这些关系会有差异吗？所以，本模型也亟待跨文化的比较研究和检验。

附录　调查问卷

尊敬的小姐/女士/先生:

您好！首先感谢您在百忙之中抽出时间帮我完成这份问卷。

我正在从事一项学术研究，需要宝贵的数据进行经验分析。您的答案无所谓对或错，只要是您的真实想法，就是对我的莫大帮助。我郑重向您保证：您所填写的一切仅作为我的学术研究之用，绝不会做其他任何用途。如果您对分析结果感兴趣，欢迎您和我联系。谢谢您的合作和付出宝贵的时间！

一、请您在每行对应的数字上打"√"，或者改变数字颜色，或者添加背景色都可以。

说明：第一，团队是企业的最小行政划分单位，科室班组等。

第二，表中：1. 完全不同意　2. 很不同意　3. 有点不同意　4. 不确定　5. 有点同意　6. 很同意　7. 完全同意。

项　目	完全不同意	很不同意	有点不同意	不确定	有点同意	很同意	完全同意
一、沟通							
1. 任务性沟通							
1-1-1 如果任务发生变更，我们团队成员间会互相告知。	1	2	3	4	5	6	7
1-1-2 我们团队成员间会互相建议如何完成任务。	1	2	3	4	5	6	7
1-1-3 我们团队成员间会互相告知完成任务所需的相关信息。	1	2	3	4	5	6	7
1-1-4 我们团队成员间会互相告知对方工作中哪方面比较弱。	1	2	3	4	5	6	7

续表

项　　目	完全不同意	很不同意	有点不同意	不确定	有点同意	很同意	完全同意
1-1-5 我们团队成员间会互相表扬对方工作中的强项。	1	2	3	4	5	6	7
1-1-6 我们团队成员间会互相在任务进行中给予评价和鼓励。	1	2	3	4	5	6	7
2. 私人性沟通							
1-2-1 我们团队成员间会讨论如何获得额外的培训。	1	2	3	4	5	6	7
1-2-2 我们团队成员间会讨论如何获得职位的升迁。	1	2	3	4	5	6	7
1-2-3 我们团队成员间会讨论如何获得报酬的提高。	1	2	3	4	5	6	7
1-2-4 我们团队成员间会讨论对方的职业规划。	1	2	3	4	5	6	7
1-2-5 我们团队成员间会互相交流工作之外的兴趣。	1	2	3	4	5	6	7
1-2-6 我们团队成员间会互相问候对方的家人。	1	2	3	4	5	6	7
1-2-7 我们团队成员间会互相关心私人困难。	1	2	3	4	5	6	7
3. 反应性沟通							
1-3-1 当我问问题时，我们团队成员总是尽全力给出一个答案。	1	2	3	4	5	6	7
1-3-2 当我问问题时，我们团队成员总是很认真听我讲。	1	2	3	4	5	6	7
1-3-3 当我问问题时，我们团队成员总是马上给出一个答复。	1	2	3	4	5	6	7
4. 直接沟通							
1-4-1 在我们团队，我相信在大部分场合准确地说出个人的意思是很重要的。	1	2	3	4	5	6	7
1-4-2 在我们团队，我认为最好的沟通总是清楚而准确的。	1	2	3	4	5	6	7
1-4-3 我若与团队其他成员有分歧，会在谈话中直接讲出来。	1	2	3	4	5	6	7

续表

项　　目	完全不同意	很不同意	有点不同意	不确定	有点同意	很同意	完全同意
1-4-4 在我们团队，我通常偏好坦率地表达自己的观点。	1	2	3	4	5	6	7
5. 间接沟通							
1-5-1 在我们团队，大部分真实的情形中，非直接沟通比直接沟通更合适。	1	2	3	4	5	6	7
1-5-2 在我们团队，非直接沟通通常是最有效的沟通方式。	1	2	3	4	5	6	7
1-5-3 在我们团队，我偏好仅仅暗示自己所需或所想要。	1	2	3	4	5	6	7
1-5-4 在我们团队，微妙的讯息好过坦率表达的讯息。	1	2	3	4	5	6	7
1-5-5 在我们团队，我经常使用模棱两可的沟通。	1	2	3	4	5	6	7
二、共享心智模型							
注：请团队主管写出最近本团队最重要的一项任务 X，以及完成这项任务最重要的策略或者方法 Y							
2-1-1 任务 X 的设置对我们企业是积极的。	1	2	3	4	5	6	7
2-1-2 我们团队成员具有完成任务 X 所需的知识和技能。	1	2	3	4	5	6	7
2-1-3 策略/方法 Y 是完成任务 X 的关键。	1	2	3	4	5	6	7
2-1-4 我们团队成员乐于参与任务 X。	1	2	3	4	5	6	7
2-1-5 我们对完成任务 X 充满信心。	1	2	3	4	5	6	7
三、交互记忆系统							
1. 专长							
3-1-1 我们团队中的每名成员都具有与任务有关的某方面知识。	1	2	3	4	5	6	7
3-1-2 我们团队每位成员各自负责不同方面的专长。	1	2	3	4	5	6	7
3-1-3 我们团队中不同成员所具有的专门知识都是完成任务所需要的。	1	2	3	4	5	6	7
3-1-4 我了解团队成员各自在具体方面的专长。	1	2	3	4	5	6	7

续表

项　　目	完全不同意	很不同意	有点不同意	不确定	有点同意	很同意	完全同意
2. 可信							
3-2-1 我能够高兴地接受团队其他成员的建议。	1	2	3	4	5	6	7
3-2-2 我相信团队其他成员掌握的有关我们项目的知识是可以信赖的。	1	2	3	4	5	6	7
3-2-3 我相信团队其他成员在讨论中提出的信息是可靠的。	1	2	3	4	5	6	7
3-2-4 我不太相信团队其他成员的专长（R）。	1	2	3	4	5	6	7
3. 协调	1	2	3	4	5	6	7
3-3-1 一起工作时我们团队协调得很好。	1	2	3	4	5	6	7
3-3-2 我们团队对于该做什么很少产生误解。	1	2	3	4	5	6	7
3-3-3 我们团队经常需要回头对已经做过的工作重新再做一次（R）。	1	2	3	4	5	6	7
3-3-4 我们顺利而且有效率地完成任务。	1	2	3	4	5	6	7
3-3-5 我们对于如何完成任务感到很多混乱（R）。	1	2	3	4	5	6	7
四、知识共享和创造							
1. 知识转移							
4-1-1 在我的工作团队中，我把只有我知道的知识和经验与队友们分享。	1	2	3	4	5	6	7
4-1-2 在我的工作团队中，有一种普遍现象：由于某个队友提出的想法，使我们产生了与此相关的以前未曾有过的想法，并继续对此开展研究。	1	2	3	4	5	6	7
4-1-3 每当我学会新知识，我会让团队中的队友也能学会它。	1	2	3	4	5	6	7
2. 知识创造							
4-2-1 我们团队队友们提出改善团队的建议，本团队随后就会付诸实践。	1	2	3	4	5	6	7
4-2-2 在我们团队中，大家在做事的方式上都有很多进步。	1	2	3	4	5	6	7

续表

项　目	完全不同意	很不同意	有点不同意	不确定	有点同意	很同意	完全同意
4-2-3 我们团队成员精通于整合队友知识以解决问题和创造机会。	1	2	3	4	5	6	7
4-2-4 我们团队成员能够整合队友专长以使新项目获得成功。	1	2	3	4	5	6	7
4-2-5 我们团队成员很少通过交换和整合想法来发现问题的解决办法。(R)	1	2	3	4	5	6	7
4-2-6 我们团队成员不擅长通过分享想法来产生新的想法、新的产品或者新的服务。(R)	1	2	3	4	5	6	7
五、组织文化							
1. 官僚的							
5-1-1 我们企业内部运作程序安排得清楚而系统。	1	2	3	4	5	6	7
5-1-2 我们企业要求雇员们遵从内部规章制度。	1	2	3	4	5	6	7
5-1-3 我们企业内部团队的权力和责任对等。	1	2	3	4	5	6	7
5-1-4 我们企业公司内部强调伦理道德。	1	2	3	4	5	6	7
2. 创新的							
5-2-1 我们企业雇员们充满主动性。	1	2	3	4	5	6	7
5-2-2 我们企业创新体系受激励措施支持。	1	2	3	4	5	6	7
5-2-3 我们企业雇员经常感受到来自向工作挑战的压力。	1	2	3	4	5	6	7
3. 支持的							
5-3-1 公司成员内部关系融洽。	1	2	3	4	5	6	7
5-3-2 公司成员强调团队凝聚力。	1	2	3	4	5	6	7
5-3-3 公司成员间有许多合作的机会。	1	2	3	4	5	6	7
5-3-4 公司创造了一个关怀和安全的工作环境。	1	2	3	4	5	6	7
六、民族文化							
1. 儒家价值文化取向							
6-1-1 人之所以为人，便要不断磨炼自己的品格。	1	2	3	4	5	6	7

续表

项　目	完全不同意	很不同意	有点不同意	不确定	有点同意	很同意	完全同意
6-1-2 如果有报效社会或国家的机会来了，我一定会义不容辞地去做。	1	2	3	4	5	6	7
6-1-3 在没有人察觉的情况下，我很难保证自己不做坏事。(R)	1	2	3	4	5	6	7
6-1-4 钱财的来源无所谓正当与否，只视乎如何使用而已。(R)	1	2	3	4	5	6	7
6-1-5 从政的人有高尚品格，比建立良好的政治制度更为重要。	1	2	3	4	5	6	7
6-1-6 上级的指示，即使自己不大理解，也要服从。(R)	1	2	3	4	5	6	7
6-1-7 这是个适者生存的世界，有些事情只要不触犯法律，即使道义上说不过去，我也可能会做。(R)	1	2	3	4	5	6	7
6-1-8 我并不着意于修养自己的品格。(R)	1	2	3	4	5	6	7
6-1-9 为了符合父母的期望，我不断努力向上。	1	2	3	4	5	6	7
6-1-10 如果我做了一些好事而没人知道，我会感到失望。(R)	1	2	3	4	5	6	7
6-1-11 做任何事，我都尽力而为，直至自己满意为止。	1	2	3	4	5	6	7
2. 个人主义—集体主义							
6-2-1 团体的利益比个人回报更重要。	1	2	3	4	5	6	7
6-2-2 员工只有在考虑了团体的利益之后才能追求个人目标。	1	2	3	4	5	6	7
6-2-3 即使个人目标受到损害，管理者也应强调对团体忠诚性。	1	2	3	4	5	6	7
6-2-4 人们希望个人放弃其目标成全团体成功。	1	2	3	4	5	6	7

二、您、团队和企业的基本情况

1. 您的性别：①男　②女
2. 您的年龄：①25岁以下　②26~30岁　③31~35岁　④36~40岁

⑤40 岁以上

3. 您的学历：①大专以下　②大专　③本科　④硕士　⑤博士
4. 您的工作性质：①管理　②技术　③生产　④市场（销售）　⑤行政后勤
5. 您在企业的职位是或相当于：①普通员工　②基层管理　③中层管理　④高层管理
6. 您现在的职称：①初级　②中级　③高级
7. 您团队成立的原因是：_____
①开发新产品/服务　②营销/销售/市场拓展　③生产或质量　④其他
8. 您团队的总人数：①5 人及以下　②6~10 人　③11~15 人　④16~20 人　⑤21 人以上
9. 您所在团队成员变动原因：①需要新专业的员工　②成员不适应工作　③根据项目调整　④其他
10. 您所在团队成立时间：①半年以下　②半年~1 年　③1~2 年　④2~3 年　⑤3 年以上
11. 您在现企业工作的时间：①1 年以下　②1~3 年　③3~5 年　④5~7 年　⑤7 年以上
12. 您在现团队工作的时间：①半年以下　②半年~1 年　③1~2 年　④2~3 年　⑤3 年以上
13. 您的月收入（元）：①1500 以下　②1500~3000　③3000~4500　④4500~6000　⑤6000 以上
14. 您所在企业的性质：①国有企业　②集体企业　③民营企业　④外资企业　⑤中外合资企业
15. 您的企业所属行业是_____。
①电器　②生物医药　③电子设备　④IT 行业　⑤机械制造　⑥咨询、金融、服务业　⑦冶金与能源　⑧石油化工　⑨纺织服装　⑩房地产　⑪其他_____
16. 您所在的企业规模（员工总数）：①50 人以下　②51~100 人　③101~200 人　④201~500 人　⑤501~1000 人　⑥1001 人以上

17. 您所在企业所处阶段：①创业期　②发展期　③迅速扩张期　④成熟期　⑤衰退期

18. 您所在企业所在地_____

19. 您是团队的领导_____　①是　②不是

问卷到此结束，再次感谢您的参与和帮助。

参 考 文 献

[1] 阿尔弗尔德, 尼古劳斯, 尼斯托. 规则与组织学习: 行为理论模型 [M]. 上海: 上海人民出版社, 2001 (8): 465 - 469.

[2] 艾森克, 基恩. 认知心理学 [M]. 高定国, 肖小云, 等译. 上海: 华东师范大学出版社, 2003.

[3] 白新文, 王二平. 共享心智模型研究现状 [J]. 心理科学进展, 2004, 12 (5): 791 - 779.

[4] 白新文等人. 团队作业与团队互动两类共享心智模型的发展特征 [J]. 心理学报, 2006, 38 (4): 598 - 606.

[5] 彼得·圣吉. 第五项修炼——学习型组织的艺术与实务 [M]. 郭进隆译. 上海: 上海三联书店, 2002.

[6] 查金祥. B2C 电子商务顾客价值与顾客忠诚度的关系研究 [D]. 浙江大学, 2006.

[7] 陈彦亮. 团队认知对企业惯例的作用机制研究 [D]. 辽宁大学, 2012.

[8] 费孝通. 乡土中国 [M]. 北京: 生活·读书·新知三联书店, 1985.

[9] 富立友. 基于知识共享的组织文化 [D]. 复旦大学, 2004.

[10] 侯杰泰, 温忠麟, 成子娟. 结构方程模型及其应用 [M]. 北京: 教育科学出版社, 2004.

[11] 胡桂兰. 创业团队风险感知与创业决策关系研究——基于团队沟通的中介作用分析 [J]. 技术经济与管理研究, 2014 (7): 36 - 40.

[12] 黄芳铭. 结构方程模式理论与应用 [M]. 北京: 中国税务出版社, 2005.

[13] 黄光国. 多元典范的研究取向: 论社会心理学的本土化 [M]. 黄光国. 面子中国人的权力游戏. 北京: 中国人民大学出版社, 2004: 195-242.

[14] 黄光国. 华人社会中的脸面与沟通行动 [M]. 黄光国. 面子中国人的权力游戏. 北京: 中国人民大学出版社, 2004: 63-87.

[15] 黄光国. 儒家关系主义——文化反思与典范重建 [M]. 北京: 北京大学出版社, 2006: 16-72.

[16] 霍夫斯泰德. 美国的动机、领导和组织的管理理论适用于外国吗? [M]. 史蒂夫·莫腾森编选, 关世杰, 胡兴译. 跨文化传播学: 东方的视角. 北京: 中国社会科学出版社, 1999: 1-14.

[17] 姜进章. 知识重建论: 一种超越时代的管理哲学与方法论 [M]. 北京: 科学出版社, 2004.

[18] 金盛华. 社会心理学 [M]. 北京: 高等教育出版社, 2005.

[19] 金肖临, 田新民, 李旭. 团队社会资本对内创业行为的影响机制研究 [J]. 上海管理科学, 2018, 40 (4): 27-31.

[20] 瞿佳颖. 组织的管理沟通研究 [D]. 首都经贸大学, 2006.

[21] 李锐, 田晓明, 孙建群. 自我牺牲型领导对员工知识共享的作用机制 [J]. 南开管理评论, 2014, 17 (5): 24-32.

[22] 李一宁, 刘琦. 共享心智模型对团队效能与适应力的影响述评 [J]. 人力资源管理, 2012 (5): 156-156.

[23] 李莹杰, 任旭, 郝生跃. 变革型领导对组织知识共享的影响机制研究——基于组织信任和沟通的中介作用 [J]. 图书馆学研究, 2015 (14): 79-84.

[24] 刘怀伟. 商务市场中顾客关系的持续机制研究 [D]. 浙江大学, 2003.

[25] 刘燕, 范巍. 知识员工团队工作自主性与效能的关系研究 [J]. 应用心理学, 2005, 11 (4): 313-317.

[26] 刘勇, 阳莹. 基于交互记忆系统的科研团队知识共享模型研究

[J]. 价值工程, 2013 (6): 165-166.

[27] 卢纹岱. SPSS for windows 统计分析 [M]. 北京: 电子工业出版社, 2002.

[28] 吕晓俊. 共享心智模型对团队绩效影响的现场研究 [J]. 人类工效学, 2009, 15 (3): 1-5.

[29] 马庆国. 管理统计: 数据获取、统计原理与 SPSS 工具与应用研究 [M]. 北京: 科学出版社, 2002.

[30] 迈克尔·波特. 竞争战略 [M]. 北京: 华夏出版社, 1997.

[31] 缪仁炳. 文化与创业倾向关系研究——基于温州与关中地区的比较分析 [D]. 浙江大学, 2003.

[32] 戚永红, 宝贡敏. 知识利用与知识开发: 多角化的学习观 [J]. 科技进步与对策, 2004 (7): 104-106.

[33] 钱小军, 詹晓丽. 关于沟通满意度以及影响的因子分析和实证研究 [J]. 管理评论, 2005, 17 (6): 30-34.

[34] 荣泰生. 企业研究方法 [M]. 北京: 中国税务出版社, 2005.

[35] 沈其泰, 黄敏萍, 郑伯壎. 团队共享心智模式与知识分享行为: 成员性格特质与性格相似性的调节效果 [J]. 管理学报, 2004, 21 (5): 553-570.

[36] 施良方. 学习论 [M]. 北京: 人民教育出版社, 2005.

[37] 史江涛. 沟通对知识共享的促进机制研究 [J]. 情报科学, 2012 (1): 132-136.

[38] 史丽萍, 杜泽文, 刘强. 交互记忆系统对知识团队绩效作用机制研究——以知识整合为中介变量 [J]. 科技进步与对策, 2013, 30 (8): 132-137.

[39] 束义明, 郝振省. 高管团队沟通对决策绩效的影响: 环境动态性的调节作用 [J]. 科学学与科学技术管理, 2015, 36 (4): 170-180.

[40] 宋建元, 张钢. 组织网络化中的知识共享——一个基于知识链的分析 [J]. 研究与发展管理, 2004, 16 (4): 25-30.

[41] 唐建生. 组织内部知识共享的若干问题 [D]. 天津大学, 2004.

[42] 王娟茹, 赵嵩正, 杨瑾. 隐性知识共享模型与机制研究 [J]. 科学学与科学技术管理, 2004 (10): 67-69.

[43] 王庆喜. 企业资源与竞争优势: 基于浙江民营制造企业的理论与经验研究 [D]. 浙江大学, 2004.

[44] 王小萍. 营销渠道冲突管理: 文化对渠道沟通的影响 [D]. 四川大学, 2005.

[45] 王学东, 范坤, 赵文军, 杜晓曦. 团队认知对虚拟团队知识共享的影响及实证研究 [J]. 情报科学, 2011, 29 (8): 1134-1139.

[46] 王彦博, 金生. 创新导向型项目之间的知识共享研究 [J]. 电子科技大学学报 (社会科学版), 2010, 12 (1): 93-97.

[47] 王永丽, 邓静怡, 任荣伟. 授权型领导、团队沟通对团队绩效的影响 [J]. 管理世界, 2009 (4): 119-127.

[48] 王渊, 许益峰, 张彤. 工作满意度和沟通满意度的实证研究 [J]. 西安工程科技学院学报, 2007, 21 (2): 230-233.

[49] 魏江, 王艳. 企业内部知识共享模式研究 [J]. 技术经济与管理研究, 2004 (1): 68-69.

[50] 吴隆增, 刘军, 梁淑美, 吴维库. 辱虐管理与团队绩效: 团队沟通与集体效能的中介效应 [J]. 管理评论, 2013, 25 (8): 151-159.

[51] 武欣, 吴志明. 基于共享心智模型的团队知识管理研究 [J]. 经济与发展管理, 2006, 18 (3): 9-15.

[52] 武欣, 吴志明. 团队共享心智模型的影响因素与效果 [J]. 心理学报, 2005, 37 (4): 542-549.

[53] 项凯标, 叶龙. 团队过程对共享心智模式和组织绩效的影响研究 [J]. 求索, 2013 (7): 23-25.

[54] 谢凤华. 消费者信任前因、维度和结果的研究: 基于电视机购买的理论与经验研究 [D]. 浙江大学, 2005.

[55] 谢荷锋. 企业员工知识分享中的信任问题实证研究 [D]. 浙江大学, 2007.

[56] 徐冰. 中国人的"显我"与"隐我" [M]. 杨宜音. 中国社会心

理学评论. 北京：社会科学文献出版社，2005（1）：157-179.

[57] 严文华. 现代企业组织沟通研究——组织沟通、沟通满意感及其影响因素的实证研究[D]. 华东师范大学，2001.

[58] 杨付，张丽华. 团队沟通、工作不安全氛围对创新行为的影响：创造力自我效能感的调节作用[J]. 心理学报，2012，44（10）：1383-1401.

[59] 杨宜音."自己人"——一项有关中国人关系分类的个案研究[J]. 本土心理学研究，2001（13）：277-322.

[60] 杨宜音. 试析人际关系及其分类——兼与黄光国先生商榷[J]. 社会学研究，1995（5）：18-23.

[61] 杨宜音. 中国社会心理学评论[M]. 北京：社会科学文献出版社，2005.

[62] 杨志蓉. 团队快速信任、互动行为与团队创造力研究[D]. 浙江大学，2006.

[63] 杨中芳. 人际关系与人际情感的构念化[J]. 本土心理学研究，1999（12）：105-108.

[64] 杨中芳. 试论中国人的"自己"：理论与研究方向[M]. 杨中芳，高尚仁. 中国人·中国心——人格与社会篇. 台北：远流出版公司，1991a：93-146.

[65] 杨中芳. 试论中国人的道德发展：一个自我发展的观点[M]. 杨国枢，黄光国. 中国人的心理与行为（一九八九）. 台北：桂冠图书公司，1991b：1-47.

[66] 杨中芳. 一个中国人人际交往的释义系统[M]. 杨中芳. 中国人的人际关系、情感与信任——一个人际交往的观点. 台北：远流出版公司，2001，92-94.

[67] 应力、钱省三. 知识管理的内涵[J]. 科学学研究，2001（19）：64-69.

[68] 詹一虹，熊峰，丁冬. 交互记忆系统理论在虚拟团队中的应用研究[J]. 管理世界，2011（4）：180-181.

[69] 张钢，倪旭东. 从知识分类到知识地图：一个面向组织现实的分析

[J]. 自然辩证法通讯, 2005, 27 (1): 59-67.

[70] 张钢. 基于知识特性的组织网络化及其管理 [J]. 科学学研究, 2002, 20 (6), 624-630.

[71] 张吉成, 组织知识创新 [M]. 北京: 中国税务出版社, 2005.

[72] 张亚莉, 杨乃定, 杨朝君. 项目的全寿命周期风险管理的研究 [J]. 科学管理研究, 2004, 22 (2): 27-30.

[73] 张一弛, 梁钧平, 刘鹏, 等. 个体价值观在员工离职倾向决定中的调节效应研究 [J]. 中国地质大学学报（社会科学版）, 2005, 5 (3): 9-16.

[74] 张瑛. 营销领域中的主管与员工间沟通的研究 [J]. 企业活力, 2006 (12): 40-41.

[75] 张志学, Paul S. H., 韩玉, 等. 高技术工作团队的交互记忆系统及其效果 [J]. 心理学报, 2006, 38 (2): 271-280.

[76] 赵志裕. 中庸思维测量——一项跨地区研究的初步结果 [J]. 香港社会学学报, 2000, 冬季 (18), 33-55.

[77] 郑伯埙. 差序格局与华人组织行为 [J]. 本土心理研究, 1995 (3), 142-219.

[78] 周建波. 组织内部知识共享的障碍与对策研究 [J]. 南京财经大学学报, 2005, 135 (5): 64-66.

[79] 周劲波. 多层次创业团队决策模式及其决策绩效机制研究 [D]. 浙江大学, 2005.

[80] Abrams, C. L., Cross, R., Eric, L., et al. Nurturing interpersonal trust in knowledge-sharing networks [J]. Academy of Management Executive, 2003, 17 (4): 64-77.

[81] Aiken, L. S. & West, S. G. Multiple regression: Testing and interpreting interactions [M]. Newbury Park, NJ: Sage, 1991.

[82] Ainspan, N. & Dell, D. Employee communication during the mergers [A]. Paper presented at the Conference Board, New York, NY, 2000.

[83] Akgun, A. E. & Lynn, G. S. Antecedents and consequences of team sta-

bility on new product development performance [J]. Journal of Engineering and Technology Management, 2002 (19): 263 -286.

[84] Akgun, A. E. , Byrne, J. , Keskin, H. , et al. Knowledge networks in new product development projects: A transactive memory perspective [J]. Information & Management, 2005 (42): 1105 -1120.

[85] Alavi, M. & Leidner, D. Review: Knowledge management and knowledge management systems: Conceptual foundations and research issues [J]. MIS Quarterly, 2001, 25 (1): 107 -136.

[86] Alexander, A. , Vaughn, P. & Tim, W. Motivation and barriers to participation in virtual knowledge-sharing communities of Practice [J]. Journal of Knowledge Management, 2003, 7 (1): 64.

[87] Allen, D. C. , Shore, L. M. & Griffeth, R. W. The Role of Perceived Organizational Support and Supportive Human Resource Practices in the Turnover Process [J]. Journal of Management, 2003, 29 (1): 99 -118.

[88] Alvarez, S. A. & Eiuselntz, L. W. The entrepreneurship of resource-based theory [J]. Journal of Management, 2001, 27 (6): 755 -775.

[89] Ancona, D. G. & Caldwell, D. F. Demography and Design-Predictors of New Product Team Performance [J]. Organization Science, 1992 (3): 321 -341.

[90] Andrews, M. & Delahaye, L. Influences on knowledge processes in organizational learning: the Psychosocial filter [J]. Journal of Management Studies, 2000, 37 (6): 797 -810.

[91] Ardichvili, A. & Richard, N. A model of the entrepreneurial opportunity recognition process [J]. Journal of Enterprising Culture, 2000, 8 (2): 103 -119.

[92] Ardichvili, A. , Cardozo, R. & Ray, S. T. A theory of entrepreneurial opportunity identification and development [J]. Journal of Business Venturing, 2003, 18 (1): 105 -123.

[93] Argyris, C. & Schon, D. A. Organizational Learning: A Theory of Action Perspective [M]. Reading, MA: Addison-Wesley Publishing Co, 1978.

[94] Austin, J. R. Transactive memory in organizational groups: the effects of content, consensus, specialization and accuracy on group performance [J]. Journal of Applied Psychology, 2003: 866-878.

[95] Ayas, K. Project design for learning and innovation. In M. Easterby-Smith, J. Burgoyne, & L. Araujo eds. Organizational learning organization: Developments in theory and pritice [M]. Thousand Oaks, CA: Sage, 1991: 176-193.

[96] Bacharach, S. B., Bamberger, P. A. & Sonnenstuhl, W. J. Driven to drink: Managerial control, work-related risk factors, and employee problem drinking [J]. Academy of Management Journal, 2002, 45 (4): 637-658.

[97] Bagozzi, R. P. &Yi, Y. On the evaluation of structural equation models [J]. Journal of the Academy of Marketing Science, 1988, 16 (1): 74-94.

[98] Baker, C. V., Salas, E., Cannon-Bowers, J. A., et al. The effects of inter-positional uncertainty and workload on teamwork and task performance [A]. In, Paper presented at the annual meeting of the Society for Industrial and Organizational Psychology [C]. Montreal, Quebec, Canada, 1992.

[99] Bandura, A. Social learning theory [M]. New York: General Learning Press, 1997.

[100] Bangerter, A. Maintaining interpersonal continuity in groups: the role of collective memory processes in redistribution information [J]. Group Processes and Intergroup Relations, 2002 (5): 203-219.

[101] Barnard, C. I. The Functions of the Executive [M]. Cambridge, Mass: Harvard University Press, 1938.

[102] Baron, R. M. & Kenny, D. A. The moderator-mediator variable distinction in social psychological research: Conceptual, strategic, and statistical considerations [J]. Journal of Personality and Social Psychology, 1986, 51 (6): 1173-1182.

[103] Barrett, H., Balloun, J. L. & Weinstein, A. Marketing mix factors as moderators of the corporate entrepreneurship-business performance relationship: A

multistage, multivariate analysis [J]. Journal of Marketing Theory and Practice, 2000, 8 (2): 50 -61.

[104] Bartol K M, Srivastava A. Encouraging Knowledge Sharing: The Role of Organizational Reward Systems [J]. Journal of Leadership & Organizational Studies, 2002, 9 (1): 64 -76.

[105] Baskin, O., Aronoff, C. & Lattimore, D. Public relations: The Profession and the Practice (4th ed.) [M]. New York, NY: McGraw-Hill Humanities/Social Sciences/Language, 1996.

[106] Becker, H. S. Culture: A Sociological View [J]. Yale Review, 1982: 513 -527.

[107] Beckman, T. J. The current state of knowledge management [A]. In Liebowitz. J. &B. Raton, Knowledge Management Handbook [C]. CRC Press, 1999: 78.

[108] Beers, R. L., Organizational Learning in Multidisciplinary Teams: Knowledge Brokering across Communities of Practice [D]. The California School of Professional Psychology San Francisco Bay Campus, Alliant University, December, 2003.

[109] Bentler, P. M. & Bonett, D. G. Significance tests and goodness-of-fit in the analysis of covariance structures [J]. Psychological Bulletin, 1980 (88): 588 -606.

[110] Bentler, P. M. On the fit models to covariance and methodology to the bulletin [J]. Psychology Bulletin, 1992 (112): 400 -404.

[111] Berland, J. C. No Five Fingers Are Alike: Cognitive Amplifiers in Social Context [M]. Boston, MA: Harvard University Press, 1982.

[112] Blickensderfer, E., Cannon-Bowers, J. A. & Salas, E. Theoretical Bases for Team Self-correction: Fostering Shared Mental Models [A]. In Advances in Interdisciplinary Studies of Work Teams [C]. 1997 (4): 249 -279.

[113] Bock, G. W. & Kim, Y. G. Breaking the myths of rewards: An exploratory study of attitudes about knowledge sharing [J]. Information Resources Man-

agement Journal, 2002, 15 (2): 14 – 21.

[114] Bock, G. W., Zmud, R. W., Kim, Y. G., et al. Behavioral intention formation in knowledge sharing: examining the roles of extrinsic motivators, social-psychological forces, and organizational climate [J]. MIS Quarterly, 2005, 29 (1): 87 – 111.

[115] Bollen, K. A. A new incremental fit index for general structural equation models [J]. Sociological Methods and Research, 1989 (17): 303 – 316.

[116] Borgatti, S. P. & Cross, R. A. Relational View of Information Seeking and Learning in Social Networks [J]. Management Science, 2003, 49 (4): 432 – 445.

[117] Bouty, I. Interpersonal and Interaction Influences on Informal Resource Exchanges Between R&D and Researcher across Organizational Boundaries [J]. Academy of Management Journal, 2000, 43 (1): 50 – 65.

[118] Brown, J. S. & Duguid, P. Organizational learning and comminities of practice: Toward a unified view of working, learning, and innovation [J]. Organization Science, 1991 (2): 40 – 5.

[119] Butler, J. K. Toward Understanding and Measuring Conditions of Trust: Evolution of a Conditions of Trust Inventory [J]. Journal of Management, 1991 (17): 643 – 63.

[120] Cabrera, A. & Cabrera, E. F. Knowledge sharing dilemmas [J]. Organization Studies, 2002, 23 (5): 687 – 710.

[121] Cameron, G. T. & McCollum, T. Competing corporate cultures: A multi-method, cultural analysis of the role of internal communication [J]. Journal of Public Relations Research, 1993, 5 (3): 217 – 250.

[122] Cannon, M. D. & Edmondson, A. C. Confronting Failure: Antecedents and Consequences of Shared Beliefs about Failure in Organizational Work Groups [J]. Journal of Organizational Behavior, 2001 (22): 161 – 177.

[123] Cannon-Bowers J. A. & Salas, E. Individual and team decision-making under stress: theoretical underpinnings [A]. In Making Decisions Under Stress:

Implications for Individual and Team Training [C]. Washington, DC. American Psychological Association, 1998: 17 - 38.

[124] Cannon-Bowers J. A. & Salas, E. Shared Mental Models in Expert Team Decision Making [J]. Individual and Group Decision Making, 1993: 221 - 246.

[125] Cannon-Bowers, J. A. & Salas, E. Cognitive Psychology and Team Training: Shared Mental Models in Complex Systems [A]. In Presented at the Annual Meeting of the Society of Industrial and Organizational Psychology [C]. 1990.

[126] Cannon-Bowers, J. A. & Salas, E. Reflections on Shared Cognition [J]. Journal of Organizational Behavior, 2001 (22): 195 - 202.

[127] Cannon-Bowers, J. A., Salas, E. & Converse, S. A. Shared mental models in complex systems. In N. J. Castellan, Jr, Current Issues in Individual and Group Decision Making [M]. Hillsdale, NJ: Erlbaum, 1993: 221 - 246.

[128] Carberry, S. Plan Recognition in Natural Language Dialogue [M]. Boston, MA: The MIT Press, 1990.

[129] Chatman. J. A. & Jehn. K. A. Assessing the Relationship between Industry Characteristics and Organizational Culture: How Different Can You Be? [J]. Academy of Management Journal, 1994: 522 - 553.

[130] Chen, S. A new paradigm for knowledge-based competition: Building an industry through knowledge sharing [J]. Technology Analysis & Strategic Management, 1997, 9 (4): 437.

[131] Choi, Y. R. & Shanley, M. T. A new venture's honeymoon period: knowledge resources and real option reasoning [A]. In Academy of Management Proceedings [C]. 2000.

[132] Chow, C. W., Deng, F. G. & Ho, L. J. The openness of knowledge sharing within organizations: A comparative study [J]. Journal of Management Accounting Research, 2000 (12): 65.

[133] Chowdhury, S. The Role of Affect-and Cognition-Based Trust in Complex

Knowledge Sharing [J]. Journal of Management Issues, 2005, 11 (3): 310 – 326.

[134] Churchman, C. W. The Design of Inquire Systems [M]. New York, NY: Basic Books, 1971.

[135] Clampitt, P. G. The questionnaire approach. In O. Hargie, & D. Tourish eds. Handbook of Communication Audits for Organizations [M]. London, England: Routledge, 2000.

[136] Clark, M. C. & Payne, R. L. The Nature and Structure of Workers' Trust in Management' [J]. Journal of Organizational Behavior, 1997 (18): 44 – 205.

[137] Cohen, R. Culture and Conflict in Egyptian-Israeli Relations: A Dialogue of the Deaf [M]. Indianapolis: Indiana University Press, 1990.

[138] Cohen, R. Problems in intercultural communication in Egyptian-American diplomatic relations [J]. International Journal of Intercultural Relations, 1987 (11): 29 – 47.

[139] Cohen, S. G. & Bailey, D. E. What Makes Teams Work: Group Effectiveness Research from the Shop Floor to the Executive Suite [J]. Journal of Management, 1997, 23 (3): 239 – 290.

[140] Collins, C. J. & Smith, K. G. Knowledge Exchange and Combination: The Role of Human Resource Practices in The Performance of High-technology Firms [J]. Academic of Management Journal, 2006, 49 (3): 544 – 560.

[141] Connection, C. C. Chinese Values and the Search for Culture-Free Dimensions of Culture [J]. Journal of Cross-Cultural Psychology, 1987, 18 (2): 143 – 164.

[142] Connelly, C. E. & Kelloway, E. K. Predictors of employees' perceptions of knowledge sharing cultures [J]. Leadership & Organization Development Journal, 2003, 24 (5/6): 294.

[143] Connelly, C. E. & Kelloway, E. Predictors of employees' perceptions of knowledge-sharing culture [J]. Leadership & Organization Development Journal, 2003, 24 (5/6): 294 – 305.

[144] Converse, S. A., Cannon-Bowers, J. A. & Salas, E. Shared Mental Models: A Theory and Some Methodological Issues [A]. In, Proceedings of the Human Factors Society 35th Annual Meeting [C]. Santa Monica, CA. Human Factors Society, 1991: 1417-1421.

[145] Cooke, N. J., Kiekel, P. A., Salas, E., et al. Measuring team knowledge: A window to the cognitive underpinnings of team performance [J]. Group Dynamics: Theory, Research, and Practice, 2003, 7 (3): 179-199.

[146] Cooke, N. J., Salas, E., Cannon-Bowers, J. A., et al. Measuring team knowledge [J]. Human Factors and Ergonomics in Manufacturing, 2000, 42 (1): 151-173.

[147] Coury, B. G. & Terranova, M. Collaborative decision making in dynamic systems [A]. In, In Proceedings of the Human Factors Society 35th Annual Meeting [C], 1991: 944-948.

[148] Dabos, G. & Rousseau, D. M. Mutuality and Reciprocity in the Psychological Contracts of Employees and Employers [J]. Journal of Applied Psychology, 2004, 89 (1): 52-72.

[149] Davenport, T. & Pnrsak., L. Working Knowledge. How Organizations Manage What They Know [M]. Harvard Business School Press, 1998.

[150] Davenport, T. H. Putting the enterprise into the enterprise system [J]. Harvard Busness Review, 1998, 76 (4): 121-131.

[151] DeChurch, L. A. & Marks, M. A. Maximizing the benefits of task conflict: the role of conflict management [J]. International Journal of Conflict Management, 2001 (12): 4-22.

[152] DeLong, D. & Fahey, L. Diagnosing cultural barriers to knowledge management [J]. Academy of Management Executive, 2000, 14 (4): 113-127.

[153] Deluga, R. J. Leader-member Exchange Quality and Effectiveness Ratings: The Role of Subordinate-supervisor Conscientiousness Similarity [J]. Group and Organization Management, 1998 (23): 189-216.

[154] Denison D. R., Hart S. L. & Kahn J. A. From chimneys to cross-functional teams: Developing and validating a diagnostic model [J]. Academy of Management Journal, 1996 (39): 1005 - 1023.

[155] Deutsch, M. Trust and Suspicion [J]. Journal of Conflict Resolution, 1958 (2): 74 - 265.

[156] DeVries, R. E., Vanden, H. B. & DeRidder, J. A. Explaining Knowledge Sharing: The Role of Team Communication Styles, Job Satisfaction, and Performance Beliefs [J]. Communication Research, 2006, 33 (2): 115 - 135.

[157] Dickson, M. W., Smith, D. B., Grojean, M. W., et al. An organizational climate regarding ethics: the outcome of leader values and the practices that reflect them [J]. Leadership Quarterly, 2001, 12 (2): 197 - 217.

[158] Dirks, K. T. & Ferrin, D. L. The Role of Trust in Organizational Settings [J]. Organization Science, 2001, 12 (3): 450 - 467.

[159] Donald, L. & Lynette Gillis. Transactive Memory Systems, Learning, and Learning Transfer [J]. Organization Science, 2005, 16 (6): 581 - 600.

[160] Dorothy, L. & Syivia, S. The Role Tacit Knowledge in Group Innovation [J]. California Management Review, 1998, 40 (3): 112 - 132.

[161] Dorsey, J. T. A Communication Model for Administration [J]. Administrative Science Quarterly, 1957 (2): 307 - 324.

[162] Doving, E. In the image of man: Organizational action, competence and learning. In D. Grant & C. Oswick eds. Metaphor and Organizations [M]. London: Saga, 1996: 185 - 199.

[163] Downs, C. W. & Hain, T. Communication and productivity. In M. Burgoon eds. Communication Year Book [M]. New Brunswick, NJ: Transaction Books, 1982: 435 - 471.

[164] Downs, C. W. & Hazen, M. D. A factor analytic study of communication satisfaction [J]. The Journal of Business Communication, 1977 (14): 63 - 73.

[165] Downs, C. W., Clampitt, P. & Pfeiffer, A. L. Communication and

organizational outcomes. In G. Goldhaber & G. Barnett eds. , Handbook of Organizational Communication [M]. Norwood, NJ: Ablex, 1988: 171 – 121.

[166] Downs, T. M. Predictors of communication satisfaction during performance appraisal interviews [J]. Management Communication Quarterly, 1990 (3): 334 – 354.

[167] Drucker, P. F. Post-Capitalist Society [M]. Oxford: Butter worth Heinemann, 1993.

[168] Duncan, P. C. , Rouse, W. B. , Johnston, J. H. , et al. Training Teams Working in Complex Systems: A Mental Model-Based Approach [J]. Human/Technology Interaction in Complex Systems, 1996 (8): 173 – 231.

[169] Dunlap, W. P. , Burke, M. J. & Smith-Crowe, K. Accurate Tests of Statistical Significance for R [Sub Wg] and Average Deviation Interrater Agreement Indexes [J]. Journal of Applied Psychology, 2003, 88 (2): 256 – 362.

[170] Eby, L. T. , Meade, A. , Parisi, A. G. , et al. Measuring mental models for teamwork at the individual-and team-level [A]. In Dallas & Texas. Paper Presented at the Annual Meeting of the Society for Industrial and Organizational Psychology [C]. 1998.

[171] Edwards, B. D. , Day, E. A. , Arthur, W. J. , et al. Relationships Among Team Ability Composition, Team Mental Models, and Team Performance [J]. Journal of Applied Psychology, 2006 (91): 727 – 736.

[172] Eisenberger, R. , Armeli, S. , Rexwinkel, B. , et al. Reciprocation of Perceived Organizational Support [J]. Journal of Applied Psychology, 2001 (86).

[173] Elkjaer, B. In search of a social learning theory, In Easterby-Smith. M, Burgoyne. J, & Araujo. L eds. Organizational Learning and the Learning Organization: Developments in Theory and Pritice [M]. Thousand Oaks, CA: Sage, 1999: 75 – 91.

[174] Ellis, P. J. System Breakdown: The Role of Mental Models and Transactive Memory in the Relationship between Acute Stress and Team Performance [J].

Academy of Management Journal, 2006, 40 (3): 576 – 589.

[175] Endsley, M. R. Measurement of situation awareness in dynamic systems [J]. Human Factors, 1995 (37): 65 – 84.

[176] Endsley, M. R. Toward a theory of situation awareness requirements in air-to-air combat fighters [J]. The International Journal of Aviation Psychology, 1993 (3): 157 – 168.

[177] Engle, E. M. & Lord, R. G. Implicit Theories, Self-schemas, and Leader-member Exchange [J]. Academy of Management Journal, 1997 (40): 988 – 1010.

[178] Erickson, S., Helen. N. Rothberg & Chris. A. Carr. Knowledge-sharing in value-chain networks: Certifying collaborators for effective protection processes [J]. Advances in Competitiveness Research, 2003, 11 (1): 152.

[179] Eriksson, I. V. & Dickson, G. W. Knowledge sharing in high technology company [A]. Paper presented at the American Conference on Information System, 2000.

[180] Espinosa, J. A. Shared mental models: Accuracy and visual representation [A]. Paper presented at the In Proceedings of the Seventh Americas Conference on Information Systems (AMCIS), 2001.

[181] Fahey, L. & Prusak, L. The eleven deadliest sins of knowledge management [J]. California Management Review, 1998, 40 (3): 265 – 276.

[182] Faraj, S. & Sproul, L. Coordinating expertise in software development teams [J]. Management Science, 2000, 46 (12): 1554 – 1568.

[183] Ference, T. P., Stoner, J. A. & Warren, E. K. Managing the career plateau [J]. Academy of Management Review, 1977.

[184] Fiol, C. M. & Marjorie, L. Organizational learning [J]. Journal of Management Studies, 1985 (20).

[185] Fitzgerald, F. S. Towards Knowledge in Writing: Illustrations from Revision Studies [M]. New York, NY: Springer-Verlag, 1992.

[186] Floyd, S. W. & Wooldridge B. Managing Strategic Consensus: the Foundation of Effective Implementation [J]. The Executive, 1992 (6): 27.

[187] Forgas, J. P. Social Episodes and Group Milieu: a Study in Social Cognition [J]. British Journal of Social Psychology, 1981 (20): 77 – 87.

[188] Fornell, O. & Larcker, D. Structural equation models with unobservable variables and measurement errors [J]. Journal of Marketing Research, 1981, 18 (1): 39 – 50.

[189] Friedlander, F. Patterns of individual and organizational learning. In S. Srivastv, The Executive Ming [M]. San Francisco: Jossey-Bass, 1983: 78 – 9.

[190] Gabarro, J. The development of trust, influence, and expectations. In: A. G. Athos and J. J. Gabarro, Editors, Interpersonal Behavior: Communication and Understanding in Relationships, Prentice-Hall [M]. Englewood Cliffs: NJ, 1978.

[191] Galbraith, J. R. Organization Design. Reading [M]. MA: Addison-Wesley, 1977.

[192] Gerardine, D. & Monge, P. Introduction to the Special Issue Communication Process for Virtual Organizations [J]. Organization Science, 1999, 10 (6).

[193] Giambatista R C, Bhappu A D. Diversity's harvest: Interactions of diversity sources and communication technology on creative group performance [J]. Organizational Behavior & Human Decision Processes, 2010, 111 (2): 116 – 126.

[194] Gibson, C. B. From knowledge accumulation to accommodation: Cycles of collective cognition in work groups [J]. Journal of Organizational Behavior, 2001, 22 (2): 121 – 134.

[195] Giffin, K. The Contribution of Studies of Source Credibility to a Theory of Interpersonal Trust in the Communication Process [J]. Psychological Bulletin, 1967 (68): 20 – 104.

[196] Gilbert, J. A. & Tang, T. L. P. An Examination of Organizational Trust Antecedents [J]. Public Personnel Management, 1998 (27): 38 – 321.

[197] Gioia, D. A., Sims, H. P. & Jr. The thinking organization: Dynamics of organizational social cognition [M]. San Francisco: Jossey-Bass, 1986: 49 – 74.

[198] Graeme, C. & Maire, K. Human resource management and knowledge management: enhancing knowledge sharing in a pharmaceutical company [J]. Int. J. of Human Resource Management, 2003, 14 (6): 1027-1045.

[199] Granovetter, M. Economic action and social structure: The Problem of embededness [J]. American Journal of Sociology, 1985 (91): 481-510.

[200] Grant, R. Toward a knowledge-based theory of the firm [J]. Strategic Management Journal of Business Ethics, 1996 (17): 109-122.

[201] Greenbaum, H. H. The Audit of Organizational Communication [J]. Academy of Management Journal, 1974, 17 (4): 739-754.

[202] Greeno, J. G. & Moore, J. L. Situativity and symbols: Response to Vera and Simon [J]. Cognitive Science, 2003 (17): 49-60.

[203] Gregg, J. Y. Communication and Culture: A Reading-writing Text. 4th ed [M]. Boston, MA: Heinle & Heinle Publishers, 1993.

[204] Gregg, L. W. Knowledge and Cognition, Lawrence Erlbaum Associates [M]. MD: Potomac, 1974.

[205] Gudykunst, W., Matsumoto, Y., Stella, T. T., et al. The Influence of Cultural Individualism-Collectivism, Self Construals, and Individual Values on Communication Styles Across Cultures [J]. Human Communication Research, 1996, 22 (4): 413-510.

[206] Gudykunst, W. B. & Ting-Toomey, S. Culture and Interpersonal Communication [M]. Newbury Park: CA Sage, 1988.

[207] Gudykunst, W. B., Nishida, T., Chung, L., et al. The Influence of Strength of Cultural Identity and Perceived Typicality on Individualistic and Collectivistic Values in Japan and the United States. [M]. Kathmandu: Nepal, 1992.

[208] Gudykunst, W. B. & Nishida, T. Attributional confidence in low-and high-context cultures [J]. Human Communication Research, 1986 (12): 525-549.

[209] Gupta, V. K. An Approach for Establishing a Traditional Knowledge

Digital Library [J]. J. Intellectual Property Rights, 2000.

[210] Gurtner, A. , Tschan, F. , Semmer, N. K. , et al. Getting Groups to Develop Good Strategies: Effects of Reflexivity Interventions on Team Process, Team Performance, and Shared Mental Models [J]. Organizational Behavior and Human Decision Processes, 2007 (102): 127 – 142.

[211] Haldin-Herrgard, T. Difficulties in diffusion of tacit knowledge in organizations [J]. Journal of Intellectual Capital, 2000, 1 (4): 357 – 365.

[212] Hall, E. T. Beyond Culture [M]. New York: NY, 1976.

[213] Hansen, M. T. & HAAS, M. R. Different Knowledge, Different Benefits: Toward A Productivity Perspective On Knowledge Sharing In Organization [J]. Academy of Management Proceedings, 2001.

[214] Hansen, M. T. The Search-Transfer Problem: The Role of Weak Ties in Sharing Knowledge across Organization Subunits [J]. Administrative Science Quarterly, 1999, 44 (1): 82 – 111.

[215] Hargie, O. , Tourish, D. & Wilson, N. Communication audits and the effects of increased information: A follow-up study [J]. The Journal of Business Communication, 2002 (39): 414 – 436.

[216] Harrison, D. A. , S. Mohammed, J. , McGrath, A. T. , et al. Time matters in team performance: effects of member familiarity, entrainment, and task discontinuity on speed and quality [J]. Personnel Psychology, 2003 (56): 633 – 669.

[217] Hedlund, G. & Nonaka, I. Models of Knowledge Management in the West and Japan [A]. In Peter Lorange, Bala Chakravarthy, Johan Roos et al. In Implementing Strategic Processes: Change, Learning and Cooperation [C]. Oxford, UK: Basil Blackwell, 1993: 117 – 144.

[218] Heffner, T. S. , Mathieu, J. & Cannon-Bowers, J. A. The impact of shared mental models on team performance: sharedness, quality or both? [A]. In Dallas & Texas. Paper presented at the Annual Meeting of the Society for Industrial and Organizational Psychology [C]. 1998.

[219] Hendriks, P. Why share knowledge? The influence of ICT on the motivation for knowledge sharing [J]. Knowledge & Process Management, 1999, 6 (2): 91-100.

[220] Herzberg, F. One more time-How do you motivate employees? [J]. Harvad Business Review, 1987, 65 (5): 109-120.

[221] Hisrich, R. D. & Antoncic, B. Corporate entrepreneurship contingencies and organizational wealth creation [J]. Journal of Management Development, 2004, 23 (6): 518-550.

[222] Hofstede, G. Cultures and Organizations [M]. London: McGraw-Hill, 1991.

[223] Hofstede, G. Culture's Consequences [M]. Beverly Hills, CA: Sage, 1980.

[224] Hollingshead, A. B. Cognitive interdependence and convergent expectations in transactive memory [J]. Journal of Personality and Social Psychology, 2001 (81): 1080-1089.

[225] Hollingshead, A. B. Communication learning and retrieval in transactive memory systems [J]. Journal of Experimental Social Psychology, 1998 (34): 423-442.

[226] Holste, J. A study of the effects of affect-based trust and cognition-based trust on intraorganizational knowledge sharing and use [D]. Unpublished unpublished dissertation, Regent University, U. S., 2003.

[227] Hon, L. C. & Grunig, J. E. Guidelines for Measuring Relationships in Public Relations [M]. Gainesville, FL: The Institute for Public Relations, 1999.

[228] Hooff, B. V. & Ridder, J. A. Knowledge sharing in context: the influence of organizational commitment, communication climate and CMC use on Knowledge Sharing [J]. Journal of Knowledge Management, 2004, 8 (6): 117.

[229] Hooff, B. V. & Weenen, F. S. Committed to share: commitment and CMC use as antecedents of knowledge sharing [J]. Knowledge and Process Management, 2004. Jan-Mar, 11 (1): 13.

[230] Hooff, B. V. & Deridder, J. E. Knowledge sharing in context: the influence of organizational commitment, communication climate and CMC use on Knowledge Sharing [J]. Journal of Knowledge Management, 2004: 117.

[231] Hsu, Fransis. L. K. The self in cross-cultural perspective [J]. Culture and Self, 1974: 24 –55.

[232] Huber, G. P. Organizational learning, the contributing process and the literatures, organization [J]. Scienc, 1991, 2 (1): 88 –115.

[233] Hunt, G. T. & Ebeling, R. E. The impact of a communication intervention on work-unit productivity and employee satisfaction [J]. The Journal of Applied Communication Research, 1983 (11): 57 –68.

[234] Hutchins, E. Cognition in the Wild [M]. Cambridge, MA: MIT Press, 1995.

[235] Huysman, M. & Wit, D. D. Practices of managing knowledge sharing: towards a second wave of knowledge management [J]. Knowledge and Process Management, 2004, 11 (2): 81.

[236] Ipe, M. Knowledge sharing on organizations: a conceptual framework [J]. Human Resource Development Review, 2003, 2 (4): 337 –359.

[237] Jablin, F. M. Organizational communication: An assimilation approach. In M. E. Roloff & C. R. Berger eds. Social Cognition and Communication [M]. Beverly Hills, CA: Sage, 1982: 255 –286.

[238] Jakki, M. & John, R. N. Communication Strategies in Marketing Channels: A Theoretical Perspective [J]. Journal of Marketing, 1990 (39).

[239] James L. R., Demaree, R. G. & Wolf, G. Estimating within-group interrater reliability with and without response bias [J]. Journal of Applied Psychology, 1984 (69): 85 –98.

[240] Jgames, L. R., Demaree, R. G. & Wolf, G. Rwg: An Assessment of within-Group Agreement [J]. Journal of Applied Psychology, 1993, 78 (2): 306 –309.

[241] John, Y., Xiaocong, E., Shuang, S, et al. Agents with Shared

Mental Models for Enhancing Team Decision Makings [J]. Decision Support Systems, 2006, 41 (3): 634 – 653.

[242] Johnson-Laird, P. N. Mental Models [M]. Cambridge, MA: Harvard University Press, 1983.

[243] Jonathon, N. C. Work Groups, Structural Diversity, and Knowledge Sharing in a Global Organization [J]. Management Science, 2004, 50 (3): 352.

[244] Kanawattanachai, P. & Yoo, Y. Dynamic nature of trust in virtualteams [J]. Strategic Information Systems, 2002 (11): 187 – 213.

[245] Kaser, A. W. & Miles, R. E. Knowledge activists: the cultivation of motivation and trust properties of knowledge sharing relationships [C]: Academy of Management Proceedings, 2001: ODC: D1.

[246] KASER, P. A. W. & MILES, R. E. Knowledge Activists: The Cultivation Of Motivation And Trust Properties Of Knowledge Sharing Relationships [J]. Academy of Management Proceedings, 2001.

[247] Kate, H. & Snejina, M. Facilitating Knowledge Sharing in Russian and Chinese Subsidiaries: the Role of personal Networks and Group memebership [J]. Journal of Knowledge Management, 2004, 8 (2): 84.

[248] Kathryn, M. B. & Abhishek, S. Encouraging knowledge sharing: The role of organizational reward systems [J]. Journal of Leadership & Organizational Studies, 2002, 9 (1): 64.

[249] Katz, D. & Kahn, R. The Social Psychology of Organizations [M]. New York: Wiley, 1966.

[250] Katzenbach, J. R. & Smith, D. K. The Wisdom of Teams: Creating the Highperformance Organization [M]. New York: Harper Collins, 1993.

[251] Keesing, R. Theories of culture [J]. Annual Review of Anthropology, 1974 (3): 73 – 97.

[252] Keller, R. T. Cross-functional project groups in research and new product development: Diversity, communications, job stress, and outcomes [J]. Academy of Mangement Journal. 2001, 44 (3): 547 – 555.

[253] Kimberly, A., Smith, J. & John, E. Mathieu & Kurt Kraiger. Investigating Linear and Interactive Effects of Shared Mental Models on Safety and Efficiency in a Field Setting [J]. Journal of Applied Psychology, 2005, 90 (3): 523 - 535.

[254] Kirshner, D. & Whitson, J. A. Situated Cognition: Social, Semiotic, and Psychological Perspectives [M]. Mahwah, NJ: Lawrence Erlbaum Associates, Inc, 1997.

[255] Kleinman, D. L. & Serfaty, D. G. Team Performance Assessment Decision Makin [A]. In G. e. al. In Proceedings of the Symposium on Interactive Networked Simulation for Training [C], University of Central Florida. Orlando, FL, 1989: 22 - 27.

[256] Klimoski, R. & Mohammed, S. Team Mental Model: Construct or Metaphor? [J]. Journal of Management, 1994 (20): 403 - 437.

[257] Kline, R. B. Principles and Practice of Structural Equation Modeling [M]. New York: The Guilford Presws, 1998.

[258] Kluckhohn, F. & Strodtbeck, F. Variations in Value Orientations [M]. New York Row: Peterson, 1961.

[259] Kogut, B. & Zander, V. Knowledge of the Firms, Combinative Capabilities, and the Replication of Technology [J]. Organization Science, 1992 (3).

[260] Kotlarsky, J. & Oshri, I. Social ties knowledge sharing and successful collaboration in globally distributed system development projects [J]. European Journal of Information Systems, 2005 (14): 37 - 48.

[261] Krogh, G. V. Care in Knowledge Creation [J]. Calijania Management Review, 1998, 40 (3): 133 - 153.

[262] Kruskal, J. B. & Wish, M. Multidimensional Scaling [M]. Sage: Beverly Hills, 1998.

[263] Langan-Fox, J., Anglim, J. & Wilson, J. R. Mental models, team mental models, and performance: Process, development, and future directions [J]. Human Factors and Ergonomics in Manufacturing, 2004, 14 (4): 331 - 352.

[264] Langan-Fox, J., Wirth, A., Code, S., et al., Analysis shared and team mental models [J]. International Journal of Industrial Ergronomics, 2001 (28): 99 – 112.

[265] Lave, J. & Wenger, E. Situated learning: legitimate peripheral participation [M]. Cambridge, UK: Cambridge University Press, 1991.

[266] Leonard, D. & Jeffrey, F. R. Spark Innovation Through Empathic Design [J]. Harvard Business Review, 1997: 11 – 12.

[267] Leonard-Barton, D. & Sylvia, S. The role of tacit knowledge in group innovation [J]. California Management Review, 1998, 40 (3): 112 – 132.

[268] Levesque L. L., Wilson J. M. & Wholey D. R. Cognitive Divergence and Shared Mental Models in Software Development Project Teams [J]. Journal of Organizational Behavior, 2001 (22): 135 – 144.

[269] Levitt, B. & March, J. G. Organizational learning [J]. Annual Review of Sociology, 1988 (14): 319 – 340.

[270] Lewis K., Maura, B., Benjamin, H., et al. Group cognition, membership change, and performance: Investigating the benefits and detriments of collective knowledge [J]. Organizational Behavior and Human Decision Processes, 2007 (103): 159 – 178.

[271] Lewis. K. Knowledge and performance in knowledge-worker teams: A longitudinal study of transactive memory systems [J]. Management Science, 2004 (50): 1519 – 1533.

[272] Lewis. K. Measuring transactive memory systems in the field: Scale development and validation [J]. Journal of Appliod Psychology, 2003 (88): 587 – 604.

[273] Likert, R. The Human Organization [M]. New York: McGraw-Hill, 1967.

[274] Lim, B. C. & Klein, K. J. Team Mental Models and Team Performance: A Field Study of The Effects of Team Mental Model Similarity and Accuracy [J]. Journal of Organizational Behavior, 2006 (27): 403 – 418.

[275] Lin, C. E. To Share or Not to Share: Modeling Tacit Knowledge Sharing, Its Mediators and Antecedents [J]. Journal of Business Ethics, 2007, 70 (4): 411-428.

[276] Lin, Hsiu-Fen, Lee, Gwo-Guang. Perceptions of senior managers toward knowledge-sharing behaviour [J]. Management Decision, 2004, 42 (1): 108-125.

[277] Lin, H. F. & Gwo, G. L. Perceptions of senior managers toward knowledge-sharing behaviour [J]. Management Decision, 2004, 42 (1/2): 108.

[278] Loasby, B. J. Knowledge, Institutions and Evolution in Economics [M]. London: Routledge, 1999.

[279] MacNeil, C. M. Exploring the supervisor role as a facilitator of knowledge sharing in teams [J]. Journal of European Industrial Training, 2004, 28 (1): 93.

[280] Madhavan, R. & Rajiv, G. From Embedded Knowledge to Embodied Knowledge: New Product Development as Knowledge Management [J]. Journal of Marketing, 1998, 62 (8): 1-12.

[281] Malhotra, Y. From information management: Beyond the hi-tech hidebound syetems. In K. Srikantaian & M. E. D. Koenig eds. Knowledge Management for the Information Professional [M]. Medford, NJ: Information today, 2000: 37-61.

[282] Marks, M. A., Sabella, M. J., Burke, C. S., et al. The Impact of Cross-Training on Team Effectiveness [J]. Journal of Applied Psychology, 2002, 87 (1): 3-13.

[283] Maslyn, J. M. & Uhl-Bien, M. Leader-member Exchange and its Dimensions: Effects of Self-effort and Other's Effort on Relationship Quality [J]. Journal of Applied Psychology, 2001 (86): 697-708.

[284] Mathieu, J. E., Heffner, T. S. & Goodwin, G. F. et al. The Influence of Shared Mental Models on Team Process and Performance [J]. Journal of Applied Psychology, 2000, 85 (2): 273-283.

[285] Mathieu, J. E., Heffner, T. S., Goodwin, G. F., et al. Scaling the Quality of Teammates' Mental Models: Equifinality and Normative Comparisons [J]. Journal of Organizational Behavior, 2005 (26): 37 - 56.

[286] Mayer, R. C., Davis, J. H. & Schoorman, F. An integrative model of organizational trust [J]. Academy for Management Review, 1995, 20 (3): 709 - 734.

[287] McEvily, S. K., Shobha, D. & McCabe, K. Avoiding competence substitution through knowledge sharing [J]. The Academy of Management Review, 2000, 25 (2): 294.

[288] McLennan, J., Holgate, A. M., Omodei, M. M., et al. Decision making effectiveness in wildfire incident management teams [J]. Journal of Contingencies and Crisis Management, 2006, 17 (1): 27 - 37.

[289] McNeese, M. D. Metaphors and paradigms of team cognition: A twenty year perspective [A]. In Proceedings of the 47th Annual Meeting of the Human Factors and Ergonomics Society [C]. Santa Monica, CA. HFES Press, 2003: 518 - 522.

[290] MIAO, Q. & Wang, Z. M. Cognition-based entrepreneurship research: studies on the unemployment issue [J]. International Journal of Psychology, 2004, 39 (5 - 6): 178 - 179.

[291] Michael, D. E. & Craig L. P. Shared Cognition in Top Management Teams: Implications for New Venture Performance [J]. Journal of Organizational Behaviour, 2001 (22): 145 - 160.

[292] Mie, A., Shariq, S. Z. & Morten, T. V. Understanding context: Its emergence, transformation and role in tacit know [J]. Journal of Knowledge Management, 2001, 5 (2): 125.

[293] Miner, A. S. & Mezias, S. J. Ugly ducking no more: Pasts and futures of organizational learning research [J]. Organizational Science, 1996, 7 (1): 88 - 99.

[294] Minionis, D. Enhancing team performance in adverse conditions: The

role of shared team mental models and team training on an interdependent task [D]. Unpublished Unpublished doctoral dissertation, George Mason University, Fairfax, VA, 1994.

[295] Mishra, J. & Morrissey, M. A. Trust in Employee/Employer Relationships: A Survey of West Michigan Managers [J]. Public Personnel Management, 1990 (27): 443-486.

[296] Mohammed, S. & Dumville, B. C. Team Mental Models in A Team Knowledge Framework: Expanding Theory and Measurement Across Disciplinary Boundaries [J]. Journal of Organizational Behavior, 2001 (22): 89-106.

[297] Mohammed, S., Klimoski, R. & Rentsch, J. R. The measurement of team mental models: We have no shared schema [J]. Organizational Research Methods, 2000, 3 (2): 123-165.

[298] Moreland, R. L. & Myaskovsky, L. Exploring the performance benefits of group training: transactive memory or improved communication? [J]. Organizational Behavior and Human Decision Processes, 2000 (88): 117-133.

[299] Moreland, R. L., Argote, L. & Krishnan, R. Socially shared cognition at work: Transactive memory and group performance. J. L. Nye, A. M. Brower, eds. What's So Social About Social Cognition? Social Cognition Research in Small Groups [M]. CA: Sage, Thousand Oaks, 1996: 57-84.

[300] Moreland, R. L., Argote, L. & Krishnan, R. Training people to work in groups. R. S. Tindale, L. Heath, eds. Theory and Research on Small Groups: Social Psychological Applications to Social Issues [M]. New York: Plenum Press, 1998: 37-60.

[301] Moreland, R. L. Transactive memory: Learning who knows what in work groups and organizations. L. L. Thompson, J. M. Levin, D. M. Messick, eds. Shared Cognition in Organizations: The Management of Knowledge [M]. Mahwah, NJ: Lawrence Erlbaum Associates, Inc., 1999: 3-31.

[302] Morgan, R. M. & Hunt, S. D. relationship marketing [J]. Journal of Marketing, 1994 (25).

[303] Morgan, R. M. & Hunt, S. D. The commitment-trust theory of relationship marketing [J]. Journal of Marketing, 1994, 58 (3): 20 – 38.

[304] Muchinsky, P. M. Organizational communication: Relationships to organizational climate and job satisfaction [J]. Academy of Management Journal, 1977 (20): 592 – 807.

[305] Mulvey, P. W. & Klein, H. J. The Impact of Perceived Loafing and Collective Efficacy on Group Goal Processes and Group Performance [J]. Organizational Behavior and Human Decision Processes, 1998, 74 (1): 62 – 87.

[306] Musen, A. M. Dimensions of Knowledge Sharing and Reuse [J]. Computers arid Bio-medical Research, 1992 (25): 435 – 467.

[307] Myma, G. & Martyn, C. – H. Understanding the Process of Knowledge Transfer to Achieve Successful Technological Innovation [J]. Technovation, 1996, 16 (6): 301 – 312.

[308] Nahapiet, J. & Ghoshal, S. Social capital, intellectual capital, and the organizational advantage [J]. The Academy of Management Review, 1998, 23 (2): 242 – 266.

[309] Nelson, K. M. & Cooprider, J. G. The contribution of shared knowledge to IS group performance [J]. MIS Quarterly, 1996, 20 (4): 409 – 429.

[310] Newell, A. The Knowledge Level [J]. Artiflntel, 1982 (18): 187 – 197.

[311] Nonaka, I. & Konna, N. The Concept of 'Ba': Building a Foundation for Knowledge Creation [J]. California Management Review, 1998, 40 (3): 40 – 54.

[312] Nonaka, I. & Takeuchi, H. The Knowledge Creating Compaiues [J]. Harvard Business Review, 1995, 5 (1): 32 – 43.

[313] Nonaka, I. A dynamic theory of Organizational knowledge creation [J]. Organization Science, 1994, 5 (1): 14 – 37.

[314] Nonaka, I. The knowledge-creating company [J]. Harvard Business Review, 1991, 69 (6): 96 – 104.

[315] Nosek, John T. Group cognition as a basis for supporting group knowledge creation and sharing [J]. Journal of Knowledge Management, 2004, 8 (4): 54 - 64.

[316] Nosek, J. & McNeese, M. D. Augmenting group sensemaking in ill-defined, emerging situations [J]. Information, Technology and People, 1997, 10 (3): 241 - 252.

[317] Nunnally, J. Psychometric Theory [M]. New York: Mcgraw-Hill, 1978.

[318] Orasanu, J. & Salas, E. Team decision-making in complex environments [A]. in G. A. Klein, J. Orasanu, R. Calderwood and C. E. Zsambok eds. Decision-making in Action: Models and Methods [C]. US: Ablex Publishing, 1993: 327 - 345.

[319] Orasanu, J. Shared Mental Models and Crew Decision Making [D]. Unpublished Tech. Report 46, Princeton University, Cognitive Science Laboratory, Princeton, NJ, 1990.

[320] Orlikoski, W. J. & Baroudi, J. J. Studying information technology in organizations: Research approaches and assumptions [J]. Information Systems Research, 1991 (2): 1 - 28.

[321] Ott, J. S. The Organizational Culture Perspective [M]. Chicago: Dorsey Press, 1989.

[322] O'Reilly, C. A., Chatman, J. & Caldwell, D. F. People and Organizational Culture: A Profile Comparison Approach to Assessing Person-Organizational Fit [J]. Academy of Management Journal, 1991: 487 - 516.

[323] Panteli, N. & Sockalingam, S. Turst and conflict within virtual interorganizational alliances: a framework for facilitating knowledge sharing [J]. Decision Support Systems, 2005 (39): 599 - 617.

[324] Parsons, T. & Shils, E. Toward a General Theory of Action [M]. Cambridge, MA: Harvard University Press, 1951.

[325] Paul, D. L., McDaniel, R. R. & Jr. A Field Study of the Effect of In-

terpersonal Trust on Virtual Collaborative Relationship Performance [J]. MIS Quarterly, 2004: 183 - 227.

[326] Paul, H., William, J. D., Abraham, Y. N., et al. Knowledge sharing in integrated product development [J]. European Journal of Innovation Management, 2004, 7 (2).

[327] Pelled, L. H., Eisenhardt, K. M. & Xin, K. R. Exploring the Black Box: An Analysis of Work Group Diversity, Conflict, and Performance [J]. Administrative Science Quarterly, 1999, 44 (1): 1 - 28.

[328] Pincus, J. D. Communication satisfaction, job satisfaction, and job performance [J]. Human communication Research, 1986, 12 (3): 395 - 419.

[329] Polanyi, J. B., The Tacit Dimension [M]. London: Routledge Kegan Paul, 1966.

[330] Prahalad, C. K. & Hamel, G. The core competence of the corporation [J]. Harvard Business Review, 1990 (3): 79 - 91.

[331] Pritchard, R. D. & Karasick, B. W. The effects of organizational climate on managerial job performance and job satisfaction [J]. Organizational Behavior and Human Performance, 1973 (9): 126 - 146.

[332] Prussia, G. E., Brown, K. A. & Willis, P. G. Mental Models of Safety: Do Managers and Employees See Eye to eye? [J]. Journal of Safety Research, 2003, 34 (2): 97 - 189.

[333] Putti, J. M., Aryee, S. & Phua, J. Communication relationship satisfaction and organizational commitment [J]. Group & Organization Studies, 1990, 15 (1): 44 - 52.

[334] Quinn, J., Brain, J. & Anderson, P. leveraging intellect [J]. Academy of Management Executive, 1996, 10 (3): 7 - 26.

[335] Quinn, J. B., Anderson, P. & Finkelstein, S. Managing professional intellect: Making the most of the best [J]. Harvard Business Review, 1996, 74 (March/April): 71 - 80.

[336] Rasker, P. C., Post, W. M. & Schraagen, J. M. Effects of Two Types

of Intra-team Feedback on Developing A Shared Mental Model in Command and Control Teams [J]. Ergonomics, 2000 (43): 1167 – 1189.

[337] Redding, W. C. Organization communication theory and ideology: An overview. In D. Nimmo eds. Communication Yearbook III [M]. New Brunswick, NJ: Transaction Books, 1977: 309 – 341.

[338] Rentsch, J. R. & Hall, R. J. Members of Great Teams Think alike: A Model of Team Effectiveness and Schema Similarity among Team Members [A]. In Beyerlein. M. M. & Johnson. D. A. , Advances in interdisciplinary studies of work teams: Theories of self-managingwork teams [C]. Stamford, CT. JAI Press, 1994 (1): 223 – 261.

[339] Rentsch, J. R. & Klimoski, R. J. Why Do "Great Minds" Think Alike?: Antecedents of Team Member Schema Agreement [J]. Journal of Organizational Behavior, 2001 (22): 107 – 120.

[340] Richmond, V. P. & McCroskey, J. C. Management communication style, tolerance for disagreement, and innovativeness as predictors of employee satisfaction: A comparison of single-factor, two-factor, and multifactor approaches [J]. Communication Yearbook, 1979.

[341] Ridding, G. I. & Catterall, S. M. Anatomy of a Learning Organization: Turning Knowledge into Capital at Anderson [J]. Knowledge and Process Management, 1998, 5 (1): 3 – 13.

[342] Rings, R. , Stinson, J. & Johnson, T. Communication behaviors associated with role stress and satisfaction variables [J]. The Journal of Applied Communication Research, 1979, 7 (1): 15 – 22.

[343] Robert, L. , Bleimann, U. & Paul, W. Knowledge broker network based on communication between humans [J]. Campus-Wide Information Systems, 2004, 21 (5): 185 – 190.

[344] Roberts, J. From knowledge-how to show-how? Questioning the role of information and communication technologies in knowledge transfer [J]. Techonolgy Analysis & Strategic Management, 2000, 12 (4): 419 – 434.

[345] Roberts, K. H. & O'Reilly, C. A. Measuring Organizational Communication [J]. Journal of Applied Psychology, 1974 (59): 321 – 326.

[346] Roberts, K. H. &Porter, L. W. Handbook of Organization Communication [M]. Newbury Park, CA: Sage, 1987: 97 – 122.

[347] Rouse, W. B., Cannon-Bowers, J. A. & Salas, E. The Role of Mental Models in Team Performance in Complex System [J]. IEEE Transactions on Systems, Man, and Cybernetics, 1992, 22 (6): 1296 – 1308.

[348] Ruch, R. S. & Goodman, T. Image at the Top [M]. New York: The Free Press, 1983.

[349] Ruppel, C. P. & Harrington, S. J. Sharing knowledge through intranets: A study of organizational culture and intranet implementation [A]. In IEEE Transactions on Professional Communication [C]. 2001: 37 – 52.

[350] Salas, E., Dickenson, T. L., Converse, S. A., et al. Toward a Understanding of Team Performance and Training [M]. In W. Swezey, and E. Salas eds. Teams: Their Training and Performance (Norwood: Ablex), 1992: 329.

[351] Sandelands, L. E. & Stablein, R. E. The concept of organization mind. In Walsh, J. P, Ungson, QR eds. Organizational memory [J]. Academy of Management Review, 1987, 16 (1): 57 – 91.

[352] Sandra, J. Employee Rights, Employee Responsibilities and Knowledge Sharing in Intelligent Organization [J]. Employee Responsibilities and Rights Journal, 2002, 14 (2 – 3): 69.

[353] Schein, E. H. Organizational Culture and Leadership [M]. San Francisco: Jossey-Bass, 1992.

[354] Schein, E. H. Three cultures of management: The key to organizational learning [J]. Sloan Management Review, 1996, 38 (1): 9 – 21.

[355] Schneider, B. & Reichers, A. E. On the etiology of climates [J]. Personnel Psychology, 1983 (36): 19 – 39.

[356] Schwarz, R. The Skilled Facilitator: Practical Wisdom for Developing Effective Groups [M]. San Francisco: Jossey-Bass, 1994.

[357] Scott, C. R., Connaughton, S. L., Diaz-Saenz, H. R., et al. The Impact of Communication and Multiple Identifications on Intent to Leave [J]. Management Communication Quarterly, 1999, 2 (12).

[358] Senge, P. M. Sharing Knowledge [J]. Erecutive Excellence, 1997, 14 (11): 17-20.

[359] Senge, P. The Fifth Discipline: The Artand Practice of the Learning Organization [M]. NewYork: Doubleday/Currency, 1990.

[360] Senge, P. Transfering the Practice of Management [J]. Human Research Development Quarterly, 1993, 4 (1): 4-12.

[361] Serfaty, D., Entin, E. E. & Johnston, J. H. Team coordination training [A]. In Cannon-Bower, J. A. & Salas, E., Making Decisions under Stress: Implications for Individual and Team Training [C]. Washington, DC. American Psychological Association, 1998: 221-246.

[362] Sethi, R., Smith, D. C. & Park, C. W. Cross-functional product development teams, creativity, and the innovativeness of new consumer products [J]. Journal of Marketing Research, 2001, 38: 73-85.

[363] Sharkie, R. Precariousness under the new psychological contract: the effect on trust and the willingness to converse and share knowledge [J]. Management Research & Practice, 2005 (3): 37-44.

[364] Shook, L., Ketchen, J., Hult, M., et al. An assessment of the use of structural equation modeling in strategic management research [J]. Strategic Management Journal, 2004 (25): 397-404.

[365] Shrivastava, P. A. A typology of organizational learning systems [J]. Journal of Management Studies. 1983, 20 (1): 7-28.

[366] Simon, H. A. Bound Rationality and Organizational Learning [J]. Organization Science, 1991 (2): 125-134.

[367] Smith-Jentsch, K. A., Campbell, G., Milanovich, D. M., et al. Measuring Teamwork Mental Models to Support Training Needs Assessment, Development, and Evaluation: Two Empirical Studies [J]. Journal of Organizational

Behavior, 2001 (22): 179 – 194.

[368] Smith-Jentsch, K. A., Zeisig, R. L., Acton, B., et al. Team Dimensional Training: A Strategy for Guided Team Self-correction [A]. In Cannon-Bowers, J. & Salas, E., In Making Decisions Under Stress: Implications for Individual and Team Training [C]. Washington, DC. APA, 1998: 271 – 297.

[369] Snyder, R. A. & Morris, J. H. Organizational communication and performance [J]. Journal of Applied Psychology, 1984 (69): 461 – 465.

[370] Solli-Saether H, Karlsen J T, Van Oorschot K. Strategic and Cultural Misalignment: Knowledge Sharing Barriers in Project Networks [J]. Project Management Journal, 2015, 46 (3): 49 – 60.

[371] Stauffer, D. Why people hoard knowledge [J]. Across the Board. 1999, 36 (8): 16 – 21.

[372] Stohl, C. & Redding, W. C. Messages and Message Exchange Processes. In F. Jablin et al., eds, Handbook of Organizational Communication: An Interdisciplinary Perspective [M]. Newbury Park, CA: Sage Publications, Inc, 1987.

[373] Storck, J. Knowledge diffusion through strategic communities [J]. Sloan Management Review, 2000, 41 (2): 63 – 74.

[374] STOUT, R. & Salas, E. The role of planning in coordinated team decision-making: implications for training [A]. Paper presented at the Proceedings of the Human Factors Society 37th Annual Meeting, 1993.

[375] Sullivan, J. Three roles of language in motivation theory [J]. Academy of Management Review, 1988, 13 (3): 181 – 193.

[376] Taylor. W. A &Wright. G. H. Organizational Readiness for Successful Knowledge Sharing: Challenges for Public Sector Managers [J]. Information Resources Management Journal, 2004, 17 (2): 22.

[377] Triandis, H. C. Collectivism vs. individualism: A reconceptualization of a basic concept in Cross-cultural psychology [A]. In G. Verma & C. Bagley eds. Cross-cultural studies of personality, attitudes and cognition [C]. 1988: 60 – 95.

[378] Triandis, H. C. Cross-cultural studies of individualism-collectivism. In J. Berman ed. Nebraska Symposium on Motivation [M]. Lincoln: University of Nebraska Press, 1990: 41-133.

[379] Triandis, H. C. Individualism and collectivism [M]. Boulder: CO West view, 1995.

[380] Tsai, W. & Ghoshal, S. Social capital and value creation: An empirical study of intra-firm networks [J]. Academy of Management Journal, 1998, 41 (4): 464-476.

[381] Tsai, W. Social Structure of "Coopetition" Within a Multiunit Organization: Coordination, Competition, and Intraorganizational Knowledge Sharing [J]. Organization Science, 2002, 13 (2): 179-190.

[382] Tseng, T. Collective Efficacy, Anxiety, Creativity Innovation and Work Performance at the Team Level [D]. Unpublished Unpublished Ph. D. Dissertation, University of Southern California, Los Angeles, California, 2001.

[383] Van, X. H. & Devliert, E. Job Formalization and Cultural Individualism as Barriers to Trust in Management [J]. International Journal of Cross Cultural Management, 2006, 6 (2): 221-242.

[384] Volpe, C. E., Cannon-Bowers, J. A., Salas, E., et al. The Impact of Cross-training on Team Functioning: An Empirical Investigation [J]. Human Factors, 1996 (38): 87-100.

[385] Von, H. E. "Sticky information" and the locus of problem solving: Implications for innovation [J]. Management Science, 1994, 40 (4): 429-439.

[386] Walrod, W. Knowledge, trust, and cooperative relationships in the U. S. Biotechnology Industry [D]. Unpublished Unpublished doctoral dissertation, University of California, 1999.

[387] Walsh, J. P. Selective and selective perception: An investigation of managers belief structures and information processing [J]. Academy of Management Journal, 1988 (31): 873-896.

[388] Wayne, S. J., Shore, L. M. & Liden, R. C. Perceived Organizational Support and Leader-member Exchange: A Social Exchange Perspective [J]. Academy of Management Journal, 1997 (40): 82 – 111.

[389] Weenig, M. H. Communication Networks in the Diffusion of an Innovation in an Organization [J]. Journal of Applied Social Psychology, 1999, 29 (5): 1072 – 1092.

[390] Wegner, D. M. Transactive memory: A contemporary analysis of the group mind. B. Mullen, G. R. Goethals, eds. Theories of Group Behavior [M]. New York: Springer-Verlag, 1986: 185 – 208.

[391] Weick, K. E. Theorizing about organizational communication. In F. M. Jablin, L. L. Putnam, K. H. Roberts, & L. W. Porter eds. Handbook of organizational communication: An interdisciplinary perspective [M]. Newbury Park, CA: Sage, 1987: 97 – 122.

[392] Weiss, L. Collection and connection: The anatomy of knowledge sharing in professional [J]. Organization Development Journal, 1999, 17 (4): 61.

[393] Wenger, E. Communities of Practice Learning, Meaning, and Identity [M]. Cambridge University Press, 1998: 38.

[394] Whitener, E. M., Brodt, S. E., Korsgaard, M. A., et al. Managers as Initiators of Trust: An Exchange Relationship Framework for Understanding Managerial Trustworthy Behavior [J]. The Academy of Management Review, 1998, 23 (3): 513 – 530.

[395] Wooldridge, B. & Floyd, S. W. Strategic Process Effects on Consensus [J]. Strategic Management Journal, 1989 (10): 295 – 303.

[396] Wright, D. K. The role of corporate public relations executives in the future of employee communications [J]. Public Relations Review, 1995, 21 (3): 181 – 199.

[397] Yan, A. & Louis, M. R. The migration of organizational functions to the work unit level: Buffering, spanning, and bringing up boundaries [J]. Human Relations. 1999, 52: 25 – 47.

[398] Zárraga, C. & Bonache, J. Assessing the team environment for knowledge sharing: an empirical analysis [J]. Int. J. of Human Resource Management, 2003, 14 (7): 1227–1245.

[399] Zhikun D, Fungfai N. Knowledge sharing among architects in a project design team [J]. Chinese Management Studies, 2009, 3 (2): 130–142.